U0543321

国家社科基金青年项目
（项目批准号 14CSH050）
“法律孤儿”的社会救助问题研究项目成果

# 法律孤儿的
# 生活风险与社会救助

何 芳 著

# 目　录

# 第一章
# 导　论

## 第一节　研究问题与研究目的

2013 年 6 月 21 日，江苏省南京市江宁区某单元楼内，两名幼童被发现饿死家中，其中一个 3 岁、一个 1 岁。孩子的父亲李某当时正在服刑，母亲乐某也有吸毒史，事发时下落不明。

案件发生后，全国震惊。人们纷纷指责乐某作为母亲的失职。但有媒体发现，乐某的身世颇为坎坷，她是父母未婚所生，跟随爷爷奶奶生活，没有户口，中途辍学，流浪街头，遭遇过绑架，最终沦落风尘并染上毒瘾。乐某与李某未婚同居，小女儿是他二人所生，而大女儿则是乐某与前男友所生。李某入狱后，乐某成了两个孩子唯一的抚养人，但她却时常将孩子锁在家中，自己外出多日不归。曾有邻居听见孩子彻夜拍门喊妈妈，甚至发现她们以粪便充饥。案发前三个月，大女儿还独自从家里跑出来，衣不蔽体。邻居因此报警，但最终孩子仍被交回给乐某。

这个家庭并非没有得到帮扶：孩子的父亲入狱后，社区居委会每月为他们补助 800 元钱。片警会每周或每 10 天上门走访一次；居委会请人为她们打扫房间；邻居们自发为孩子送过一段时间的饭；孩子的重奶奶和重外婆也在经济上接济过她们。各方都付出了自认为足够的关心和努力，但最终没能阻止悲剧的发生。①

正是这一事件，让笔者对那些因父母服刑或戒毒而得不到妥善照料的法律孤儿的问题产生了思考：为什么一位母亲会弃自己的亲生孩子而不顾，让她们活活饿死？为什么亲戚和邻居多次发现孩子独自在家，命悬一线，却不敢提供长期的帮助？为什么警察、医院、社区居委会都知道这个母亲在孩子养育方面存在重大过失，却没有采取制止措施，反而允许她继续抚养孩子？为什么每月800元救助金仍然不能保证孩子的基本生活？为什么这一事件会引起如此广泛的关注和讨论？无疑，这一事件中有关两名幼童的种种细节刺痛了社会大众的神经，但我们还要追问：这一事件中两名幼童的生存状况是否具有典型性？这些因父（母）服刑而无人照管的孩子的实际生存状况究竟如何？他们是否需要救助？如果是，他们是否得到了救助？这些救助是否有效地解决了他们的困境？所有这些问题，都与本研究的主题紧密相关。

本研究关注的是儿童中较易被忽略的一个边缘人群——法律孤儿。笔者将在对13个法律孤儿家庭个案研究的基础上，分析与讨论与目前法律孤儿的社会救助相关的一些问题。近年来，随着经济社会的发展，儿童是应该受到保护和照顾的弱势人群这一观念已经深入人心，关于儿童福利和儿童保护的话题总能引起社会各界的广泛关注和讨论。如果说先前人们对弱势儿童的认知更多集中在孤儿、残疾儿童、流浪儿童、留守儿童等人群身上，那么2013年南京幼童饿死事件则揭开了过去很少有人关注的儿童——法律孤儿——的生活困境和救助困局。它提示我们：我国还有这样一些儿童，他们的父母双方或一方在服刑或戒毒，另一方因为各种原因也无法为其提供实质照料。

---

① 详细报道参见《南京饿死女童案宣判：女童母亲一审被判无期徒刑》，http://legal.people.com.cn/n/2013/0918/c42510-22967252.html；《复制"贱民"——南京饿死女童母亲的人生轨迹》，《南方周末》2013年10月17日；《南京饿死女童的最后一百天》，《南方周末》2013年6月28日。

关于目前我国有多少这样的儿童，我们尚未找到权威的统计数据。但根据司法部 2005 年的一项调查，当时在我国监狱服刑的在押犯共有 156 万名，其中 30％左右的服刑人员有未成年子女，服刑人员未成年子女总数逾 60 万。这项调查报告还指出，服刑人员未成年子女的生活缺乏保障，辍学情况严重，受助情况欠佳(郑霞泽，2006：1)。总之，这些儿童不但不能像一般儿童那样从自己的父母那里得到长期的、稳定的基本生存资料和情感呵护，其身心健康和生命安全还有可能因监护不力而遭受损害。时隔 8 年，南京幼童饿死事件的发生表明，这一人群可能仍然面临着同样的生存困境。那么，这些孩子的生活状况究竟如何？这是本研究试图探究的一个重要问题。

从历史发展的角度来看，国家为儿童的生存发展提供保障，是现代社会对国家提出的新要求。在传统中国社会，虽然也有官办的孤独园、慈幼局等孤幼照顾机构，但儿童的抚育主要是由家庭和家族负责，正如瞿同祖对传统中国社会中家庭与家族的精准论述："法律既承认家长、族长作为家族的主权，而予以法律上的种种权力，自亦希望每一单位的主权能为其单位团体的每一分子对法律负责，对国家负责。"(瞿同祖，2016：29)但随着工业化时代的到来，尤其是改革开放以后，市场经济深入发展，我国的社会结构经历了快速转型，家庭的组织结构和家庭的社会功能也发生重大变化，过去以家庭为主的非正式抚育模式日渐失灵，难以有效承载抚育儿童的重责(程福财，2012：53)。另一方面，在全球化的大背景下，个体生活方式和价值取向渐趋多元，使得家庭内部生活模式和家庭关系表现出高度的差异性和复杂性，非婚生育、未婚生育的比例持续上升(陆士桢、陈丽英，2016：4)。这些变化带来的直接后果，用学者刘继同的话来说，就是"儿童问题"与"问题儿童"大量涌现(刘继同，2007)。

法律孤儿群体正是中国社会"问题儿童"和"儿童问题"的重要组成部分。首先，父母的身份使法律孤儿天然地具有区别于其他儿童的特殊性。

法律孤儿的父母是服刑或吸毒人员，也就是人们通常所说的犯罪分子，是法律和社会道德谴责、排斥和打压的对象。因此，与孤儿、残疾儿童、流浪儿童等弱势儿童相比，法律孤儿受到救助的合理性往往被社会所忽视。其次，法律孤儿的家庭结构和家庭环境往往也相当特殊。随着城市化的迅猛发展和人口的快速流动，体制外生存人口大幅增加，各种特殊人群，如服刑人员、吸毒人员、精神疾病患者、艾滋病患者、失足妇女等不仅日益凸显，部分人群还有一定程度的重合。以南京饿死幼童的家庭为例，其父母均没有正当职业，都染上了毒瘾，其母是失足妇女，多次未婚生育，且每个孩子的生身父亲都不一样。生活在这种家庭中的孩子显然不仅仅面临经济困难，还存在其他方面的特殊需求。基于此，本研究所要考察的另一个问题是：这些孩子面临什么困难或风险，又有哪些需求？

从儿童福利和儿童保护的主体来看，当今全世界范围内社会政策的主要趋势是从国家主体向多元主体转变。20 世纪 70 年代，受石油危机和经济滞涨的影响，西方国家纷纷爆发福利危机，主张国家主导解决社会问题的社会政策范式难以为继，福利多元主义理论应运而生。福利多元主义认为福利主体应该是多元而非单一的，主张引入非政府力量来弥补政府的不足。无论是埃弗斯(Evers)的福利三角，还是约翰逊(Johnson)的福利四分法，都指出政府不是福利的唯一提供者，国家、市场、家庭、社区、志愿组织皆可以为帮助困难人群作出贡献(同春芬、张越，2018)。

在我国，自 1949 年以来，国家在儿童福利和儿童保护方面的主体责任也有不断加强的趋势。尤其是最近十余年，政府在困境儿童救助方面的主导作用非常明显(高丽茹、彭华民，2015)。然而，我国和其他国家一样，遭遇了工业化、信息化、市场化等全球性潮流的冲击，并且业已跨入经济增速放缓、人口流动加速、老龄社会提前到来的大门。面对经济、社会和人口等方面的诸多压力，仅靠政府这一单一主体来提供福利服务已经不能满足需要。在这种背景下，福利多元主义为我们分析制定法律孤儿的救助政策提供了有益的理论视角。那么，按照福利主体多元化的思路，面对法律孤儿成长的现实需求，政府和社会应当如何做出回应、承担何种责任？这是本研究试图讨论的第三个重要问题。

综上所述，本研究旨在探究法律孤儿的真实生活状况，考察他们在生存和发展过程中遭遇的困难和存在的需求，在此基础上分析和讨论现有救助政策和实践的适切性与有效性，并提出未来进一步完善法律孤儿救助政策、优化法律孤儿救助实践的路径和策略。

## 第二节 研究意义

从社会学研究的角度而言，法律孤儿现象既是一个社会问题，也是一个社会事实。对法律孤儿的生存状况以及相关的社会救助问题进行研究，在理论与实践层面都具有一定意义。

首先，本研究希望通过对法律孤儿概念发展的梳理、对法律孤儿研究视角的分析和归纳、对 13 个法律孤儿家庭以及为他们提供帮助的民政和社区工作人员的深入访谈，来丰富学术界关于这一主题的研究资料。事实上，法律孤儿不是一个新生事物。从某种意义上说，一个社会中只要存在监禁刑罚，就会有法律孤儿。和国外学术界早在 20 世纪 70 年代就已开始关注法律孤儿相比，我国学界对法律孤儿现象的研究起步较晚，相关的系统研究尚不多见。CNKI 上共收录了 16 篇主题为法律孤儿的文献，最早的一篇发表于 2007 年；共收录了 252 篇主题为服刑人员未成年子女的文献，最早的一篇发表于 2005 年。[①]这些文献中有相当一部分是媒体工作者撰写的纪实性报道而非学术论文。尽管近年来法律孤儿问题开始引起社会热议，但相关

① 数据搜索结果截至 2019 年 2 月 27 日。

研究并没有因此而明显增加。学术研究的不足,一方面反映出学界还没有充分重视法律孤儿问题,另一方面也与法律孤儿人群的隐蔽性所带来的研究困难有关。因此,本研究试图对法律孤儿及其社会救助问题进行理论和现实的系统研究,以此来丰富学术界关于这一主题的研究资料,进而推动更多的学者关注这一人群,开展相关研究。

其次,本研究试图讨论国家、家庭与第三部门在"法律孤儿"抚育过程中的角色、分工与关系,以期为人们理解儿童福利的一些基本理论问题提供参考。例如,儿童的养育责任是否天然地归属于父母?父母一定是最适合照料子女的人吗?[①]儿童究竟是家庭的私产还是社会的公共品?儿童福利的本质是社会保障和救济,还是一种对国家和社会未来的投资?[②]不仅如此,关于这些问题的理论分歧直接影响政府设计儿童福利制度的理念。过去,我国的儿童福利制度一般被学界划归为"残补型福利",但自 2013 年起,我国政府已经正式着手适度普惠型儿童福利制度的建设工作,现阶段重点是包括法律孤儿在内的困境儿童的基本生活保障,最终目标是逐步建立覆盖全体儿童的普惠福利制度。在新的社会政策框架下,如何重新理解我国的儿童福利模式?本研究希望借由对法律孤儿社会救助过程中家庭、国家、第三部门等利益主体角色与关系的分析,加入上述理论问题的讨论。

再次,本研究从儿童与成人的双重视角出发,综合考量法律孤儿、法律

---

① 一方认为,因为血缘与基因遗传等生物性原因,父母是最适合照料孩子的人;而另一方则指出,这一观点只不过是社会建构的结果,因为许多案例表明父母以外的个人与机构更适合照料孩子。有关这一话题的讨论,可参见程福财:《家庭、国家与儿童福利供给》,《青年研究》2012 年第 1 期。

② 自 20 世纪 70 年代末福利国家爆发危机以来,当代西方国家的福利制度出现了"发展型社会政策"的新取向,主张家庭成员同时也是整个社会的公共资源,因此社会福利政策应该从"缺陷干预"转向"资产投资"。有关这一理论的讨论,可参见张秀兰、徐月宾:《建构中国的发展型家庭政策》,《中国社会科学》2003 年第 6 期;邓锁:《社会投资与儿童福利政策的转型:资产建设的视角》,《浙江工商大学学报》2015 年第 6 期;姚建平:《国与家的博弈:中国儿童福利制度发展史》,上海人民出版社 2015 年版。

孤儿的实际抚养人和救助工作者各方的想法、困难和需求，这有助于政策制定者和服务提供者更好地理解法律孤儿的救助问题，进而推动相关公共政策和服务项目的建立和完善。本研究将儿童看作是具有能动性的、积极的社会行动者(Alan Prout & Allison James, 1997:28)，充分聆听法律孤儿自己对成长和发展的想法与困惑。同时，本研究认为对法律孤儿进行救助是一项系统工作，它不只涉及儿童生活照顾这一议题，家庭氛围、家庭关系、养育方式等均会影响儿童发展的状况。因此，法律孤儿的抚养人及家庭成员的需要，也是社会救助的重要内容。此外，从基层民政干部和社区工作人员的角度，可以了解社会救助实践的现实和难点，有助于决策者设计出更具针对性和操作性的救助政策，对其他的救助实务工作者也有一定借鉴意义。

最后，本研究对法律孤儿生活现况的呈现有助于人们了解这一过去常被社会所忽视或误解的儿童群体的真实生存状态，形成有利于法律孤儿健康成长和发展的社会氛围。法律孤儿由于其父母的特殊身份，往往受到社会大众的误解，或是被贴上“问题儿童”的标签，部分民众对其唯恐避之而不及。[①]正如本研究第二章将要介绍的，从目前对法律孤儿的学术研究和媒体报道来看，社会对法律孤儿形象的建构大多是负面或问题导向的，但这些被研究或被报道的儿童通常是生活在救助机构的一些特殊个案，不能代表法律孤儿人群的全貌。本研究则希望通过对数量更多的、生活在家庭中的法律孤儿的研究，来呈现这些就在社会大众身边的孩子的真实生活状态，这有助于减少社会对法律孤儿及其家庭的偏见，有助于人们更好地理解法律孤儿人群的复杂性和救助法律孤儿的必要性，进而形成有利于法律孤儿健康成长和发展的社会氛围。

---

① 这种态度并不一定是刻意针对法律孤儿的歧视，而只是人们的一种刻板印象或思维惯性。例如，当我告诉一位朋友我正在做服刑人员子女的研究时，她的第一反应是：如果我的小孩和他们在一个学校，会不会受到什么负面影响？

## 第三节 研 究 架 构

本研究共分十章。

第一章为导论，介绍了本研究的缘起、本研究要探讨的主要问题，以及开展本研究在理论和实践方面的意义。本研究的最初想法是受到 2013 年南京幼童饿死事件的触动而产生，从这一事件反映出的法律孤儿生存困境和救助难题出发，这一章提出了研究问题，并说明了当前开展本项研究的理论和实践价值。

第二章回顾了现有的关于法律孤儿的研究文献。在过往文献的基础上，这一章整理并辨析了法律孤儿概念及国内外文献中的相似概念，描绘出法律孤儿的人口特征、生存状况、受教育状况、心理发展和社会交往等方面的现状与问题。借助于现有研究成果，这一章还阐述了法律孤儿救助的现状以及我国法律孤儿社会救助实践的不足。最后，该章对现有文献的贡献与不足做出评述，指出本研究希望着力补充的方面。

第三章介绍了与本研究相关的五种儿童理论，即依恋理论、生命历程理论、累积风险理论、抗逆力理论和生态系统理论，分别讨论了它们在法律孤儿研究和救助实践领域的意义与优势。在上述理论的启发下，这一章建构了本研究的分析框架，并对研究问题做了进一步的分解。

第四章交代了本研究的方法论。这一章首先说明了选择质性研究方法的原因，指出该方法对于本项研究具有适切性。随后，该章详细回溯了研究者寻找受访者的过程、受访者的基本情况、入户访谈的主要策略以及增进研究可信度的具体措施。在这一章的末尾，我们对研究伦理和研究者身份进行了反思。

第五章描述了法律孤儿的家庭在其父母服刑或戒毒之前的多重混乱状

态。通过这个描述，读者可以发现父母的犯罪事件只是法律孤儿生活中诸多风险的其中一项，而非法律孤儿生活困境的唯一原因。

第六章呈现了法律孤儿在父母离家后的生活困境，以及他们与抚养人是如何看待、理解和应对这些困境的。这一章指出法律孤儿的生活困境不只是儿童个人困境，而是家庭整体所面临的困境。

第七章报告了父母返家后对法律孤儿的经济支持、生活照顾和情感联系状况，展示了父母返家为法律孤儿的生活所带来的新的风险，并指出当前政策和法律框架在应对父母归来后法律孤儿监护问题时存在的不足。

第八章叙述了自新中国成立以来法律孤儿社会救助政策的发展演变历程，详细介绍了现行法律孤儿社会救助政策的主要内容，最后分析了政府、社会团体、社会组织、家庭等救助主体在实践中形成的几种法律孤儿救助模式。

第九章评估了当前法律孤儿社会救助政策的绩效。这一章以法律孤儿及其家庭成员的主观经验与评价为依据，来评估现行法律孤儿救助体系在家庭尽责、政府主导和社会参与这三个政策目标上的达成情况，并分析了现行社会救助政策存在的不足和突出问题。

第十章首先回答了导论中提出的三个具体的研究问题，由此讨论法律孤儿面临的多重风险，儿童个体需求与家庭需求的一体性，以及政府、家庭、社区、学校等社会不同部门在法律孤儿救助中发挥的作用。在此基础上，这一章提出一个以家庭整体为服务对象的三重服务体系的建议。最后，研究者反思了本研究的局限，指出了未来研究方向。

# 第二章
# 文献综述:法律孤儿的问题与应对

监禁是现代国家刑罚的主要制裁措施,对于监禁及其影响的讨论已经延续了几个世纪。但这些讨论通常集中于它对服刑人员的惩罚和对社会的威慑作用,很少注意到它对服刑人员家庭,特别是其子女的影响。直到20世纪70年代,服刑人员子女问题才逐渐引起欧美国家研究者的关注,相关研究描述了这些孩子因为父母入狱而遭遇的困境,分析孩子的身心健康、亲子关系等方面受到的负面影响。我国长期以来一直以孤儿、弃儿和残疾儿童为儿童福利的主要对象,那些事实上无人抚养的服刑人员子女同样处于被忽视的状态。因此,我国关于法律孤儿问题的研究和实践都相对较晚,有限的研究成果主要包括两个方面:一是对法律孤儿的生存现状开展调查研究,发现父母服刑给子女带来诸多负面影响;二是对现有救助制度、模式、机构存在的问题进行研究并提出对策建议。本章首先对法律孤儿的概念进行辨析和界定,再详细评述现有研究文献取得的成果和存在的不足,据此提出本研究的定位。

## 第一节　谁是法律孤儿?

在20世纪出版的文献中搜寻,难觅“法律孤儿”这一概念的踪迹。无论是新闻界还是学术界都极少将视线投向这一群体。直到20世纪末,一些地方陆续兴建儿童村,引发了媒体和社会大众的关注,推动了相关研究的发展,"法律孤儿"的概念才得以产生,其内涵也不断发展和丰富。

## 一、法律孤儿的定义

1996年,陕西省回归研究会在西安成立了陕西回归儿童村,致力于替罪犯代教代养其无人抚养的未成年子女。2000年,作家常扬发表了以儿童村为素材的报告文学作品《在离开父母的日子里——中国首家罪犯子女儿童村纪实》,书中以动人的笔墨描写了许多罪犯子女的生活故事,把这个长期被忽视的、无辜的弱势群体呈现在社会大众面前。随后,在北京、大连、沈阳、福州、河南等地也相继出现了替代服刑人员抚养其未成年子女的民间社会组织,有关这些儿童的文章便开始频繁见诸报端,引起了社会的关注和热议。①不过,尽管这个曾经被忽视的群体进入了大众的视野,但在新闻媒体最初的报道中,他们的名称却并不统一:有的将他们称作"服刑人员未成年子女",有的称作"罪犯子女",有的称作"犯人的孩子"。这些称呼虽然体现出认定这个群体身份的关键信息,即他们是服刑人员所生的孩子,但又存在一些模糊之处。比如,"罪犯子女""犯人的孩子"没有对"子女""孩子"的年龄做出明确界定,"服刑人员未成年子女"则没有指出是父母双方服刑还是其中一方服刑。

2006年"六一"儿童节时,《检察日报》头版以《太阳村:"关注法律孤儿"的系列报道》为题,介绍了北京顺义太阳村的事迹,这是我国的公开出版物中首次出现"法律孤儿"的概念。这一组文章将法律孤儿界定为因父亲或母

---

① 这些文章中既有对儿童村进行褒扬的,如《北京有个收养罪犯子女的儿童村》(载《青年报》2001年8月25日)、《西安儿童村:服刑人员未成年子女的新家》(载《法制周报》2006年3月20日)等;也有提出质疑和批评的文章,如《付妈妈的慈善面具》(载《南方周末》2004年6月10日、《"阳光"下的真相:沈阳"付妈妈儿童村"调查》(载《新民周刊》2004年5月31日)、《儿童村是否真"阳光"?》(载《北京青年报》2004年6月30日)等。

亲正在服刑或者已经伏法而无人抚养的孩子。[①]显然，相比以前的媒体报道，这组文章在服刑人员子女之外又增加了已经伏法的人员的子女，即父亲或母亲已经被执行死刑的儿童，对这一群体构成的表述更为严谨。[②]文章还介绍，“法律孤儿”是检察官在办案时对这类孩子的惯用称呼。可见，在此之前，“法律孤儿”与其说是一个有着明确内涵的学术概念，不如说是司法实践中的一句“行话”，司法机关和相关社会福利机构以外的人员对它的内涵知之甚少。在这一背景下，《检察日报》的这一组文章以“法律孤儿”为题进行公开报道，不仅增进了社会大众对这些孩子的了解，也建立起社会大众对“法律孤儿”这一概念的认知。

在《检察日报》率先使用“法律孤儿”这一概念后，学术界也逐渐开始在研究中使用这一概念。例如，张卫英等人在2008年发表的论文中这样定义法律孤儿，“法律孤儿，是指那些需要社会救助的服刑人员的未成年子女，即父母双方均在监狱服刑，或父母一方在监狱服刑，另一方已死亡、无能力或由于其他原因无法履行监护职责的未成年人”（张卫英、陈琰，2008：34）。这一定义明确界定了导致未成年人成为法律孤儿的几种情形。贺新春等人在2015年发表的论文中对法律孤儿的定义是，“正处于监狱等国家暴力机关拘禁状态的人员所生（包括婚生及非婚生）的法定年龄不足18周岁（不包括满16周岁以上不满18周岁的以自己的劳动收入为主要生活来源的）的子女，即父母双方均在监狱服刑，或父母一方在监狱服刑，另一方已死亡、无能力或由于其他原因无法履行监护职责的未成年人”（贺新春、黄梅珍，2015：88）。这一定义不仅从父母身份背景的角度做出了限定，还增加了对儿童自身年龄和收入的限制。

上述两篇论文对法律孤儿的定义为人们认识究竟谁是法律孤儿提供了

---

① 《走进“法律孤儿”的内心世界》，《检察日报》2006年6月1日。

② 根据《新华字典》的释义，“服刑”是指服徒刑，而“伏法”是指罪犯被执行死刑，两者有区别。

非常实用的概念工具。不过,随着新的社会问题的出现和我国法律制度的变化,法律孤儿的定义也需要进行相应的调整。例如,根据 2008 年 6 月 1 日起施行的《中华人民共和国禁毒法》,强制隔离戒毒决定是由公安机关下达的行政强制措施而非刑事处罚,强制戒毒人员被投送司法行政机关强制隔离戒毒场所(强制隔离戒毒所),并非在监狱服刑。如果将父母在监狱服刑作为判断标准,那么在吸毒者接受强制戒毒期间,他们无人照料的子女就不算法律孤儿。这显然与现实情况不符。

本研究认为,无论是在司法机关的实务工作中还是学术研究当中,法律孤儿都具有以下两个特征:(1)父母双方都无法履行对儿童的监护职责。法律孤儿与一般孤儿以及其他事实无人抚养儿童一样,都处于事实上法定监护人缺失的状态,即他们无法得到父母的照料。(2)父母双方或一方因触犯国家法律已经失去人身自由,这是法律孤儿与一般孤儿以及其他事实无人抚养儿童的不同之处。造成父母双方或一方无法履行监护职责的原因,是其因违法犯罪被国家采取强制措施从而失去人身自由。因此,本研究将“法律孤儿”定义为父母双方因违法犯罪被国家采取强制措施而失去人身自由,或父母一方因违法犯罪被国家采取强制措施而失去人身自由,另一方已死亡、无能力或由于其他原因无法履行监护职责的未成年人。

## 二、法律孤儿与服刑人员未成年子女

有关罪犯子女这一弱势群体的保护、救助和教育问题,在学术界虽已得到广泛的探讨,但一些文献没有给出明确的概念,使得它们的研究对象边界较为模糊。目前,学术界对这一群体的研究使用较多的概念是“服刑人员未成年子女”。例如,2005 年司法部预防犯罪研究所课题组就以“监狱服刑人员未成年子女基本问题”为题开展专项调查,此后出版了《服刑人员未成年子女现状调查》(郑霞泽,2006)。同年,在“全国首届服刑人员子女心理研讨会”上,不少与会人士也使用了“服刑人员未成年子女”这一概念,较有代表性的有陕西回归儿童村的创办人张淑琴所作的《服刑人员未成年子女心理特点及形成原因》、学者张雪梅等所作的《我国服刑人员未成年子女保护问题研究初探》。服刑人员未成年子女的定义已经形成共识，研究者们大都认同“服刑人员未成年子女”系指父母一方或双方正在监狱服刑的未满 18 周岁的公民（刘新玲等，2009：39）。也有研究者认为“服刑人员未成年子女”就是“法律孤儿”（范斌、童雪红，2017：106）。

本研究大体上认同法律孤儿和服刑人员未成年子女所指的是同一群体，原因就像前文所述及的，在实务工作中，人们极少对这两者做出区分。但本研究采用“法律孤儿”这一概念，原因有三：一是“法律孤儿”更明确地点出了儿童法定监护人无法履行监护职责的弱势生存状态，而“服刑人员未成年子女”概念本身没有提供这一信息；二是“法律孤儿”淡化了父母犯罪这一身份背景特征，强化了儿童无人抚养这一客观后果，表达更为柔性，且有助于防止对这些儿童的“标签化”和“污名化”；三是“服刑人员未成年子女”在字面意义上排除了那些因违法犯罪而失去人身自由但并未在服刑的人，有窄化研究对象群体之嫌。[①]因此，本研究虽参考了大量服刑人员未成年子女的研究文献，但在行文时一律采用“法律孤儿”作为对这一群体的称呼。

## 三、法律孤儿、Legal Orphan 与 Children with incarcerated parents

值得注意的是，本研究中所用的概念“法律孤儿”不可直译为英语“Legal orphan”。在英语文献中，Legal orphan 是指父母的监护权已经被法庭剥夺而又尚未被正式收养的儿童。就笔者目力所及，英语文献中最早使用“Legal orphan”一词的是美国纽约大学法学院教授马丁·古根海姆

① 有研究者指出，“服刑人员未成年子女”将那些审判前被羁押的犯罪嫌疑人和判决生效后未及时交付执行处于羁押状态的犯罪人的未成年子女排除在外，概念上不周延、不完整，且缺乏动态性、过程性。具体讨论可参见刘红霞：《在押服刑人员未成年子女救助体系的构建与完善》，《法学杂志》2016 年第 4 期。

(Martin Guggenheim),在其 1995 年发表的论文“The effects of recent trends to accelerate the termination of parental rights of children in foster care—an empirical analysis in two states”中,他把父母的监护权已经被法庭剥夺而又尚未被正式收养的儿童称为 Legal Orphan。1980 年,美国国会颁布了《收养援助与儿童福利法》(*Adoption Assistance and Child Welfare Act*),旨在预防各州对儿童采取不必要的寄养安置,促进家庭团聚,以及通过鼓励收养的方式来减少儿童接受寄养的时间。然而,古根海姆对密歇根州和纽约州儿童寄养体系的数据分析发现,《收养援助与儿童福利法》并没有像它原本设想的那样促进家庭团聚,反而推动了这两个州加速对父母监护权的剥夺,同时,儿童被收养的速度却大大落后,使得越来越多的儿童成为法律意义上的孤儿。1986—1992 年,密歇根州有 325 名儿童一直到成年也没有等来他们的“父母”(Martin Guggenheim, 1995)。可见,古根海姆之所以称这些儿童为“Legal orphan”,一方面是因为这些儿童在这段时间内没有法律意义上的父母,另一方面也因为是法律使得这些孩子失去父母,成为“孤儿”。因此,他所提出的“Legal orphan”概念具有一定的价值倾向性,是一个带有批判意味的词。此后,“Legal orphan”一词在美国学术界广泛使用。

显然,英语文献中的“Legal orphan”与我国学术界采用的“法律孤儿”既有重合又有差异。重合之处在于,法律孤儿与 Legal orphan 都缺乏父母的照料。法律孤儿的父母双方或其中一方因触犯法律而被监禁,Legal orphan 的父母却不一定被监禁,他们可能只是因为照料孩子中的过失、疏忽而被剥夺了监护权。相应地,Legal orphan 的父母必定被法庭剥夺了监护权,而法律孤儿的父母虽被监禁却不一定失去了对子女的监护权。如果以这一标准来衡量,我国大部分的法律孤儿都不是 Legal orphan。长期以来,我国的法律并不会对父母的监护失职追究责任,直到 2015 年《关于依法处理监护人侵害未成年人权益行为若干问题的意见》出台后,才明确了在父母对子女有非常严重的伤害行为的情况下,法庭可以判决撤销父母监护权。

我们认为，我国学术界使用的"法律孤儿"与英语文献中的"children with incarcerated parents"更为接近，意为"被监禁者的子女"或"囚犯子女"。当然，在英语文献中，对于这一群体还有很多其他表述，如"Children of Incarcerated Parents""Children of Imprisoned Parents""Children with parents in prison""Children with parents in jail""Children with parents behind bars"等，其含义基本相同。因此，本研究在查阅英语文献时特别注意使用不同检索词进行检索，避免挂一漏万。

## 第二节　法律孤儿的基本状况

法律孤儿现象是一个世界性的普遍现象。在全球各地，无论是发达国家还是发展中国家，都生活着许多法律孤儿。2011 年 9 月，联合国儿童权利委员会(UN Committee on the Rights of the Child)在日内瓦首次就"被监禁者的子女"(Children of Incarcerated Parents)这一主题进行讨论，并发布了部分国家中这一人群的统计数据。这次会议指出，大多数国家的刑事司法程序中都缺乏对罪犯未成年子女信息的记录，即使是在一些对此有记录的国家，其统计数据也未必可靠或透明(Oliver Robertson, 2012:5)。换言之，全世界有多少法律孤儿，目前尚且未知。但就此次会议的不完全统计，部分国家的情况大致如下：①

美国：有 200 万—300 万儿童的父母正在服刑，120 万服刑人员(占整个服刑人数的 54%，包括男性和女性)有未满 18 岁的子女。父母服刑的比例在黑人儿童、拉美裔儿童和白人儿童中的比例分别是 1/15、1/42 和 1/111。

① 以下数据均来自 Oliver Robertson: Collateral Convicts: Children of incarcerated parents.这些数据只能呈现各国法律孤儿规模的大致状况，并不精确。该报告作者也指出，有些数据是估算得出，各国的统计口径也不一致。

欧盟：每年有80万儿童因父母入狱而与父母分开。

英国：每年有1.7万名儿童的母亲入狱。

新西兰：服刑人员中，约26%的男性和47%的女性有未成年子女，其中35%的女性和12%的男性是孩子的唯一抚养人。

和许多国家一样，我国也缺乏关于法律孤儿数量的准确数据。据司法部2005年发布的《监狱服刑人员未成年子女基本情况调查报告》统计，在我国监狱服州的156万名在押犯中，有未成年子女的服刑人员近46万人，占在押犯总数的30%左右，服刑人员未成年子女总数逾60万。[①]在2012年召开的第十一届全国人民代表大会常务委员会第二十六次会议上，司法部部长吴爱英向全国人民代表大会做工作报告时提到，2011年我国共有监狱681所，在押犯164万人。[②]有研究者据此推算，截至2015年年底，我国监狱服刑人员未成年子女人数近74万人（刘红霞，2016：125）。此外，还有不少未成年人的父母被关押在看守所、强制戒毒所等监狱以外的监管场所，这些未成年人的数量目前还难以估算。

根据司法部2005年的调查数据，服刑人员未成年子女以6—12岁的居多，约占总数的36.1%；12—15岁的排在第二位，占26%；15—18岁的占24%；0—6岁的占13.7%。服刑人员未成年子女以居住在农村的居多，占54.4%；其次是居住在大城市的，占24.5%；居住在小城市的服刑人员未成年子女占21.1%。服刑人员未成年子女中正在上小学的人数最多，占42.0%；其次是正在上初中的，占22.0%；再次是正在上幼儿园的，占15.5%；正在接受高中及中专教育、大专及以上教育的人数比例分别为6.8%、0.7%；此外还

① 数据来自郑霞泽主编：《服刑人员未成年子女现状调查》，法律出版社2006年版，第1页。此次调查以全国31个省（区、市）所有在押的有18周岁以下未成年子女的服刑人员为总体，分别抽取了12个省（区、市）的36座监狱中（重型犯监狱、普通犯监狱、女犯监狱各占1/3）有未成年子女的服刑人员样本11 527个。在此基础上，课题组对我国监狱服刑人员未成年子女的数量进行推算，得出了这一数据。

② 《国务院关于监狱法实施和监狱工作情况的报告》，http://www.npc.gov.cn/huiyi/ztbg/gwygyjyfsshjygzqkbg/2012-08/21/content_1872389.htm。

有 13.1%的人辍学在家(郑霞泽,2006:26—32)。

## 第三节 法律孤儿成长中面临的主要问题

国内外的研究文献表明,法律孤儿及其抚养家庭所遭遇的问题是多重而复杂的。父母入狱会对法律孤儿的成长带来一系列的风险,家庭可能会面临经济困难、关系紧张、结构调整等压力;孩子不仅会经历与父母分离的痛苦,还可能遭受巨大的心理创伤、社会排斥和污名化的身份焦虑(Nesmith & Ruhland, 2008; Robertson, 2007)。这些风险或直接或间接地发生作用,对法律孤儿的成长带来负面影响。

### 一、经济压力与生活贫困

"刑事司法制度的目的是惩罚犯罪者,但刑事司法制度运作的结果,以及它与其他社会制度的结合,却对家庭构成了重大经济惩罚"(Smith, R. et al., 2007:1)。研究表明,父母入狱会对家庭的经济状况造成不利影响,从而降低儿童的生活水平、居住质量以及社会参与程度(Geller, Garfinkel, Cooper & Mincy, 2009)。如果服刑人员曾是家庭主要经济来源,那么家庭陷入经济困境的可能性就更高(Christian, 2009; Hairston, 2007)。在美国,一半以上的服刑人员(父亲 54%,母亲 52%)是家庭的主要经济来源(Glaze & Marushak, 2008)。有调查发现,在孩子的父亲服刑期间,其家庭收入与父亲入狱前一年相比下降了 22%;在父亲获释后的第一年,家庭收入仍然比入狱前一年低 15%(Johnson, 2009)。父母入狱不仅造成家庭收入减少,而且也意味着孩子抚养人的离开。因此,孩子的其他家庭成员,尤其是祖父母可能不得不放弃自己的工作来照看孩子,这使得家庭的经济状况更加艰难(Smith et al., 2007:1)。此外,父母入狱还为家庭带来新的开支,包括给服刑的父母打电话、汇款以及到监狱探视所产生的费用(Rosenberg, 2009)。

在我国,父母入狱导致子女生活陷入困境的情况也非常普遍。大多数服刑人员在入狱前的经济状况就非常差,无法为家庭和子女提供稳定的经济支持。他们的受教育程度普遍较低,没有正当工作,绝大多数人仅能维持温饱,不少人处于非常贫穷的状态。许多服刑人员正是因此才不惜铤而走险,最终锒铛入狱(周涛,2005;朱华燕、朱华军,2008)。一些服刑人员因吸毒而入狱,更是家徒四壁,连孩子的基本生活都难以保障(徐浙宁、冯萍,2005)。而如果服刑人员原本是家庭的主要经济来源,一旦其入狱服刑,那么其家庭的经济收入必然急剧下降,使得孩子的生活质量受到严重影响(严浩仁等,2009;艾思明、曲超,2015)。父母被捕入狱后,孩子往往由祖辈或关系密切的其他亲属代为抚养。但现实的情况是,这些孩子的祖辈大多年迈且收入较低,其他亲属的经济情况也不宽裕,家里增加一个人的开支,使得他们的生活更为拮据。还有一些孩子在父母入狱后完全无人照顾,只能流落街头,靠乞讨为生(陈伙平,2005;贺新春、黄梅珍,2015)。

## 二、心理创伤与心理健康问题

除了使家庭经济陷入困境之外,父母服刑对孩子而言还是一种压力和创伤性事件(stressful and traumatic event),特别是当孩子目睹了父母被逮捕的暴力场面,他们极有可能产生创伤性应激障碍(post-traumatic stress disorder)(Phillips & Zhao, 2010)。如果孩子反复经历父母被逮捕带离的场面,这种伤害的严重性还会加剧(Comfort, 2007)。对一些孩子而言,看到父母被捕会感到恐惧和困惑,另一些孩子则可能产生怀疑、敌意和愤怒情绪,认为自己的父母受到不公正的惩罚。无论哪种情况,当着孩子的面逮捕父母都会留下"情感上的伤痕"(emotional scars)(Loureiro, 2010)。

不只目睹父母被捕的经历会造成孩子的心理创伤,父母服刑所带来的亲子分离也会对孩子的心理产生负面影响，损害他们的情感、认知和社会性发展。父母服刑后，孩子常常会出现消极的情绪和行为，如悲伤、困惑、抑郁、忧虑、愤怒、恐惧、尿床、失眠、多动等，严重的还有吸毒、酗酒、犯罪等（Boswell，2002；The Rebecca Project for Human Rights and National Women's Law Centre，2010）。还有研究发现，服刑人员的孩子发生焦虑和抑郁等心理问题的可能性是其他同龄人的两倍（Murray et al.，2009:56）。

国内许多研究也都揭示了父母入狱与孩子心理问题之间的关联。和其他孩子相比，服刑人员子女的心理健康水平明显较低，更容易出现心理问题（徐浙宁、冯萍，2005；王健等，2012；杨美荣等，2013）。服刑人员子女的心理问题表现可能包括自卑、攻击、逆反、嫉妒、焦虑、情感缺失、人格发展受阻（陈伙平，2005；黄洁，2008；李想，2016；潘雪姣，2017）。父母入狱还可能使孩子产生社交心理障碍。一些孩子严重缺乏人际安全感和信任感，不愿意或不敢与他人建立亲密的友谊关系（文丽华，2017）。面对交往圈子的狭小和人际关系的压力，一些孩子不得不发展出一套自认为合适的应对方法。女孩趋向于内化压抑、自我封闭和自我否定，男孩则逐渐变得喜欢说谎和宣泄、具有攻击性和敌对情绪（朱华燕、朱华军，2008）。还有一些孩子亲眼目睹警方逮捕父母的暴力过程，心理遭受巨大的刺激和羞辱，这种经验让他们感到恐惧、怨恨，甚至会导致他们对警察的仇视，因而造成难以愈合的心理创伤（冯艳，2013；王君健、寇薇，2013）。

## 三、学业受阻与学校融入困难

对于学龄儿童而言，父母服刑对他们的学业成绩、同伴关系等学校生活的诸多方面都带来消极影响。服刑人员子女的学习成绩可能低于平均水平，并且更有可能不及格或辍学（Sack et al.，1976）。一项研究将美国弗吉尼亚州 58 名母亲在服刑的青少年与他们的同龄好友进行比较，结果发现，母亲在服刑的孩子的辍学率高达 36%，而他们的同龄好友的辍学率只有约

10%;母亲在服刑的孩子逃课、被学校停课、考试不及格、因不守纪律被要求请家长的比例都高于同龄好友和全州平均数据(Trice, 2004)。

由于惧怕外界发现父母是罪犯这一秘密,服刑人员的孩子不得不与学校的同伴保持距离,难以融入同辈群体。例如,他们无法向朋友或老师解释某天缺课是因为去监狱探望母亲。出于恐惧和耻辱感,他们可能会逃避和那些行为表现良好的同龄人交往,反而倾向于与一些行为不良的同龄人交往(Myers et al., 1999)。另一项研究也得出了相似的结论:由于被其他孩子嘲笑和孤立,服刑人员的孩子难以融入学校内的同辈群体,转而结交校外的不良伙伴(Dallaire, 2007)。

调查发现,我国服刑人员未成年子女中大多是处于义务教育阶段的儿童(郑霞泽,2006;欧渊华等,2018),父(母)入狱会对他们的学业发展产生负面影响。这些负面影响包括:(1)继续学业的物质保障不足。父(母)入狱后,家庭陷入经济拮据状态,无力为孩子的学习提供必要的物质保障,一些孩子甚至为了减轻家庭负担而选择辍学。(2)厌学情绪。面对父(母)入狱这一家庭剧变,孩子的心情必然大受影响,不少孩子因此无法集中精力投入学习,甚至完全丧失学习兴趣。(3)缺乏有效的学业指导和帮助。父(母)入狱后,不少孩子便由祖辈照顾,而祖辈由于年龄、精力、健康、知识等方面的原因而往往无法为孩子提供学业上的指导(陈伙平,2005;严浩仁等,2009;夏禹波、姜志荣,2010;贺新春、黄梅珍,2015;林建鸿、王真真,2015)。有调查发现,服刑家庭子女的学习成绩“中下”及“不及格”的人数比例显著多于普通家庭子女,相反,“中上”“良”及“优”的人数比例显著低于普通家庭子女(徐浙宁、冯萍,2005)。可见,无论在客观环境还是主观心境上,法律孤儿继续学业的路途上都存在着诸多阻碍。

## 四、污名化与社会排斥

服刑人员的子女和家庭面临的最主要的困难之一,就是他们与服刑人员的关系所带来的歧视、污名、孤立和社会排斥。许多孩子不愿意别人知道自己的父母在服刑，因为他们担心受到朋友、老师，甚至整个社区的歧视（Tudball, 2000）。法律孤儿的家庭往往不愿意向学校透露自己的处境，一方面出于耻辱感，另一方面则担心孩子会在学校受到不同的对待（Social Exclusion Unit, 2002）。有研究发现，教师的确可能对父母服刑的孩子存有偏见，他们往往会认为服刑人员的孩子的学习能力不如其他孩子（Dallaire, 2010）。

对于服刑人员家庭遭受社会孤立的原因，有研究者概括为以下几点：没有朋友、没有交通工具、没有工作、身体上的限制以及经济上的限制。当家庭遭遇危机时，这种社会孤立会表现得尤其明显。例如，当他们发生财务问题或生病时，既无处寻找安慰或支持，也不知向谁寻求帮助（Smith et al., 2007:33）。一项国际比较研究发现，社会污名甚至会增加服刑人员子女进监狱的可能性。在英国，服刑人员的子女比其他孩子更可能被逮捕、起诉或定罪；而这一情况在瑞典则较少发生，因为瑞典在审判和定罪的媒体报道中甚少透露罪犯的身份，所以罪犯子女不太会被社会所污名化（Murray et al., 2007）。

在我国，服刑人员的子女同样容易遭受外界对他们的偏见与歧视。社会大众往往会将对犯罪分子的愤怒和厌恶情绪迁移到他们的子女身上，将他们排斥在主流社会之外（王君健、寇薇，2013；贺新春、黄梅珍，2015）。法律孤儿的身份一旦曝光，他们在学校可能遭受老师和同学的歧视，受到同辈群体的羞辱、排斥和疏远，一些人不得不面对冷漠、敌对的邻里关系，陷入绝望的境地而产生极端行为（张淑琴，2005；张明锁等，2012）。社会对法律孤儿长期的污名化和歧视，常常导致他们对自己的矮化和自暴自弃，甚至产生对社会的对抗情绪和越轨行为，这又进一步加深了社会对这一群体的刻板印象（王君健、寇薇，2013；何瑞，2017）。

## 五、行为越轨与违法犯罪

国内外对服刑人员子女开展救助的一个重要出发点，就是要减少他们的行为偏差，降低其犯罪的概率(刘新玲、张金霞、杨优君，2009)。尽管目前并没有证据显示父母犯罪与子女犯罪的因果关系，但大量研究发现，服刑人员子女的确存在越轨、反社会行为、犯罪的高风险(Brooks, 2008)。一项基于英国和荷兰的纵向研究发现，父母的入狱次数和儿子的犯罪行为之间呈显著相关，特别是在儿子7岁以后，父母若犯罪，儿子犯罪的可能性就更高(Besemer et al., 2011)。另一项研究也发现，与父亲无犯罪史的孩子相比，父亲有犯罪史的孩子的犯罪率更高，并且，孩子犯罪与父亲是否犯罪相关，但与父亲的犯罪次数(即偶犯还是惯犯)无显著关联(Besemer & Farrington, 2012)。

在发现父辈与子女犯罪之间的相关性后，一些研究进一步对犯罪的代际传承机制做出解释。有研究指出，父亲入狱使得其子女所内化的父亲形象受到威胁，为了继续维持与父亲的关系，子女可能会模仿父亲，从而出现反社会行为等异常行为(Fritsch & Burkhead, 1981)。另一项研究则发现，父母服刑带给孩子多重负面压力，包括持久的心理创伤、亲子分离、缺乏照料等，这些消极因素的累积增加了孩子犯罪的风险(Johnston, 1995)。还有研究注意到父母犯罪时间的影响。在出生前父母就已入狱的孩子的犯罪率比那些出生后父母才入狱的孩子的犯罪率要低，并且，在7—13岁之间父母入狱的孩子的犯罪率比其他年龄段中父母入狱的孩子的犯罪率要高(Besemer, 2012)。

与国外已有不少关于父母服刑与子女犯罪之间关系的研究相比，国内学界对这一领域则几乎没有涉及。研究者大都只是基于自己的观感提出对服刑人员子女未来可能违法犯罪的担忧，并没有以确实的统计数据予以证明。对于这一缺失，有研究者认为是因为这个问题既不适宜放在问卷中进行调查,也不便在实地走访调查中直接谈及(严浩仁等,2009)。不过,有调查发现,服刑人员未成年子女中存在网瘾、烟瘾和违法行为的比例都远高于同龄群体(欧渊华等,2018)。可见,我国服刑人员子女中可能存在的行为越轨和违法犯罪问题也应引起关注和深入研究。

总之,上述国内外研究均指出法律孤儿在成长过程面对诸多问题,如果没有支持力量进入法律孤儿的生活世界,他们常常落入难以逃脱的困境之中。但值得注意的是,目前尚没有证据显示父母服刑与子女问题行为的必然联系。正如有研究者所指出的,许多服刑人员家庭在入狱前就有贫困、虐待和忽视儿童、夫妻关系破裂和离婚、父亲照料缺席等问题,因此,研究者不应简单地将法律孤儿的问题归咎于父母服刑这一个风险因素,而应充分考虑父母入狱之前孩子的家庭环境和生活状况可能对孩子产生的影响(Rutter, 1987)。

## 第四节 “隐形的受害者”:法律孤儿社会救助的现状

研究者们不仅从多个角度揭示出法律孤儿所面临的风险和他们的脆弱性,他们也不无遗憾地发现,这些孩子在某种程度上成为刑罚制度“隐形的受害者”(Marshall, 2008:8)。政府和司法机关往往只从帮助服刑人员回归社会、降低社会犯罪率的角度来对待他们的子女,并没有将这些孩子视为具有权利的独立个体(Ayre et al., 2006:8)。

### 一、“隐形的受害者”

早在1996年,欧洲行动研究委员会(European Action Research Committee)就指出,服刑人员子女的权益未能得到维护,他们普遍被国家所忽视。10年后，EUROCHIPS[①] 认为这种状况并未发生改变，服刑人员子女仍然不被视为一个自身拥有权利的群体，他们的需求更未得到应有的重视(Ayre et al., 2006:8)。马歇尔(Marshall)在其对苏格兰服刑人员子女的研究中指出，服刑人员子女成长的权利无疑被父母入狱和国家刑罚所破坏，但刑罚制度却没有对此做出回应(Marshall, 2008)。即使政府已经开始注意到服刑人员的家庭，但这种注意也仅仅出自家庭支持对于减少累犯的积极作用，而不是真正要解决和满足服刑人员子女的特殊需求(Mills & Codd, 2008)。因此，有关服刑人员子女的政策目的往往是通过服刑人员子女来促进服刑人员回归社会，而不关注服刑人员子女作为儿童其自身的权益如何得到保障。以英国为例，研究者发现，尽管政府承认服刑人员子女是需要帮助的弱势群体，但却没有采取必要的应对措施来为这些孩子提供系统的支持。服刑人员子女在政策安排中的优先级很低，既不可能得到任何有针对性的救助，也没能依法享有他们应得的保护和支持(Glover, 2009:2)。

由于得不到足够重视，无论从政策还是服务的角度而言，服刑人员子女得到的支持都极为不足。这些不足包括：(1)健康、福利、教育、司法部门等各种国家机关没有形成整合的协调机制，而是各自提供一些碎片化的支持(Sheehan & Levine, 2006)；(2)福利机构、学校等各服务主体之间缺乏信息共享，因而其对服刑人员子女遭遇的问题和实际需求的了解并不全面；(3)服务提供者应对服刑人员子女问题的能力和意识还有待提升(Social Exclusion Unit, 2002)；(4)很少对救助服务项目的效果进行评估，缺乏科学严谨的评估标准(Tuerk & Loper, 2006)。在美国，许多针对服刑人员子女的服务都是以志愿者服务为主的短期项目，而非固定的社会服务计划或救助制度的一部分，因此预算较少，经费不足(Hairston, 2007)。一项英国研究从项目经费和可持续性、服务内容和覆盖面、受助者的反馈和感受、解决问题的能

① EUROCHIPS是欧洲范围内为服刑人员子女提供服务的社会组织组成的联盟。

力等方面对 5 个针对服刑人员子女的服务项目进行了评估，结果发现，这些项目存在着经费有限、应对复杂的福利和法律问题的专业能力不足、解决家庭贫困问题的效果不佳、对服务对象的信息掌握有限等诸多问题（Smith et al.，2007）。

## 二、我国法律孤儿社会救助的不足

在过去很长一段时间里，法律孤儿都未被纳入我国的社会救助体系，为他们提供救助的除了扩展家庭以外，主要来自个别民间福利机构。有研究者指出，国家机关在法律孤儿的救助中处于长期缺位的状态（张卫英、陈琰，2005）。近年来，随着国家对困境儿童问题的日益重视，政府部门和社会团体对法律孤儿的救助和关爱活动虽有所增加，但仍存在诸多不足之处。

### （一）民间机构救助的不足

自 1996 年以来，全国各地陆续成立了多家专门救助法律孤儿的民间机构，它们为许多失去家庭庇护的法律孤儿提供了生活保障，使他们免于流离失所或走上歧路。研究者们实地调查却发现这些民间机构存在不少问题：(1)在救助理念方面，过于强调控制，缺乏人文关怀。一些机构出于对安全的考虑，时刻控制儿童的生活作息；对儿童进行道德控制，要求他们反复在来访者面前作“感恩表演”（李卉，2012；王君健，2016）。(2)在救助人员方面，专业化人才不足，队伍稳定性不高。研究者发现，儿童村的工作人员大多没有接受过专业教育和培训，难以有效地应对法律孤儿教育成长中的各种需求和问题（刘新玲、杨优君，2007；杜静、范召全，2007；李卉，2012）。(3)在机构管理方面，制度不健全，运作不透明。儿童村大多采用“家长负责制”的集权式管理，这种管理模式容易引发诚信危机，降低民间公益组织的公信力（杜静、范召全，2007；刘新玲、杨优君，2007；王刚义等，2015）。(4)在社会环境方面，政府扶持不够，社会影响力不高。政府没有为民间机构提供必要的政策和资金支持，甚至没有确认其合法性；民间机构也缺乏媒介宣传的能力和途径，难以获得来自社会各界更多的物质和精神支持（杜静、范召全，2007；刘新玲、杨优君，2007；王刚义等，2015；范斌、童雪红，2017）。

（二）法律孤儿救助中国家力量的缺位

长期以来，我国政府对法律孤儿都没有建立系统的、制度性的救助措施，而是由相关部门通过各种关爱活动的形式为法律孤儿提供零散的帮扶。例如，民政部门将生活困难、符合低保条件的法律孤儿纳入低保，为生活困难的法律孤儿送去慰问金；司法部门采用亲情电话、亲情餐厅、节假日回家探亲等措施帮助法律孤儿与父母联系；教育部门为生活困难、不符合社会救助条件的法律孤儿发放助学金或奖学金；一些社会团体资助贫困的法律孤儿上大学，等等（王清，2011）。这种模式的劣势非常明显：(1)关爱行动大都是临时性的、短期性的，没有形成常规化的、可持续的救助机制；(2)关爱行动的救助内容比较单一，往往偏重于物质救济，而忽视了法律孤儿异质性的群体特征和多元化的服务需求；(3)关爱行动的实施部门条块分割明显，缺乏信息沟通和分享渠道，影响了救助主体的积极性和救助资源的合理配置；(4)关爱行动缺乏必要的监督和评估，难以体现救助活动的成效（张铮、段志远，2015；范斌、童雪红，2017）。

## 第五节　现有文献的不足与本研究的定位

现有研究文献涉及法律孤儿的概念、人口特征、生存状况、受教育状况、心理发展和社会交往等多个方面，分析了现有救助政策制度和救助实践的成效与不足，为我们勾勒出中国法律孤儿的生存和受助现状：有为数不少的一群孩子，他们的父母因为触犯法律而失去人身自由，导致他们成为事实上无人监护的“孤儿”。他们在基本生存、心理发展、社会交往、受教育以及社会文化的多个方面都受到这一变故的负面影响，使得他们成为一个亟待帮助的弱势群体。目前,政府和社会虽已开展了一些救助活动,但仍然未能很好地满足法律孤儿的需求,需要做进一步的研究与调整。

但法律孤儿是近年来才在我国引起关注的一个研究主题,相关研究尚有许多不完善之处,突出表现在以下几个方面:(1)实证研究方法应用不足。在我们检索到的近两百篇相关文献中,大多数是二手文献研究,采用实证方法、获得一手资料的文献并不多。在采用实证方法的文献中,又以量化方法为主,质性研究较少。(2)研究对象的选择范围较为狭窄。就我们掌握的文献来看,在为数不多的质性研究中,研究者都选择了生活在救助机构中的法律孤儿作为研究对象,而忽略了那些和祖辈、亲属居住,甚至独居的法律孤儿。[①](3)研究视角有失偏颇。多数研究都使用了问题视角看待法律孤儿,将法律孤儿描绘为"问题儿童"而非"弱势儿童",这不但无助于法律孤儿的成长,还再次加固了社会对法律孤儿的刻板印象,有失研究的中立性。(4)研究现实性有待加强。2016年,国务院下发了《关于加强困境儿童保障工作的意见》,这对法律孤儿救助工作有着重要指导作用。该意见下发后,法律孤儿是否获得了有效的帮助?目前还没有研究对这一新政策下的新情况开展系统研究。

基于上述考虑,本研究将从儿童和成人的双重视角出发,以质性方法考察新救助政策下法律孤儿的家庭生活状态,以期发现他们面临的困难和存在的需求,探讨可能的救助路径,为政府和社会更好地开展救助工作提供参考。

---

① 当然,对研究者而言,这可能是一个被迫的选择,因为集中在救助机构的法律孤儿较容易接近,而寻找散居在各个家庭中的法律孤儿则非常困难,本研究也遭遇了同样的问题。

# 第三章
# 研究框架与研究思路

自19世纪起,随着生物学、生理学和心理学等研究领域的发展,欧美国家的研究者就已开始将儿童作为研究对象进行专门研究,取得许多开创性的研究成果。近半个世纪以来,国外学术界对儿童的研究已经不只是儿童个体,还涉及亲子关系、家庭网络、社区、制度、文化等多个层面,形成了丰富的儿童理论。从研究与干预、救助的角度来看,与本研究相关的理论主要有五种:依恋理论、生命历程理论、生态系统理论、累积风险理论和抗逆力理论。本章阐述这五种理论的主要观点及其对法律孤儿研究的指导意义,并在此基础上构建起本研究的分析框架。

## 第一节　现有的理论视角

### 一、依恋理论

依恋理论由英国著名的精神分析学家和心理学家约翰·鲍尔比(John Bowlby)创立,此后又被其他研究者不断丰富和完善。根据鲍尔比的说法,依恋是一种人与人之间心理上的联结(psychological connectedness)(Bowlby, 1980:109)。依恋理论的基本观点是:(1)儿童出于生存的需要会产生对父母的依恋,健康的依恋关系会增加孩子的生存机会。当一个孩子与父母之间建立起健康的依恋关系，他们在情感、社交和智力等方面的发展都会更加稳定。(2)依恋关系一旦破裂就会阻碍儿童的正常发展。当儿童与父母分离时，他们最初会感到焦虑和恐惧。随着分离时间的增加，他们还会产生愤怒、哀伤、绝望等一系列不良情绪反应，进而影响其成长发展(Bowlby, 1980)。(3)儿童不只可以对父母产生依恋，也可以对父母之外的其他照料者产生依恋。儿童如果能建立起对父母之外其他人的依恋，就可以补偿其与父母之间的分离(Howes, Hamilton, 1993)。

可见，依恋理论强调亲子关系的重要性，认为亲子分离会破坏依恋关系，阻碍儿童的积极发展。按照依恋理论的观点，法律孤儿必然面对亲子分离和依恋关系的破裂，因此出现消极的发展状态。国外许多研究发现，父母服刑后，孩子对父母的依恋关系遭到破坏，使得他们的生长发育、心理健康、学业等方面都出现了问题，这些问题的不良影响甚至到孩子成年后仍然存在(Murray & Farrington, 2006; Murray et al., 2012; Turney, 2014)。正如上一章所回顾的，我国的许多研究也都支持了这一理论。而应对法律孤儿与父母依恋关系破裂的办法，就是要针对儿童的心理需要，提供替代性的解决方案，即以其他照料者来替代父母角色，通过建立儿童与替代照料者的依恋关系来达到救助目的。

依恋理论为我们理解法律孤儿和设计相关的救助策略提供了有益的视角。它告诉我们，法律孤儿身上表现出的许多问题，并非因为他们是潜在的罪犯、“老鼠的儿子会打洞”，而是因为他们无法与父母维持稳定的、安全的依恋关系，从而产生了许多在外人看来是不良的心理和行为。从这个意义上而言，法律孤儿也是自己父母违法犯罪的受害者。我们对法律孤儿的救助理念应该以对待弱势群体的态度对他们施以援手，而不应该以对待潜在罪犯的态度对他们加以防范。同时，依恋理论提示我们，建立良好的、安全的依恋关系有助于法律孤儿心理健康成长。因此，它特别适合用于指导对法律孤儿的心理辅导、个案服务等个体层面的救助实践。当然，依恋理论在解释法律孤儿问题时也有不足之处，它并未区分父母服刑造成的依恋关系破裂与父母离婚或死亡造成的依恋关系破裂的差别，而这种差别对于法律孤儿而言尤其重要。

## 二、生命历程理论

生命历程理论的产生得益于心理学、社会学、历史学和老龄研究、人口统计、社会资本等多个学科和研究领域的发展，但它对儿童的研究却并未局限在某个单一学科或特定领域，而是提出了一种跨学科、跨领域的研究范式。在生命历程研究的代表人物埃尔德(Elder)看来，人的发展是一个贯穿整个生命周期的过程。早期童年经历固然重要，但还应该采用一种长期的视角，将人放置于其所处的历史时期、社会环境和社会关系中，来研究个体和群体的生活史(life history)与发展轨迹(trajectory)(Elder, 1998)。

生命历程理论有如下主要观点：(1)个人的发展受到规范性的社会时间(social time)的影响。社会时间是指对人在不同年龄阶段的角色期待，如在某个年龄应该入学、结婚、就业或者退休，大多数儿童和成年人在大致相同的年龄都会经历这些规范性的事件。(2)个体或群体的发展受到历史事件、社会制度和社会关系的塑造。突如其来的战争和经济危机、政府推出的新教育政策、父母离婚等都可能干扰社会时间，改变发展轨迹。(3)个体虽然受到历史和社会环境的约束，但也能通过选择和行动来主动构建自己的生命历程。例如，在一些经济困窘、居住环境恶劣的家庭中，家长经常带孩子去教堂和参加青少年教育项目，以此来降低孩子所面临的风险。可见，个体的生命历程是由个人与社会限制因素的互动所共同构建的。(4)年龄阶段在个体的发展过程中具有极为重要的作用，处于不同年龄阶段的人受相同事件或经历的影响程度可能不同(Elder et al., 2003)。

相较于依恋理论对微观的亲子关系的分析，生命历程理论为法律孤儿研究提供了一个将微观与宏观相结合的视角。首先，生命历程理论特别关注生命历程中“意外事件”对法律孤儿的影响。同龄儿童会经历相似的“规范性”事件(normative events),而父母服刑则是“规范性”事件之外的意外事件,这个意外事件带来孩子生活的转折,其负面影响可能一直持续至孩子的成年期(Mears & Siennick, 2015)。其次,生命历程理论强调区分法律孤儿的年龄阶段,因为处于不同年龄阶段和发展水平的孩子受父母服刑的影响程度可能不同。例如,有研究发现,父母服刑对6—11岁儿童的学校参与度有显著影响,而对12—17岁儿童的学校参与度则没有显著影响(Murphey & Cooper, 2015)。再次,生命历程理论认为法律孤儿问题的分析不应局限在儿童个体层面,还应拓展到家庭层面。家庭成员服刑不仅对其子女造成影响,同时也冲击了原有的家庭结构和家庭成员的关系。例如,由于父母其中一方服刑而导致离婚、孩子的照料者从父母换成祖父母,这些不同的关系彼此相互作用,对儿童的发展轨迹产生影响(Western et al. 2004; Lopoo & Western 2005)。最后,生命历程理论重视对法律孤儿生活的详细呈现。尤其是采用个人传记和深度访谈来创建详细的个人生活史,这是生命历程理论在方法上的一项重要创新。

生命历程理论关于个体受历史时期和社会环境的制约和塑造的观点,对法律孤儿的救助政策与实践也有启发。它提示我们应该重视新的历史时期和社会环境下法律孤儿面临的新问题和新需求。在不同的历史时期和社会环境下,父母服刑所造成的后果可能不同,应对策略也因此不同。当今世界许多国家都经历了社会经济和家庭生活模式的巨变:生育率下降、女性普遍就业、家庭规模缩小、离婚率上升、人口流动频繁等,我国也不例外。在新的历史时期,法律孤儿面临的问题和需求必然有所不同,救助政策和实践也应该做出相应调整。

## 三、生态系统理论

美国心理学家布朗芬布伦纳(Bronfenbrenner)在其《人类发展生态学》

一书中首次提出了生态系统理论。受生态学的启发，这一理论把个体成长的社会环境看作不同层次的生态系统，个体从出生后就受到不同系统的影响，并在各个系统的交互作用下发展。因此，分析不同生态系统对于理解个体行为具有重要意义。

根据布朗芬布伦纳的概念，个体所在的生态系统包括：(1)微系统(microsystem)，这是与个体距离最近的一个系统，它包括父母、家庭、学校、社区、同辈群体等，是个体可以直接接触、对其有直接影响的系统。例如，与家人、朋友的互动可以影响儿童的观念和行为。(2)中间系统(mesosystem)，指两个或多个微系统间的关系，如孩子的父母与老师之间的联系、孩子的家庭和社区之间的联系等。微系统之间较强的积极联系有助于儿童的发展，而微系统之间消极的联系或冲突则不利于儿童发展。(3)外系统(exosystem)，它是由个体的外部体制所构成，如地方政府、父母工作场所、政策法令等。这个系统不会直接与个体接触，而是通过与微系统中的某些结构的互动来间接影响个体发展。例如，国家制定的与儿童和家庭相关的法律，如义务教育法、婚姻法等，儿童虽未直接参与其中，但这些法律会影响儿童及其父母的选择和可得的资源。(4)大系统(macrosystem)，指个体所处社会的文化、习俗和价值观等，是一种较高的思想层面的系统。在大系统下，前三个系统都会呈现相似的价值特征和行为倾向。例如，如果社会文化认为育儿是家庭责任，那么社会就不太可能为父母抚养孩子提供帮助，进而影响孩子的发展。

从法律孤儿研究的现状来看，大量研究都集中在对法律孤儿与其所处的微系统，尤其是家庭之间的关系上。这些研究发现，微系统中儿童与照料者之间的持续互动、与父母之间的联系对于儿童的安全感、依恋及其他能力的发展至关重要(Poehlmann et al., 2008; Poehlmann, 2005b)。如果微系统中的关系崩溃，孩子就可能出现心理问题、行为偏差，甚至反社会行为(Mears & Siennick, 2016; Turney, 2017)。还有研究指出，法律孤儿所处的微系统存在特殊的风险作用机制，如儿童亲眼看见父母被捕、因父母服刑而被迫转学或与兄弟姐妹分开等，这种特殊的互动和过程导致法律孤儿的种种不良后果(Zeman et al., 2016)。

近年来，研究者开始将目光投向微系统之外的其他系统。例如，父母与祖父母之间的关系会对法律孤儿产生影响。如果正在服刑的父母与孩子的实际照料者之间存在冲突时，他们与孩子的接触机会(如探视、电话和书信)就会减少(Robillard et al., 2016)。外系统中政策因素对法律孤儿的影响也很明显。有研究发现，美国在20世纪80年代和90年代严厉对待毒品犯罪，造成监狱和监狱人口空前增长，受此影响最大的就是穷人、少数族裔和黑人家庭的儿童(Glaze & Maruschak, 2008; Western & Wildeman, 2009; Wakefield et al., 2016)。

生态系统理论有助于我们理解法律孤儿生活的复杂性。它告诉我们，法律孤儿面对的不仅是因父母入狱而残缺的微系统，还有那些不直接与他们接触、看似毫无联系的其他系统中的因素。家校联系、邻里关系、大众媒体、司法和福利政策、社会观念和文化传统等都可能不同程度地与法律孤儿发生关联，并且，这些系统不是封闭的，它们还会或直接或间接地与其他系统互动，进而复杂地影响法律孤儿的生活。因此，要对法律孤儿提供最有效的救助，仅从单一系统入手还不够，应当采用一种系统的、整体的思路，在每个系统中都设计相应的干预方案或保护措施。

## 四、累积风险理论

早期儿童研究大多关注某个风险因素与某个发展结果之间的关联，而英国心理学家迈克尔·拉特(Michael Rutter)却观察到，儿童的精神障碍与不和谐的父母婚姻、社会地位低、家庭规模过大、父亲犯罪、母亲的精神障碍和机构治疗经历这六个因素有关。其中任一因素单独出现都不会增加儿童精神障碍的风险，但如果两个及以上因素同时出现，儿童发生精神障碍的几率会显著增加(Rutter, 1979)。随后，阿诺德·萨默洛夫(Arnold Sameroff)等人的研究也得出了类似的结果(Sameroff et al., 1987)。据此,这些研究者们主张采用累积风险模型来开展研究,以免低估各种风险因素对儿童的影响。

累积风险理论认为:(1)影响儿童发展的不是某一个风险因素,而是多种风险因素的累积。(2)儿童生活中的风险因素越多,他/她遭遇困难的可能性就越大。(3)多个风险之间既可能相互独立也可能存在交叉(Rutter, 1979; Sameroff 等,1998)。

尽管大量研究揭示了法律孤儿所面临的种种风险,但如果从累积风险理论出发则不难发现,许多研究都没有将父母服刑对儿童的影响与儿童生活中已经存在的其他风险因素的影响区分开来。对许多儿童来说,早在父母服刑之前,他们的家庭就已经是高风险家庭,存在着社会经济地位低、父母受教育程度低、父母精神疾病、暴力和虐待史、吸毒等诸多问题(Johnston, 1995; Kampfner, 1995)。服刑人员的犯罪行为正是家庭功能薄弱的体现,服刑这一事件也只是加速家庭状态恶化而已(江雅筑,2009)。有研究者甚至提出了"零假设"的观点,认为父母服刑本身对儿童没有影响,影响儿童发展的是他们所处的高风险生态系统中的各种风险(Johnson & Easterling, 2012)。

累积风险理论对于救助实务具有很强的指导意义。首先,它有助于确定谁是优先接受服务的对象。根据累积风险理论,风险的数量比风险的性质对儿童的影响更大。显然,父母服刑并不是决定孩子是否应该接受救助的标准,而只是孩子面临的一个风险因素。如果一个孩子的生活中除了父母服刑之外没有其他风险,那么他需要得到救助的迫切性就比较低。如果一个孩子既是法律孤儿,又生活在贫困家庭,那么他需要得到救助的迫切性就非常高。其次,和生态系统理论相似,累积风险理论也非常重视环境中各因素的互动对个体发展的影响。法律孤儿遭遇的问题往往不是由父母服刑这个单一因素所造成,而是父母服刑与其他多重风险因素的累积导致的。因此,对法律孤儿所面对的多重风险进行全面干预,要比仅针对单一风险因素进行干预更为有效。

## 五、抗逆力理论

20 世纪 70 年代，一些心理学家在研究精神病患者的子女时发现，尽管处于如此不利的家庭中，许多孩子却仍然能健康发展。这一发现促使研究者们认识到，风险不一定会破坏个体的发展，因为个体面对风险可能出现不同的反应(Luthar et al.，2000)。一些儿童会遭受永久性的伤害，一些儿童会出现延迟反应，还有一些儿童则会表现出抗逆力，能够较好地适应和应对逆境(Rutter，1993)。此后，有关儿童抗逆力的研究蓬勃发展，研究者的视角逐渐拓展到各种不利于儿童成长的环境，如较低的家庭社会经济地位、居住在暴力多发社区、贫困、虐待、长期患病、遭遇重大意外等，试图从中区分出适应不良和适应良好的儿童，进而发掘那些有助于儿童适应逆境的因素(Luthar et al.，2000)。

抗逆力理论的主要观点包括：(1)抗逆力是指个体积极地适应逆境的动态过程(Luthar et al.，2000)。逆境也被称为风险，通常是指消极的生活环境，例如，长期生活在暴力事件多发的社区就构成高风险。积极适应则是指个体行为中所表现出的社会能力，例如，儿童能与主要照顾者建立安全的依恋关系、能获得良好的学习成绩等(Lutha & Cicchetti，2000)。(2)逆境中的个体既具有脆弱性(vulnerability)，也有能够减轻其负面影响的保护因素(protective factors)。这些保护因素主要有三类：一是积极的个人特质，如智力水平高、性格随和、高自尊、独立等；二是支持性的家庭环境；三是家庭以外的支持性因素，如学校、同辈、教堂以及制度支持等(Luthar et al.，2000)。(3)抗逆力研究的重点不仅是发掘儿童生活中的保护因素，还要分析这些保护因素发生作用的机制，从而设计出恰当的预防和干预策略。

抗逆力理论为法律孤儿研究开辟了一条崭新的道路。从现有儿童研究的任何一个理论视角出发，缺乏父母的照顾和陪伴都是儿童成长过程中的风险因素。正因为此，有关法律孤儿的研究大都在探讨他们受父母服刑所影响而出现的各种负面结果，而他们积极应对问题的可能性则鲜有研究提及。事实上，当研究者从抗逆力的研究视角去观察法律孤儿，就能发现脆弱性和保护因素并存的现象。一项针对童年时期父母服刑的非裔美国人的研究很好地印证了这一理论：尽管受访者们都认为自己曾经艰难地承受着父母服刑的负面影响，但却没有一个人屈服于困难，并且，他们在成年后都致力于为像自己一样处于困境的儿童提供服务。研究者认为，有几个关键因素促成了这一积极结果：(1)强有力的家庭联系，如祖辈、亲属的支持和帮助，让他们在家庭中生活而不是进入寄养机构；(2)学校的庇护，如教师的鼓励和启发，让他们感到安全和自由，缓解了家庭状况带来的焦虑；(3)社区的关怀，如他们可以在教堂中对人倾诉、获得接受感和安全感，甚至在教堂中遇到替代父亲作用的重要他人(Ming，2011)。

由于抗逆力理论关注儿童在逆境中的保护因素及其发挥作用的机制，因此它对法律孤儿社会政策和实务具有启发意义。首先，它指出法律孤儿具有积极适应逆境、应对风险的能力，避免了为法律孤儿贴上统一的“问题儿童”的标签。其次，对于实务工作者而言尤其值得注意的是，抗逆力并非儿童的个人特征，而是一种由外界保护因素塑造出的应对逆境的过程。因此，对法律孤儿最有效的支持不是在出现问题后才做出应对，而是加强家庭、学校、社区、社会、文化中的保护因素，提升儿童抗逆力，从而减轻父母服刑的负面影响。在这个意义上，抗逆力理论将法律孤儿的救助重点从问题矫正转向初级预防。

## 第二节　本研究的分析框架

上述理论展示了法律孤儿研究的不同理论视角。但如果单纯从某一理论视角理解法律孤儿的生活和需求,都只能得到一些片面的结论。本研究尝试吸收上述理论的主要观点和优势,建构了如图 3.1 所示的分析框架去探讨法律孤儿的生活状况和需求。这个分析框架综合考虑"法律孤儿"的亲子关系、意外事件、多重风险及保护因素之间的交互作用及其影响:(1)父母因服刑/戒毒离开家庭,这一意外事件引发法律孤儿成长中的诸多风险,故需要对其进行社会救助。(2)法律孤儿的生活是一个动态过程。在父母服刑/戒毒之前、之间、之后的各个时期都可能存在其他风险因素,它们与父母服刑/戒毒这一风险因素交互影响,共同作用于儿童的生活。(3)对法律孤儿进行社会救助,应该在从微观到宏观的不同系统层面挖掘和培养可提升儿童抗逆力的保护因素。此外,该框架也将立足于宏观的社会结构变迁、家庭功能变化、社会观念变革等大背景,讨论社会和历史背景对法律孤儿问题和需求的影响。

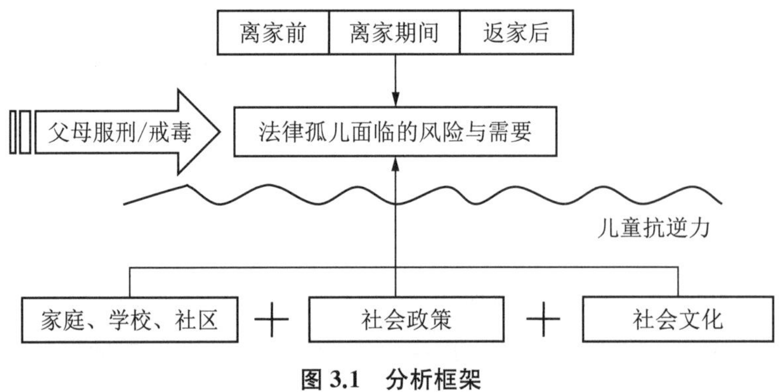


**图 3.1 分析框架**

## 一、法律孤儿的困境和需要

根据生命历程理论的观点,家庭成员服刑不仅对其子女造成影响,同时也对原有家庭造成冲击。据此,我们把法律孤儿面临的困境和需要分为两个层面:一是儿童个人困境,包括儿童心理、学业、社会交往等方面问题;另一个是家庭困境，指儿童的实际抚养人所面对的经济、心理、教养、社会关系等方面问题。从生态系统理论的观点来说，家庭风险属于中系统中的风险因素，与法律孤儿的生活紧密关联。

## 二、法律孤儿成长的动态过程

在本研究中，我们不仅访问了那些父母正处于服刑、强制戒毒等失去人身自由状态下的儿童，也访问了那些父母曾经有过服刑、强制戒毒等经历，但目前已经回归家庭的儿童。根据累积风险理论，服刑/戒毒事件只是法律孤儿面临的风险之一，许多家庭在这一事件爆发前就已经处于多重混乱的状态之中，服刑/戒毒事件又再次加剧了风险。法律孤儿面临的风险并不会随着父母服刑/戒毒的结束就自动解除，父母回归家庭还可能带来新的风险。因此，我们特别将有过法律孤儿经历的儿童纳入研究对象，以便更完整地考察法律孤儿成长的动态过程，详细探讨儿童及其家庭在父母离家之前、离家期间和返家之后三个阶段各有什么问题和需求。

## 三、不同系统中的保护因素

受生态系统理论和抗逆力理论的启发，本研究试图从微系统、中系统、外系统、大系统四个不同系统中寻求能够培养和提升儿童抗逆力的保护因素。微系统主要包括法律孤儿所在家庭、学校、社区和同辈群体；中系统主要包括家庭和学校之间的联系、家庭和社区邻里之间的联系、家庭和政府及社会组织之间的联系；外系统主要指与法律孤儿相关的社会政策、法律、制度；大系统是指有关儿童养育、儿童福利、儿童发展等方面的社会文化观念。其中，微系统和中系统与法律孤儿的关系最为密切，它影响着法律孤儿及其实际抚养人具体的日常行动；外系统则以规范的形式对法律孤儿及其他利益相关者产生作用，影响他们的选择和行动；大系统处于最高层次，前面三个系统都在大系统所包含的社会文化观念的制约下运行。

## 四、社会历史背景

当前我国进入了新的历史时期。一方面,社会结构转型,人口流动加速,贫富差距加大,社会问题多发凸显;另一方面,随着人们物质生活水平逐渐丰裕,对社会福利、社会安全、社会参与的要求大大提高(李培林,2014)。社会变迁也带来家庭领域的新变化:家庭规模小型化、家庭结构单一、家庭对抚育和养老的需求增强(王跃生,2014;杨舸,2017)。此外,经济全球化、网络化、信息化已经成为这个时代的重要特征,不同程度地改变着每个人的生活方式、价值观念和行为取向。毋庸置疑,法律孤儿生活在社会中,必然受到社会经济、社会文化、社会结构、社会心理等方方面面的影响和制约。因此,在探讨法律孤儿问题时,有必要将社会历史背景考虑在内,关注宏大历史与个人生命的联结。

## 五、本研究的主要问题

本研究旨在探讨法律孤儿成长过程中面临什么样的困境、需要得到什么帮助以及社会各部门应该如何帮助他们。我们要回答的主要问题包括:

第一,法律孤儿目前的生活是否存在困难或风险?如果是,有哪些困难或风险?这些困难或风险出现在法律孤儿成长的哪个阶段?是父母离开前就已存在,还是离开期间出现的,抑或是父母回归家庭以后才出现的?是哪些因素促使了困难与风险的产生?法律孤儿及其实际抚养人又是如何感知、理解、应对他们所遭遇的困难或风险的?

第二,法律孤儿得到了哪些社会救助?这些救助是否帮助他们解决了问题、降低了风险?目前的社会救助还存在哪些不足?

第三,如何进一步完善法律孤儿的社会救助体系?其主要内容和路径是什么?

# 第四章
# 研究方法与研究设计

本章交代开展此项研究所使用的研究方法和研究设计。根据研究目的和研究对象的特点，本研究选择质性研究方法作为主要的研究方法，对 13 个法律孤儿家庭、民政部门、街道和居委会相关工作人员进行走访，通过参与观察、访谈、实物资料收集等方式获得了相关的研究资料，并对资料进行分析。同时，研究者通过三角检测、深描和反思来提升研究的可信度。最后，研究者对自身在研究中所扮演的角色进行了反思，并介绍了在开展研究时如何处理研究伦理问题。

## 第一节　质性研究方法

在有关法律孤儿的研究成果中，研究方法主要有二：一是采用量化研究方法对法律孤儿的生存现状开展调查研究，其研究重点多为父母服刑对未成年子女造成负面影响的分析（陈伙平，2005；徐浙宁等，2005；朱华燕等，2008）；二是从政策研究的角度对现有救助制度、模式、机构存在的问题进行分析并提出对策建议（张雪梅，2004；程福财，2012）。这些研究无疑为我们勾勒出法律孤儿这一“隐形”群体的概貌，让读者对他们的基本特征、普遍存在的问题和需求等整体情况有大致的认识。但正如托尔斯泰所言,“幸福的家庭家家相似,不幸的家庭各各不同”,我们必须认识到,法律孤儿并非一个整齐划一的“群体”,而是一个具有高度异质性的“人群”。在父辈入狱的背后,是一个个生动、鲜活、独特的个体和他们真切体验着的具体生活。

相比备受关注的流浪儿童和留守儿童,法律孤儿是一个隐匿的、不被人们所广泛知晓和关注的人群。对于流浪儿童,人们可以通过其外表(如衣衫褴褛、面容不洁)、活动(如乞讨、发小广告、街头卖艺)来识别;留守儿童则具有明显的地域分布特征,我国中西部的广大农村有大量符合要求的研究对象。而法律孤儿则不具备高度识别性。作为一名试图研究法律孤儿的研究者,首先碰到的问题就是如何发现并找到他们。在中国社会,“进监狱”是一件难以向别人提及的不光彩家事。无论是孩子自己还是他们的实际抚养人,对此都讳莫如深。研究对象的不易获得,使得我们难以开展大规模的调查,只能通过各种资源和途径寻找愿意合作的研究对象。

基于以上考虑,本研究选用了质性研究方法。质性研究是一种自然探究的研究方法,它主张从自然观察的行为中收集资料,在观察与分析的过程中探究社会现象及其意义。它认为研究者自身就是研究工具,通过进入情境,观察其中的活动和事件发展的历程,从而了解意义。科宾和施特劳斯指出,研究问题主导着研究方法,有些研究问题本质上就比较适合采用质性研究方法(科宾、施特劳斯,2015:29)。如前文所述,本研究的主要研究目的在于了解法律孤儿在经历了父母服刑/戒毒事件前后的真实生活状态和需求,而质性研究正好具有重视真实情境中个人生活经历和行为的特点(马歇尔、罗斯曼,2015:110),因此我们认为它特别适合用来深入地探究法律孤儿的特殊生活体验。

2017 年 7—11 月,我们先后对居住在上海的 13 个法律孤儿家庭进行了观察、访问。这些调查大多在儿童家中进行,极少数在其住址所在的居委会办公室中进行,访谈时间一般持续 2—3 小时,访谈对象包括法律孤儿及其实际抚养人(如儿童的祖父母)、家庭成员(如儿童的表哥、姨奶奶等)以及为他们提供帮助的民政部门、街道和居委会的工作人员。通过置身于法律孤儿最为熟悉的场所,研究者试图从局内人观点出发,探究其日常生活经验,了解儿童本身如何看待、诠释、应对这些经验和感受,进一步探究法律孤儿在成长过程中的真正需要,并希望能借由研究结果增加对法律孤儿生活经验的理解,为相关社会政策提供更多来自儿童的观点。

## 第二节 研 究 设 计

### 一、研究对象的选取

基于研究问题和研究目的,本研究确定选择受访家庭的标准是:(1)有7岁(一般为小学二年级)以上、不满18岁儿童的居住在上海的家庭;(2)在儿童成长的一段时期内,其父母双方均在监狱服刑/强制戒毒,或父母一方在监狱服刑/强制戒毒,另一方已死亡、无能力或由于其他原因未能履行监护职责;(3)涵盖不同年龄和性别的儿童受访者。选择7岁、二年级以上的儿童受访者,是因为根据我们的经验,他们在对话交流中能够理解对方提出的问题,并能对之做出清楚的回答;选择有过成为法律孤儿经历的儿童,而不仅仅是当前正处于法律孤儿状态之中的儿童,是为了避免对儿童"静态的"生存状况进行判断,增加对他们"动态的"的生活过程的了解,考察儿童在父母离家前、离家期间、返家后这三个不同阶段所面临的问题,以及分别需要什么服务和帮助。

在前期的文献研究中,研究者发现家庭以外的救助力量主要来自个别非政府组织,主要的救助模式是集中供养和分散助养(刘新玲,2007)。因此,我们最初的设想是找到一家为法律孤儿提供救助的民间机构,在那里进行为期一年的田野调查,这样不仅可以近距离观察法律孤儿的日常生活、学习、游戏,也能有机会了解民间救助机构的日常管理、会议、服务计划制订的细节,可以获得比较丰富的研究资料。随后,我们借与上海市民政局合作开展课题调研的机会,对上海法律孤儿的总体情况进行了一次摸底调查。让我们感到意外的是,法律孤儿几乎都不在救助机构,而是和祖辈、亲友居住在一起。认识到这一基本状况后,我们改变了研究方案,决定对法律孤儿进行入户访谈。

在前期摸底调查的基础上,我们初步选择了 33 名符合条件的儿童,并一一打电话到他们所在的街道或居委会,请民政干部帮忙联系儿童的实际抚养人,询问他们是否愿意接受访谈。之所以通过民政干部出面而不是直接打电话给他们,是希望通过他们的"熟脸"和"半官方"身份来增强受邀对象对研究者身份的信任感。因为我们的访谈会涉及孩子和家庭中相当敏感的问题,受访者要确认研究者的身份,才可能放心地接受访谈。后来的访谈过程也证明,我们几乎感受不到受访者的防范心理,不少家庭都把我们的到访视为来自街道和居委会的关心,因此也非常乐意分享他们的故事。当然,即便如此,仍然有部分家庭以诸如"孩子性格比较敏感"等理由婉拒了我们的访谈要求。尽管我们非常希望能访谈到所有这 33 个孩子和他们的实际抚养人,但必须尊重孩子及其抚养人的意愿,不能以行政化的方式进入他们的生活。此外,还有部分儿童已经搬离原住址或户籍迁离上海,无法与之取得联系,我们也只好放弃。最终,我们确定了 13 个愿意接受访谈的家庭。

## 二、研究对象的基本情况

根据研究问题、研究目的和研究条件,我们在上海选择了 13 个家庭进行访谈(具体情况见表 4.1),其中有 11 个访谈在受访者家中进行,2 个访谈在居委会办公室进行(阳阳和君君)。参与访谈的对象除了儿童及其主要抚养人以外,还有其他家庭成员以及民政、街道和居委会的工作人员。

表 4.1　受访法律孤儿的基本情况①

| | 儿童 | 性别 | 年龄 | 父亲情况 | 母亲情况 | 父母婚姻 | 实际抚养人 |
|---|---|---|---|---|---|---|---|
| 1 | 小洁 | 女 | 10 | 服刑 | 服刑 | 未婚 | 外祖父母 |
| 2 | 阳阳 | 男 | 14 | 戒毒期满 | 失联 | 未婚 | 父亲(期满) |
| 3 | 君君 | 男 | 11 | 失联 | 服刑 | 未婚 | 外祖母、表哥 |
| 4 | 昊昊 | 男 | 10 | 刑释 | 弃养 | 离婚 | 父亲(刑释) |
| 5 | 萱萱 | 女 | 7 | 服刑 | 服刑 | 已婚 | 表舅、姨奶奶 |
| 6 | 小允 | 男 | 13 | 刑释 | 服刑 | 已婚 | 祖父母 |
| 7 | 小华 | 女 | 12 | 失联 | 服刑 | 未婚 | 母亲的朋友 |
| 8 | 嘉余 | 男 | 8 | 服刑 | 戒毒期满 | 已婚 | 外祖母 |
| | 嘉欢 | 女 | 11 | 服刑 | 戒毒期满 | 已婚 | 外祖母 |
| 9 | 智浩 | 男 | 12 | 服刑 | 弃养 | 离婚 | 祖父母 |
| 10 | 娜娜 | 女 | 17 | 去世 | 服刑 | 已婚 | 舅舅、外祖父母 |
| 11 | 婷婷 | 女 | 12 | 刑释 | 失联 | 未婚 | 祖父母 |
| 12 | 燕子 | 女 | 8 | 服刑 | 失联 | 未婚 | 祖父母 |
| 13 | 萌萌 | 女 | 14 | 失联 | 服刑 | 未婚 | 母亲的朋友 |

因为其中一个家庭有两名儿童(嘉欢和嘉余为姐弟),所以接受访谈的儿童一共 14 位。他们的年龄介于 7—17 岁,男生 6 人,女生 8 人,年级从小学二年级到高中三年级,以小学和初中阶段学生为多。受访家庭中,有 8 名儿童的父亲/母亲仍在服刑,6 名儿童的父亲/母亲已经出狱。在 6 名儿童中,阳阳和昊昊目前的抚养人是其出狱后的父亲,婷婷、小允、嘉欢和嘉余虽然与父亲/母亲居住在一起,但实际承担抚养职责的仍然是其祖辈。所以,此次访谈中多数儿童(9 名)目前是由祖辈抚养,3 名儿童由亲友抚养,2 名儿童分别由刑释和戒毒期满的父亲抚养。在儿童父母的犯罪类型方面,毒品犯罪 7 人,经济犯罪 6 人,故意伤害罪 1 人,抢劫罪 1 人。值得说

① 儿童年龄均为接受访谈时的年龄。

明的是，这样的个案状况并非刻意选择的结果。本研究虽然也期望了解不同抚养方式与父母犯罪类型对法律孤儿成长发展的影响，但鉴于研究条件的有限，不可能囊括所有家庭背景的法律孤儿。本研究的目的是尽可能真实地呈现法律孤儿个体的生活，而非确定他们成长中的影响因素。因此，我们不会探讨这 14 个个案的代表性，也不尝试将我们的研究发现推论到整体。

由于我们在寻找研究对象时借助了民政系统的资源，一些街道办事处因此将我们的调研视为一项工作，表示愿意派工作人员陪同我们入户。对此，我们对他们详细说明：此次调查的目的是纯粹的学术研究，不涉及任何行政上的工作评估，我们自行前往即可。这样做是希望减少访谈中其他因素的影响(如受访者当着街道干部的面只能说好话)，让受访者能更放心地吐露心声。当然，我们也希望从街道和居委会层面了解受访家庭的情况、基层民政干部开展法律孤儿救助工作的现状和问题以及他们对相关政策制度的评价等。关于这些内容，我们通常会通过电话访谈的方式与相关工作人员沟通。最终，我们对 11 个家庭进行了入户访谈。未入户的 2 个家庭的情况分别是：(1)阳阳家庭。街道办事处告诉我们，阳阳父亲情绪容易激动，出于为我们的安全考虑，安排我们在街道办事处的一个会议室中见面。但正式访谈开始后，我们请街道办工作人员暂时回避。(2)君君家庭。君君的实际照顾者是其外祖母，但她在访谈前一个星期生病住院，君君只能暂住在其表哥家。君君表哥选择在居委会办公室中接受访谈，我们尊重他的意愿。此外，我们对智浩家庭的访谈有民政干部的参与，原因是帮助我们联系的街道民政干部新近到岗，非常希望和我们一起走访以了解情况，便于更好地开展工作。对于这样的要求，我们难以拒绝。不过，因为他对于受访者而言是新面孔，我们认为他的在场对受访者影响并不大，后来的访谈证明也确实如此——直到访谈结束，智浩的奶奶还误以为他和我们一样是研究人员。

## 三、资料搜集

本研究以访谈法为收集资料的主要方法，以了解受访者的认知、态度、观点、需求等情况；同时辅以实地观察和实物资料搜集，以寻求更多关于研究对象的行为和生活环境方面的信息，对访谈所得进行验证和补充。

### （一）半结构式访谈

"访谈"是一种研究性交谈，是研究者通过口头谈话的方式从被研究者那里收集（或者说建构）第一手资料的一种研究方法（陈向明，2000：165）。我们采用了半结构式的访谈。在对所有13个家庭的访谈开始之前，我们就设计了访谈提纲，罗列出本研究希望获得信息的若干问题。在走访每个家庭之前，我们会根据事先从民政系统以及居委会获得的有关信息，调整部分问题。在具体的访谈过程中，我们并不一定严格遵循提纲的访谈程序和内容，而只是将其作为一种提示，根据当时的具体情境选择最适当的语言和顺序进行提问。通常情况下，我们都鼓励受访者自由、发散地讲述自己的生活，表达自己的所思所想，只有当过于偏题时才适时做出引导。

进入研究对象家中开展访谈是一件极具挑战的事情。在当下的中国社会，人们普遍认同家庭是一个私领域的观点，对于试图进入家庭的外部力量具有防范心理，尤其是在面对前来"研究"他们的陌生人时，受访者很容易有意无意地避免吐露真实的信息。因此，我们尽量在访谈中建立起一种轻松、随意的交谈氛围和平等的交谈关系，让受访者卸下心理防备，积极参与交谈。在访谈开始之初，我们一般不会立刻进入正题，而是先进行一些无关的寒暄。例如，当受访家庭中有儿童的祖辈时，询问老人的身体情况是一个容易拉近距离的话题；如果一进门发现房间中贴有儿童画作，就从孩子对美术的兴趣开始聊起。我们对每个家庭的访谈几乎都用到了这样的开场方式，事实证明也较为有用。

对所有家庭的访谈都有两名研究团队成员参加。在进入家庭时，我们会作简单的自我介绍，共同和在场的家庭成员聊天，增加相互之间的熟悉程度和信任感。在感到受访者心情放松后，我们会提出对儿童和成人分别进行单独访谈，即一名研究者访问成人，另一名研究者则和儿童到另一个房间交谈。之所以要分开单独访谈，主要有两点考虑：一是部分家庭出于保护孩子的原因向孩子隐瞒了父母的真实状况；二是避免成人的在场对儿童访谈带来影响。

我们对每个家庭的访谈时间为2—3小时。当然，在实际的研究过程中，因为各个家庭和孩子的情况都不一样，使得我们进入每个家庭的情形各不相同，所以访谈的起点和时间并不是确定的。有的孩子会和家长一起迎接我们，然后就顺理成章地加入谈话过程。当我们提出单独访谈时，一些家长会表示"当着孩子面说没关系，孩子完全知情"，这时我们往往不会坚持开始单独访谈，而是随着访谈的进行另找合适时机。一些孩子性格较为内敛，知道有陌生人上门，就躲到另一个房间里不出来。对于这样的孩子，我们也不会急于和他们见面，而是在与大人的聊天结束时以参观房间、翻看课本等"借口"进入他们的世界，这样的访谈虽然比较简短，但却能避免儿童的抵触和防范心理，获得丰富的信息。

访谈问题一般可以分成具体型问题和抽象型问题，我们的访谈主要使用具体型问题。由于本研究的访谈对象大多数是儿童和老人，他们的年龄、听力、受教育水平等因素都可能影响他们对抽象型问题的理解，而具体型问题则基本不受影响。例如，在询问儿童与实际抚养人之间的关系时，我们会请孩子说几件发生在自己和实际抚养人之间印象最为深刻的事，而不是让孩子评价自己和抚养人之间关系的好坏。这样的具体型问题可以帮助受访者回到事件发生的时空和心态，比较详细地呈现事件的来龙去脉，有助于我们了解受访者个人的独特经历和想法。

所有的访谈都是在受访者知情且同意的情况下进行的。在与受访者直接接触之前，我们已经通过街道或居委会工作人员告知了受访家庭我们的研究目的和访谈邀请,他们也有权利拒绝邀请。事实上,的确有不少家庭拒绝了我们的访谈,因此最终受访的家庭都是自愿接受访谈的。在进入受访家庭后,我们会再次介绍研究者的身份、本项课题的研究目的和保密责任。征得受访者的同意后,我们才会对访谈进行录音。一些家长最初对录音有顾虑,但在我们解释录音仅作为研究资料后,所有的受访者都同意了录音的请求。

访谈中我们除了关注受访者的言语外,还关注各种非言语行为,如外貌、衣着、动作、表情、情绪等,这些非言语行为可以提供很多重要的、额外的信息。录音无法记录下这些信息,因此在访谈中我们还会做简单的笔录。笔录很容易影响访谈的质量和研究关系:如果研究者忙于埋头记录,可能使受访者感到紧张,以为自己说了不该说的话;而访谈者也很可能因为忙于记录而错过谈话中的重要信息。对此,我们的做法是:当两名研究者共同面对受访者时,由一名研究者主要进行访谈,另一名则扮演助手的角色进行记录。这样一来,整个访谈可以流畅地进行,不会被现场笔录所干扰。在单独访谈时,我们便尽量不做笔录。对于非常重要的信息,研究者会在访谈结束后立刻记录下来,防止过后遗忘。

### (二) 实地观察

研究者一般难以进入家庭内部观察家庭成员的生活,而入户访谈则为我们提供了非常好的开展实地观察的机会。整个入户访谈的过程实际上也是一个对家庭进行全面观察的过程。首先,我们会对家庭住所的周围环境有一个整体认识,大致了解这是一个处于什么样的经济水平、文化氛围、历史背景的区域,甚至还有机会在路途中与小区居民闲聊。[①]这些信息不但有助于我们了解研究对象所处的社区环境,也为我们的研究资料提供了丰富有趣的细节。当进入受访家庭后,我们还会参观他们的房间,翻看家庭照片,看孩子的作业本、绘画作品、玩具等,从而对家庭环境、家庭条件、家庭文

① 有一次,我们在楼道里偶遇受访家庭的邻居,对方竟一眼看出我们要去家访,不但热心地为我们指路,还告诉我们一些这个家庭的情况。

化、家庭关系等情况形成更全面的认识。

在访谈结束后，两名研究者会立即将自己观察到的内容以及自己对此的感想、评价、猜测等都记录下来，随后在此基础上写下详细的田野笔记。我们尽可能地记下具体的细节，而不是整体性的总结。质的研究承认研究者对观察对象进行“思考”和“建构”。因此，研究者当时对观察内容的感受和解释也是记录的重点。这些记录帮助我们在整理资料时更好地重回现场、身临其境。下文引用的是笔者在2017年7月19日写就的笔记，从这一天的笔记中可以看到笔者对受访家庭的观察和感受。

萱萱的家住在上海近郊，是一个知名的大型社区，20世纪90年代建成。下午两点，我们从上海市区徐家汇打出租车前往，约30分钟到达。我在车上接到萱萱姨奶奶的电话，她告诉我们小区比较大，如果找不到可以给她打电话。临到达前，我们便给她打电话，告诉她我们即将到访。到达时，他们已经提前打开门，萱萱就站在门口，笑着和我们打招呼。她个子在130厘米左右，皮肤白皙，头发整齐地梳成两条小辫儿，身穿一条藏青色连衣裙，显得很有朝气。旁边站着的还有萱萱的表舅和两位姨奶奶。全家人热情地把我们迎进去，安排我们坐在皮质沙发上，还沏好了花茶。这是到目前为止唯一的一个提前沏好茶等待我们上门的家庭。

萱萱家的房子是一个三居室，100平方米左右，房子装修风格显得已经有点年头，但保持得不错，没有破旧之感。房间的布置、摆设整整齐齐，木地板干干净净。客厅里主要的家具包括皮质沙发、立式空调和电视柜。电视柜上除了电视外，还放着一些萱萱的绘画作品。空调上则密密麻麻地贴着各种动画形象贴纸。彬彬有礼的家庭成员、表现大方得体的孩子、舒适整洁的居住空间，这些无疑都让这个家庭给我留下了非常良好的第一印象。这种印象与我原有的对法律孤儿家庭的印象大相径庭。

从这一段记录中可以看出我们是如何进行实地观察的。从踏上拜访一个家庭的路途起，观察就已经开始了。人们在相互交流中总会自然产生一些信息，形成主观的看法。但作为研究者的我们还是时常提醒自己，要把“事实笔记”和“个人思考”分开，首先要记录一些客观的观察结果，然后再写下自己当时的感受，切忌把这两者混为一谈。

（三）实物资料收集

除了访谈和观察以外，我们在入户期间还收集了一些有关的实物资料。与其他资料收集方法相比，实物收集可以扩大我们的意识范围，为我们提供一些新的概念、隐喻、形象和联想，增加研究和分析的视角（陈向明，2000：265）。在参观受访家庭时，我们常常发现一些有趣的物件，例如儿童的绘画和手工作品、作业本、学习情况记录表、课程表、成绩单、教科书以及家中的装饰品等，都传达着与儿童生活经验有关的信息。为了不影响受访者的正常生活，在得到他们的同意后，我们将与研究有关的实物拍照留存。一些儿童还主动把自己的作品赠送给我们，我们当然非常乐意收下。在访谈结束时，我们也会赠送一些小礼物给受访儿童。

## 四、资料分析

研究者不可能一直持续不断地收集资料，总要对资料赋予意义，这个赋予意义的过程就是分析（科宾，施特劳斯，2015：49）。在本研究中，资料的收集和分析几乎是同时进行的。最初，研究并没有预设一个理论框架，研究团队通过头脑风暴对研究问题进行发散性思考，从而罗列出可能有关的研究概念和命题。在每次访谈结束后，我们会及时写下访谈笔记，并就这次访谈内容所呈现出的信息进行讨论。在讨论中，研究者可以互相交换信息，可以对访谈过程进行反思，也可以提出新的问题。总之，我们试图通过不断收集和解读资料来发现新的概念、主题和理论。具体而言，本研究的资料分析过程大致分为以下两个阶段：

（一）建立个案资料库

尽管本研究的访谈对象包括了儿童、儿童的实际抚养人和其他家庭成员以及民政部门、街道及居委会工作人员等，但所有的访谈都是围绕法律孤儿及其家庭进行的。因此，以这 13 个法律孤儿家庭为中心，我们把与他们相关的访谈记录、观察记录、实物资料、田野笔记、研究团队的讨论和反思等放在一起保存，建立了 13 个个案资料库。

其中最主要的工作是将所有的录音转录成文字。所有的录音转录工作都由笔者自己完成。这是因为转录不仅仅是简单记录会话的行为，而是对会话进行解释的行为（Lapadat & Lindsay, 1999）。在回放录音的过程中，笔者不仅将当时的所见所闻转化为文字，还能够再次完整地置身于访谈情境中，甚至能回想起他们说某一句话、某一个词时的表情、语气，以及当时笔者大脑里出现的想法。从后现代的观点来看，笔者的记录不可避免地含有自己的价值判断。对此，笔者在尽量完整记录谈话细节与内容的同时，也时刻提醒自己将前见、成见放入括弧，不要让谈话内容与研究者自己的诠释混为一谈。

### （二）对资料进行编码

对质性研究资料进行编码，其实就是将某个“概念”赋予某段文字。在建立个案资料库的过程中，笔者已经注意到谈话中出现的许多概念，对整个资料有了一些初步的印象。在把所有的个案资料库建立起来并保存妥当后，笔者开始反复阅读这些访谈记录和观察笔记，并在阅读的过程中对资料进行编码。编码的过程大致分为四步：(1)开放式编码。在文字资料的语句或段落旁写下想到的概念，这些概念累积起来形成编码清单。(2)建立初步编码系统。整理编码清单，将编码分类分层，形成类别与层级。持续阅读，找出各类别和各层级之间的关系。(3)寻找主轴编码。从编码系统中找到更为抽象的概念，形成主轴编码，即核心议题。(4)建立更完整的编码系统并不断予以修正。

# 第三节　研究的可信度

可信度是判断一项质性研究品质的标准(Cuba & Lincoln, 1994)。本研究以下列方式增进研究的可信度：

## 一、三角检测法(triangulation)

本研究采用资料的“三角检测法”,一是寻找多元的资料来源。除访谈记录外,还采用实地观察和实物收集,以交叉检验资料的准确性。二是尽可能多地与人交谈,如果当时有不止一位家庭成员在场,我们会尽可能与每位家庭成员都进行交谈;在访谈前,我们都会打电话给受访家庭所在的街道或居委会,从相关工作人员那里了解该家庭的情况。

## 二、深描(thick description)

为了使访谈当时的情境和受访者的语言能完整地转换成文字,我们采用“深描”的方式,详细地记录下访谈发生时的场景、受访者的语言、语气、情绪、反应等,尽量重现访谈当时的情景,作为资料分析的依据。

## 三、研究者的反思

在质性研究中,观察者的主观性对被观察事件有着极大影响。如果想理解自己真正观察到什么,就应该知道观察者内部发生了什么(贝哈,2012:7)。因此,对研究的反思贯穿本研究的始终。我们会随时撰写研究反思日记,记录下研究各阶段的想法、感受、判断等。通过不断反思,我们可以觉察自己的内心意识,也能为读者呈现研究者的思考历程,提供可判断研究可信度的依据。

## 第四节　研究伦理与研究者身份

法律孤儿的身份较为特殊、敏感,他们中的一部分人甚至不知道自己的真实身世。作为来自主流社会的陌生研究者,我们的到访会不会影响儿童及其家庭的正常生活?虽然我们的研究是出于好意,但是如果这是以伤害受访者的感受为代价,那么研究便是不道德的。因此,在研究的整个过程中,我们始终坚持三个准则:一是诚实告知并征得同意;二是严格保密;三是提供力所能及的帮助。

### 一、诚实告知并征得同意

本研究中涉及的所有家庭都是自愿接受访谈的。我们在寻找受访家庭时,虽然借助了政府民政部门的帮助,但并未通过行政命令的形式进行,而只是通过街道或居委会干部向这些家庭发出邀请,受邀家庭有权利拒绝。事实上,确实有不少家庭拒绝了我们的邀请,最终只有 13 个家庭接受了访谈。

在初进入受访家庭时,我们会向受访者介绍自己的身份、此次研究和访谈的目的,在征得同意的情况下,再对整个访谈进行录音。由于访谈对象包括儿童,我们不仅会征得其委托监护人的同意,也会征询儿童自己的意愿。在访谈过程中,对于受访者不愿意回答的问题,我们绝不逼问。我们也时刻注意观察受访者的情绪反应,避免自己的言语对他们造成伤害。当然,这对研究者的访谈技术提出了非常高的要求。因此,每次访谈结束后,研究团队都会对此次访谈的得失做出反思,互相提醒,以便在今后加以改进。

本研究重视研究对象的参与和能动性。受访者不仅是回答问题的人,也可以是主动提出问题的人。在访谈过程中,我们鼓励受访者向我们提问,并且认真回答他们的疑问。在访谈即将结束时，我们会再次询问受访者是否还有问题询问我们，或是否还有其他想要说的话。通过鼓励受访者主动发问或发言，我们希望让他们感受到访谈是一次平等的交流，而不是被动地接受调查和问询；我们也希望以此来促发受访者的能动性，从而带给研究者原本未曾想到的信息；我们还希望让访谈不仅仅是研究者从受访者那里获取信息的过程，同时也能让受访者从中获知对他们有用的信息。

## 二、严格保密

在每项访谈开始之前，我们都会清楚地向受访者做出对访谈严格保密的承诺。首先，我们承诺隐匿参与访谈的所有人士姓名以及任何可能让人推测到受访者真实身份的信息，如居委会、住址等。其次，在全部研究结束后，销毁所有访谈录音。再次，严密保管与访谈相关的资料，包括访谈对象名单、访谈记录、观察记录、实物资料、田野笔记等。最后，本研究收集的所有资料都只用于学术研究。

## 三、提供力所能及的帮助

本研究的目的是要通过对法律孤儿生存现状和需求的调查，为相关社会政策的制定、社会服务的设计和输送提供参考，换言之，研究的最终目的是为这些儿童及其家庭解决问题、提供帮助。因此，在研究过程中，如果研究对象需要帮助，在不影响研究的前提下，我们会提供力所能及的帮助。例如，有受访家长得知研究团队成员有教育学、心理学的教育背景后，希望我们为孩子提供学业辅导或心理咨询；有受访儿童对学术讲座有浓厚兴趣，想到研究者所在机构旁听；还有家长咨询一些政策和法律问题。对于这些要求，我们都尽自己所能给予帮助。当然，对于超出研究者能力的要求，我们也会如实向对方说明。事实上，为他们提供帮助的最佳方式，就是在本研究中呈现他们的真实生活状况、认知、态度和需求。

# 第五章
# 成为法律孤儿之前:潜在的养育风险

现有关于法律孤儿的研究大都存在一个基本假设:父母的服刑或戒毒导致了法律孤儿的生活困境,即将服刑或戒毒事件视作原因,将法律孤儿的生活困境视为后果。本研究则发现,在服刑或戒毒事件发生之前,法律孤儿的家庭就已经存在诸多风险,父母的犯罪事件只是其中的一个触发点,它加剧了法律孤儿生活状态的恶化,将家庭中原本潜在的养育风险暴露出来。本章将详细分析法律孤儿在父母离家之前所面临的风险以及它们对法律孤儿的生活产生的影响。

## 第一节　家庭结构缺损

家庭结构缺损是指核心家庭中因父母一方缺位而造成家庭的不完整。在我们访谈的 13 个法律孤儿家庭中,绝大多数在孩子的父母入狱或戒毒之前就已经是缺损家庭。父母非婚生育是造成家庭结构缺损的主要原因。这些父母们受教育程度不高,没有稳定的收入来源,一部分人还染上毒瘾,抚育孩子的能力极为有限。非婚生育具有转化为单亲家庭的高风险,这又进一步削弱了家庭的育儿能力。不仅如此,非婚生育还带来了儿童难以办理户口的问题,直接影响儿童受教育权的实现。

## 一、非婚生育

所谓非婚生育,是指父母不是在合法的婚姻关系内生育子女。近半个世纪以来,非婚生育现象在欧美国家日益普遍。在北欧,婚外出生人口的数量甚至已超过婚内出生的数量(王晓真,2016:003)。2012年,欧盟的28个成员国中有40%的孩子是非婚生育子女;2011年,在已生育的美国女性中,有38%的女性是非婚生育(王向贤,2017:8)。这一现象的盛行表面上看似体现出女性受教育程度提升、经济独立自主以及福利国家对于生育的鼓励,但它也受到人口收入、阶层、受教育程度等因素的潜在影响。例如,有研究发现,1982—2008年,美国中层女性(具有高中学历但未受过4年大学教育的群体)非婚生育比例从1982年的13%飙升至2008年的44%,而上层女性(受过高等教育)的非婚生育比例仅从2%上升至6%。这一数据表明,和富裕上层阶级相比,那些由高中辍学者、经济困难者、夫妻或伴侣关系不和者、独自抚养子女的单亲父母等组成的"中等美国人群"难以建立稳定的、高质量的婚姻(陈一筠,2012:B03)。

在全球化的时代背景下,我国传统的婚姻家庭观念受到强烈冲击,人们对于婚姻和性的观念更加开放。尽管缺乏准确的统计数据,但从新闻媒体的报道中不难发现,未婚同居、临时夫妻、婚外情、一夜情等情况已是屡见不鲜,由此产生的非婚生育现象亦非少数。在我们访谈的13个法律孤儿家庭中,有7个家庭中的孩子都是非婚生子女,其中5个孩子是未婚生育,2个孩子是父母婚外生育。和上文提及的"中等美国人群"的构成相似,这7个家庭中的父母几乎都没有正当职业,普遍具有低收入、低学历、不良嗜好等特征。从表5.1可以看出这7个家庭中父母的基本情况:

**表 5.1 非婚生法律孤儿父母的基本情况**

| | | 学历 | 职业 | 是否吸毒 | 非婚生育状况 |
|---|---|---|---|---|---|
| 小洁 | 父 | 不明 | 无业 | 是 | 男方已婚，与女方婚外生育 |
| | 母 | 初中 | 原为售货员，后无业 | 是 | |
| 阳阳 | 父 | 初中 | 无业 | 是 | 女方外地户籍、已婚，与男方婚外生育 |
| | 母 | 不明 | 不明 | 不明 | |
| 君君 | 父 | 不明 | 不明 | 不明 | 未婚生育 |
| | 母 | 不明 | 不明 | 否 | |
| 昊昊 | 父 | 高中辍学 | 无业 | 否 | 未婚生育后结婚，后又离婚 |
| | 母 | 初中 | 无业 | 否 | |
| 小华 | 父 | 不明 | 不明 | 否 | 未婚生育 |
| | 母 | 不明 | 无业 | 是 | |
| 婷婷 | 父 | 初中 | 无业 | 是 | 未婚生育 |
| | 母 | 不明 | 不明 | 不明 | |
| 燕子 | 父 | 初中 | 原为船员，后无业 | 是 | 未婚生育 |
| | 母 | 不明 | 无业 | 不明 | |

不难发现，这些非婚生育的父母大都只有初中学历，没有正当职业，且部分是吸毒人员。无论从受教育程度、经济收入水平还是家庭背景来看，他们都处于整个社会阶层中的较低位置。我们可以合理推测，即使他们没有违法犯罪，以其原本的经济资源和教育能力，恐怕也难以承担其应该承担的家庭角色。在我们的访谈中，小华现在的抚养人沈阿姨对小华的妈妈有这样一段评论：

说句不好听的，她（小华）妈妈就是一穷二白。啥都没有，就只有一个人，对吧？如果她妈妈有套房子，还好一点，我们还可以在这个房子上面做一点文章，对吧？她没房子，等于什么都没有。（XHF1，2017.7.17）

小华妈妈没有房子，对沈阿姨和小华造成的困扰是非常实际的：小华目前在户籍对口学校上小学四年级，但居住地却是沈阿姨大哥家的房子，两地距离很远。每个上学日的早上,小华必须6点30分准时从家里出发,途中先乘一辆公交车,再换乘两次地铁,大约花一个半小时才能到达学校。对于沈阿姨而言,路途遥远还不算最大的问题,她最担忧的是小华在路途中的安全:

确实太远了,你看,早上还问题不大,她下午放学不行。我打个比方,下午3点30分、4点钟放学了,孩子有时候贪玩一点,在学校里玩,到同学那里玩玩,一玩时间就忘记了,回到家里很晚了。这个时候大人心里就着急了。我跟她说,人家同学到家里最多半个小时,但是你到家里要花上人家3倍的时间。你在外面玩,你让大人放不放心?万一碰到坏人,你叫也没有用。对吧?你到时候怎么办?……手机有,没用,真的碰到什么事情有什么用呢?你想打110都来不及。你毕竟还是小孩子,你的力气只有这么一点。对吧?这个还是最让人担心的。……我不可能把绳子拴在你裤腰上面,你放学就把你拉回来,去上学就把你放出去,这个不可能,对吧?这个就是目前来说最大的一个问题了。其他的,数学差,我在家里给她加把劲,可能就稍微好一点。但是安全如果出了问题,就是没有办法去改变的。(XHF1,2017.7.17)

沈阿姨的担心并非没有道理,因为在此之前发生过小华放学后独自骑自行车回家的事件,在这个家庭里引发了不小的“地震”。当然,这件事在小华看来是非常值得骄傲的,因为她作为一名小学四年级学生,在刚学会骑自行车的第一天,就敢于独自从上海市区骑行十多公里回到位于上海近郊的家中。然而,在大人眼中,这一“壮举”只能说明小孩的冒失和莽撞:

沈阿姨:有一次是星期五,(下午)2点多就放学,她5点多才到家里。奶奶给我打电话,我又给她打电话。不接,因为什么呢?她在学校里是把手机关掉的,或者是开的静音,放学了以后她就没把静音切换成声音。奶奶问她怎么这么晚回来,她说她是骑自行车从学校回来的。

小华:那是1点50放学,3点多回来的。

沈阿姨:你把奶奶气得啊!你太没脑子了!……(XHF1,2017.7.17)

小华的这一次“历险”，其直接原因是她缺乏必要的安全意识，但深层原因却与她的父母息息相关。自从小华出生以来，父亲就从未露过面，而母亲也吸毒成瘾，多年来一直没有正当工作，更不用说拥有自己的房产了。未婚生育、无正当收入来源、吸毒等各项状态叠加产生的负面效应，使得她在入狱之前就已经处于多重混乱状态，完全丧失了养育孩子的能力。这些负面效应在她入狱后仍然持续地对孩子产生影响，成为孩子及其实际抚养人生活中的最大困扰。

和其他非婚生育的孩子相比，昊昊看起来似乎幸运一些：他的父母在生下他之后决定结婚，让他度过了一段正常的家庭生活。然而在昊昊 5 岁时，他父母双全的家庭生活戛然而止。在日复一日的争吵后，昊昊的父母草草地写了一个离婚协议，宣布了婚姻的终结。昊昊妈妈随即回了四川老家，从此便再没来看过昊昊。在谈起这段短暂的婚姻时，昊昊爸爸这样分析他们结婚的原因：

研究者：结婚之后几年生孩子？

昊昊爸爸：没有结婚就生的，就是在一起谈朋友，有了孩子才结婚的，本来还没想过要结婚呢，那个时候就没想过“结婚”这个词。

研究者：当时是自己谈恋爱认识的吗？

昊昊爸爸：自己认识的。那个时候跟她在一起，她还比较讲义气，优点就是这个，其他都是缺点。就是看她讲义气，也没看中我什么，也没房子，也没工作，也没钱。……其实我现在想想，她根本不是义气，就是自私，想干什么就干什么，自己想怎么样就怎么样。(HHF1，2017.7.18)

从昊昊爸爸的叙述中可以看出，他们在交往和了解尚未深入的时候就意外怀孕生子，只好在毫无准备的情况下仓促踏入婚姻。结婚后，他们性格不合，不间断的争吵成为家庭生活的常态，对孩子的心理难免造成影响。对于这一点，昊昊爸爸也毫不避讳：

昊昊爸爸：两个人一天到晚吵架，都在他(昊昊)面前吵。她这个人不讲道理的，你跟她讲道理，她说你不让着她。那个时候我脾气也差，你说让你一次两次，第三次还让着你啊？……哎哟，这个事情你没碰到你不知道。她不讲道理是到了极点，一点点小事情就要动手了，扔东西。

研究者：在小孩面前也扔东西吗？

昊昊爸爸：她这个人一直是这样。

研究者：那小孩有没有被吓到？

昊昊爸爸：我不知道，应该是对小孩有点影响，那段时间他不太说话。父母在吵架了，哪个小孩都是这样的，对吧？（HHF1，2017.7.18）

本研究所涉及的法律孤儿中，属于非婚生育子女的占到半数。这些孩子的父母之所以非婚生育，绝不是因为女性经济独立或是女性为了追求自主生育权利。相反，他们是在社会的各个层面都相当弱势的群体，未婚生育往往是他们毫无准备之下的意外结果。他们没有工作，没有收入，没有房子，自己的生活尚且朝不保夕，更没有能力建立长期稳定的婚姻关系和健康的家庭环境。在入狱服刑或进入戒毒所以前，他们自己的生活已经危机四伏，而非婚生育则将种种风险延续下去，成为孩子成长过程中必须面对的问题。

## 二、单亲家庭风险

由于双方没有明确的婚姻意向，非婚生育的结果一般不是建立正式的婚姻家庭，而是男女一方退出同居关系，由另一方单独抚育孩子，由此催生出单亲家庭（陆杰华、汤澄，2016：148）。在我们所接触到的 7 名非婚生育的孩子中，除了昊昊的父母后来结婚以外，其他孩子都是从一出生就生活在单亲家庭，与父母一方长期失去联系，有些甚至迄今从未见过一面。

燕子就是一个典型的因为父母未婚生育而出生在单亲家庭的案例。据燕子的爷爷说，燕子的爸爸自从在别人的唆使下开始吸毒后，便不肯再从事自己原本稳定的船员工作，整天在社会上和一帮不三不四的男女鬼混，其间便认识了燕子的妈妈。她在生下燕子时才 19 岁，还没达到法定结婚年龄，因此两人没有结婚。生下孩子后，她从此音信全无：

研究者：他没结婚就生了小孩，是吗？

燕子爷爷：对，他没有结婚就生了。她妈妈那个时候岁数太小了，结婚证没有拿到。她妈妈生她的时候只有 19 岁，我儿子 26 岁。后来我儿子吸毒被抓进去了，人家小女孩小，不过才十几岁。孩子养（生）了以后再没回来，一次都没回来过，一分钱都没有给过。

研究者：知道她在哪里吗？

燕子爷爷：流浪在外边，就是在外面鬼混啊。我们不知道，现在情况一点不清楚。

研究者：试着去找过她吗？

燕子爷爷：找是找不到的。电话打过去，现在联系不上这个人。但我们跟你讲老实话，我们也没这个必要。对不对？（YZF1，2017.8.12）

父母一方的离开，让这些孩子从出生开始就处于残缺的家庭之中，得不到原本应该享有的关爱和照顾。对他们而言，这可能是一个永远难以触碰的伤痛。我们在访谈中尽可能小心翼翼地去提及孩子们不曾见过的父亲或母亲，他们对这个问题的反应也各不相同。有的完全不愿意谈起，例如阳阳就直截了当地要求我们换个话题；有的则故意用完全不着边际的故事来敷衍我们，如燕子对于妈妈的描述就前后矛盾、似是而非；还有的毫不掩饰自己对父母的怨恨，就像君君的表哥所说："我觉得现在父母很多都很奇怪，既然没有能力抚养一个孩子，就没有必要去生。他们生孩子之前没有规划过这个问题，我觉得这个（让我）很火。"（JJF1，2017.7.13）

君君的表哥阿杰也曾经是一名法律孤儿，这是我们在访谈君君时的意外发现。2017 年的夏天，当我们按照访谈计划来到君君所在的居委会办公室时，君君的抚养人——外婆并没有如约出现，坐在君君旁边的是他的表哥阿杰。君君上小学五年级，有些腼腆，是个胖胖的小男孩。阿杰则是 20 岁出头的模样，皮肤白皙，眼睛明亮，看起来阳光帅气。居委会的工作人员解释说，阿杰和君君的外婆几天前中风住院了，现在由阿杰暂时抚养君君。阿杰既要照顾君君，又要照顾外婆，还有自己的工作，实在分身乏术。访谈开始后，虽然话题一直集中在君君身上，但我们对于阿杰也有诸多疑问，例如：为什么不是阿杰的父母来照顾外婆和君君？但每次我提到阿杰的妈妈，他总是不做出正面的回答。后来，因为阿杰外婆居住的亭子间改建涉及签约事宜，居委会工作人员向他核对户口本上的人名，这才揭开了阿杰家错综复杂的情况：

居委会：你们户口里面那个××是谁啊？

阿杰：是我妈妈。还有个事情，我那个后爸已经过世了，因为他的死亡证明我没有拿，不知道怎么把他的户口调出去。

居委会：他的户口现在已经没有了。因为他也是在服刑，是在牢里面没有（去世）的，（户口）就直接自动撤掉了。他外婆就两个女儿，两个女儿都不争气。……你妈妈明年能回来了吗？

阿杰：应该能。

研究者：你妈妈是什么原因进去的？

阿杰：我也不清楚，我那时候还小。

研究者：你也是外婆带大的吗？

阿杰：以前爸爸也带过，外婆也带，主要是外婆陪伴。我自己单独的时间比较长。东扔扔，西丢丢，也没有人固定带我。

居委会：人家都在玩耍，都在大人身边享受，这个孩子就没有的。

阿杰：没办法啊。……我现在只能尽最大的能力去把他俩平摊地照顾，多的我也没有办法，说实话。因为毕竟我也只是一个人，家里亲戚也不管的。

研究者：你现在还和外婆住在一起吗？

阿杰：没有，我现在借朋友的房子住。因为现在条件不好，只能让外婆先住在那里(亭子间)。……因为老房子太闷了,去感受一下你就知道,根本没有办法住人。冬天还好,夏天根本就不透风。没有空调,没有厨卫设施,什么都没有。(JJF1,2017.7.13)

上述短短一段对话,已经为我们揭开了阿杰、君君和外婆的生活困境。他们的妈妈——外婆唯一的两个孩子——都因为诈骗罪入狱服刑。君君的妈妈未婚生子,至今君君的父亲未曾露面。阿杰的父母离婚,母亲后来与继父双双入狱,使得阿杰也得不到正常的家庭生活。如今,外婆中风瘫痪,阿杰既要承担照顾外婆的责任,又要挑起抚养表弟的重担,这对于一个刚刚踏入社会、没有任何经济基础的年轻人来说是何其艰难!

阿杰和君君的经历正是两种不同类型的单亲家庭的体现:离婚式单亲家庭和未婚式单亲家庭。他俩不仅度过了缺乏关爱和照顾的非正常童年,更糟糕的是,他们成年以后的生活还有陷入困局的风险——就像阿杰那样,不得不过早地承担起为祖辈养老的重任。当他们的父母出狱后,实际上从未受过父母妥善照顾的他们很可能还要为其失去经济依靠的老年生活买单。

小华和沈阿姨的对话可以反映出这些孩子未来面临的养老难题:

沈阿姨:以后她回来了,你再怎么不负担,养老金一定要替她交,交了以后就没有麻烦了。……她看病有报销,有国家负担,你不用负担她了,这个是比较重要的一个事情。

小华:她可以工作去。

沈阿姨:等她出来以后再找工作,你说好找吗?

小华:她回来以后也没多老,至少能把自己的生活搞定。

沈阿姨:现在交养老金一个月要交多少钱,你知道吗?

小华:我干嘛要交养老金?

沈阿姨:你不交养老金,她以后退休没有工资的。

小华:没工资就没工资呗。

沈阿姨:没工资了她吃什么,你饿死她?她到时候要饿死了,还不是要找你吗?

小华:从哪儿来,到哪儿去。

沈阿姨:那你就叫她从5楼跳下去吗?

小华:5楼又不够高。

沈阿姨:虽然她对你没有尽到她的责任,但她把你生下来了。以后她老了,你该尽到的义务,你还是要尽到。(XHC,2017.7.17)

虽然目前学界对于单亲家庭不利于儿童成长的观点还存在争论,但的确有大量证据表明,父母双全的和睦家庭要比单亲家庭更有利于儿童的健康成长,单亲家庭更容易对子女的物质生活、心理、行为、学业等方面造成负面影响(陈芳,2008)。可以说,单亲家庭是儿童社会化过程中的一个风险因素而非保护因素。在我们所访谈的13个法律孤儿家庭中,上述7个家庭在父/母入狱或戒毒前就已经成为单亲家庭。当单亲家庭与父/母服刑这两个风险发生重合,孩子唯一的监护人入狱或进戒毒所,他们就彻底成为事实上无人监护的孤儿。

## 三、户口难题

非婚生育除了与抚育能力的低下、单亲家庭的潜在风险交织在一起外,还带来一个现实的难题:上户口。尽管我国《婚姻法》第25条明文规定:非婚生子女享有与婚生子女同等的权利,任何人不得加以危害和歧视。但在实际操作中,非婚生子女申请落户却非常复杂,面临不少阻碍。首先,按照2000年颁布的《上海市户口管理暂行规定》,本市居民的计划外生育(包括非婚生)的子女应当凭有关证明申报出生登记。这些证明材料包括:父母双方的户口簿或户籍证明、父母双方身份证、婴儿出生医学证明、产前医院检查证明(随母申报)或亲子鉴定证明(随父申报)。其次,按照我国《人口与计划生育条例》的规定,非婚生育子女属于违法生育,必须缴纳社会抚养费后才能入户。在本研究接触到的几位非婚生孩子中，有的根本不知道父亲是谁，根本不可能提供户籍和身份证明材料；有的父亲或母亲是婚外生育，担心招惹麻烦，也不愿意配合落户。上户口于是成为他们的实际抚养人最为头疼的问题。

没有户口，孩子就成为“黑户”，不能上学，更不可能享受任何福利。因此，当孩子渐渐长大，为孩子报户口就成为他们的抚养人必须为之东奔西走的重要事情。其中的困难和辛酸，我们可以从小洁的外祖父为小洁办理落户过程的描述中得到理解：

那户口我是跑了三年，三岁的时候开始。上学要户口，没有户口等于书读不了。难在什么地方？人家就耍你啊，计划生育办公室就耍你。你每次去，人家就让你讲，从头到尾讲，讲故事。没办法，我每次去就从头到尾讲。就耍你啊，弄到最后就踢皮球，说你要找男方的居委会去。我又没有办法，就跑到男方街道办事处。人家又要让你讲故事，从头到尾讲一遍，讲完以后，人家说，你要到女方的街道去，就这样推来推去啊。听你讲完了以后就推过去了，五六次。计划生育办公室的人说，你到派出所去询问。她明知道不通过她，我到派出所是办不成的，非要叫我去。跑了五六次。所以那天晚上我真的太伤心了，伤心死了。

后来碰到好人了，派出所的。我跟她讲了，她说应该问题不大，叫我明天就来。她说：明天我们的主管在，我跟他讲一下。她就不问我什么事情了，说你先办手续，我一张一张给你报上去。后来不到两个月，解决了。计划生育办公室把我推到派出所去，最后派出所把我这个事情办成了，他们还去责怪这个派出所。意思是你不应该给他办。你让我去找他们去，你推来推去，别人办了，你还怪人家派出所？居委会那个管计划生育的女的来跟我说，你们这个事情我受死罪了。上面街道里面怪我，计划生育办公室来找我，要罚我的钱。后来讲了几次，我就跟她说，人是不可以糟蹋人的，人怎么可以糟蹋人呢？我人格都没有了！我被他们糟蹋得人格都没有了！

我也恨他的父亲母亲,但是我实际上是收养她了。我们用自己的退休金收养她了,又没有什么其他的收入来源。哎,小孩子的事情想起来真的很那个。我犯法了吗?我没有犯法啊!

户口解决了之后,居委会就帮我解决问题了。他们来问,你们这个小孩上学了没有?我说上一年级了。他们说,上一年级了怎么不到我这里来,我们有津贴啊。你怎么不来办?你明天过来,我帮你申请。也碰到好人了。派出所碰到好人,居委会也碰到好人,都是主动帮我们办的。不像计划生育办公室那几个女的,真是糟蹋人啊!(XJF2, 2017.7.12)

由于户口问题拖着没有解决,小洁直到5岁还没踏入幼儿园。无奈之下,外公外婆只好把她送到不需要本地户籍的民办幼儿园。此时,小洁已经错过上幼儿园小班的年龄,只能从中班开始念起。外公外婆为此付出的代价则是每个月1200元的高价学费以及"吃足了的苦头"。(XJF1, 2017.7.12)

在办理落户的问题上,小洁并非特例,或许还是比较幸运的一个,因为她毕竟跟随母亲一方生活,可以进入外祖父母的户籍。相形之下,跟随父亲一方生活的燕子和阳阳遇到的麻烦可能更多。据燕子的爷爷说,为了燕子入户的事情,他来来回回跑了多次。燕子的父亲入狱,母亲下落不明,外祖父母又不肯让燕子入户,最后他只好找到燕子的曾外祖父母。经过反复协商,那两位80多岁的老人同意将燕子户口挂在他们名下,这一难题才得以解决。阳阳的遭遇或许更加复杂。虽然他不愿透露自己过去的经历,但我们从居委会得知,按照早年规定,儿童户籍随母申报,而阳阳母亲是外地户籍的已婚人员,不符合落户条件。后来落户政策有了松动,父亲又被带走强制戒毒,他落户的事情就这样一拖再拖,直到最近才刚刚解决。

幸运的是,近年来我国不断推进户籍登记政策改革,法律孤儿们的入户难问题已经成为过去。2015年12月31日,国务院办公厅颁布《关于解决无户口人员登记户口问题的意见》,其中明确提出要依法为无户口人员登记常住户口,禁止设立不符合户口登记规定的任何前置条件。根据该意见,“非婚生育的无户口人员,本人或者其监护人可以凭出生医学证明和父母一方的居民户口簿、结婚证或者非婚生育说明,按照随父随母落户自愿的政策,申请办理常住户口登记”。此政策发布之后,全国各地陆续跟进落实。2016年,国家卫计委宣布已经解决了1 300万“黑户”人口中绝大部分的户口问题。①到我们开展调查时,属于非婚生育的7名法律孤儿全都已经办理了上海户口,实现了他们应该享有的受教育权。

## 第二节　家庭支持网络薄弱

费孝通指出,在家庭的三角结构以外,扩展亲属也具有抚育儿童的功能。当抚育孩子的任务需要家庭之外的人帮忙时,最容易求助到的人就是曾经共同生活过的父母和同胞(费孝通,2011:320—336)。然而,在本研究所接触到的法律孤儿家庭中,除了少数几个家庭的亲属之间联系较为紧密以外,其他家庭的亲属支持网络都极为薄弱。其结果就是,一旦核心家庭中的父母无法履行抚育儿童的责任,第二道亲属“安全网”也无法发挥替代性的抚育功能,孩子的抚育就有被迫中断的风险。

### 一、亲属间的矛盾与冲突

在访谈中我们发现,尽管法律孤儿们都有庞大的亲属网络,但愿意为他们的生活提供帮助和支持的亲属却不多。最常见的情况是,孩子们真正能依靠的只有父母一方的直系亲属,而另一方的亲属既不从经济上予以支持,也不在情感上予以关怀,使得孩子的实际抚养人陷入一种孤立无援的境地。

---

① 详细报道可参见《1 300万黑户绝大部分已解决》,《南方日报》2016年1月12日。

从以下关于嘉余和嘉欢家庭的故事里我们可以清楚地看到法律孤儿和他们的实际抚养人是如何在困境中艰难生活的。

嘉余和嘉欢住在一个大型动迁安置小区内。小区在20世纪90年代初建成,清一色的5层楼房,嘉余和嘉欢的家就在其中一栋的底层。开门迎接我们的是他们的外婆,她十分热情地招呼我们进屋。这是一个在上海非常典型的两室户"老公房":进门是一个狭小的厨房和卫生间,往里走有一左一右两个房间,左边的房门紧闭着,右边的房间则被家具和杂物挤得满满当当。房间的摆设以两张大床为中心,床上堆放着厚棉被和毛毯,四周墙壁到处是小孩涂画的痕迹。因为门窗紧闭,所以让人感到胸闷。我的同事在一个破旧的缝纫机凳子落座,而我则在靠窗的地方找到一个皮质斑驳的转椅坐下。

这个不足20平方米的狭小空间住了4个人:8岁的嘉余、11岁的嘉欢、他们的外婆以及他们刚从戒毒所出来的妈妈。嘉余和嘉欢的妈妈10岁时,自己的父母就离婚了,抚养权归到父亲一方。父亲离婚后离开上海,很快在外地再婚,有了新的家庭,就把女儿完全交给爷爷奶奶抚养。嘉余和嘉欢的妈妈对于自己的父亲不愿多谈,只是说他"只知道玩",对自己"不闻不问"。16岁那年,爷爷奶奶相继去世,正在读中专的她就辍学跟人南下广州打工,这一去就"闯祸了"。

嘉余的外婆是纺织厂的下岗工人,唯一的住房是过去厂里分配的一个亭子间。嘉余的外公在上海也有一套住房,但他并不愿意拿出来给女儿和外孙居住,因为用它来收取租金显然更能保障自己的老年生活。无奈之下,这两大两小只能挤在嘉余爷爷去世后留下的房子里。不过,若非嘉余外婆的据理力争,他们连这唯一的落脚之处也差点失去。

嘉余外婆:他爷爷死了以后,他大伯就是户主了。搞就搞在这里(麻烦就麻烦在这里)。他伯伯和姑姑想把这个房子卖掉,叫我们去借(租)房子,我没同意。……他们自己都有房子,硬要把这个房子卖掉分钱。……他大伯跟我吵,说我没资格管。我说,我是没资格管,但是我在管小孩。没房子怎么管?如果他们没地方住,我就把小孩交给你们管,对不对?要么,你就把他们送到他爸爸那里(监狱)去。他说给我们一点钱,起先说20万,但20万能借(租)几年,你说说看?……那个时候这样的房子要2 000块一个月,现在2 000块都不止了!而且这里有小学,也有中学,都是在对面,很方便,10分钟就走到了。如果要搬到远的地方,读书怎么办?对吧?

研究者:平时你和他们住在一起吗?

嘉余外婆:在一起。晚上我跟姐姐(嘉欢)在一起,小的(嘉余)跟妈妈睡。

研究者:都在这个房间里吗?那边谁在住?(指另一个房间)

嘉余外婆:那边没人,空着,他大伯不开,都锁住了。因为他爸爸在里面(监狱)没签过字,他们不能把房子卖掉。(JYF1, 2017.10.14)

在父亲入狱、母亲进戒毒所之后,作为近亲属的大伯和姑姑没有在抚育嘉余、嘉欢的事务上提供任何帮助,还发生了卖房子的纠纷,以至于大伯宁肯把空房间锁起来也不让给嘉余一家暂住,这才出现了4个人挤在同一个房间的窘境。于是,嘉余和嘉欢姐弟俩生活上的一切事务都压在外婆一人身上。对此,她并没有太多的怨言,只是淡淡地笑着说:"人家是6个人带一个孩子还说累,我一个人要带两个孩子。我跟他们说,你们不好好学习,我再弄下去弄不动了。快70岁了,你看,都是白头发。"(JYF1, 2017.10.14)

和嘉欢、嘉余姐弟俩的家庭情况相比,萱萱的父系亲属和母系亲属之间的关系不只是一般的疏离和矛盾,而是已经到了仇恨的地步。萱萱原本家庭环境优渥,父母都受过高等教育,①经济收入不低,在孩子出生前就买下了一套三室一厅的商品房。然而好景不长,在萱萱不满两岁时,父母双双因合同诈骗罪入狱,因为涉及金额巨大,父亲被判无期徒刑,母亲则被判有期

① 但据萱萱姨奶奶所说,萱萱母亲的大学毕业证是伪造的。

徒刑15年。此后,萱萱一直跟随奶奶生活,直到去年奶奶突发疾病去世,才改由姨奶奶(奶奶的姐姐)和表舅照顾。对于萱萱的父亲被判无期徒刑,萱萱的姨奶奶坚称他只是在"不知情的情况下帮忙做了事",而这一切都是萱萱的母亲一家诬陷所造成的。

萱萱姨奶奶:那个时候我外甥已经和她分居了,要离婚。她外婆就说,让他们再拖一下,拖到过年,实在不行再让他们离婚。我也记得很清楚,我把他们请到我们家来,把她外婆外公都请到我们家,希望他们能和好。最后不行的,因为她(萱萱妈妈)这个人本质不好。当时她打了一个电话给我外甥说:"都是我的错,我把你一生都害了,你今生最大的错就是娶了我做老婆。"我外甥就说,那么我就陪你去自首吧。1月份他们到公安局自首,大概8月底经侦结案以后,就送到检察院去,要起诉。在公安局的时候,她(萱萱妈妈)从来没说过他知道,就是他在不知情的情况下帮她做了事。一到了检察院,她就翻口供,说他应该知道这个事情。检察院的人也对我外甥说,如果你不承认有罪,我们就告你主犯。后来第二次开庭,她就一口咬定他是知道的。因为我外甥从头到尾都没承认过这个事情,所以他们就把他做主犯,把刑加到他的身上了。……她那个外婆很会说的。她说,不要紧的,我们拿点好酒,出钱请律师,就把他弄出来了。我姐姐想,也不能得罪他们,得罪他们的话,硬咬我儿子的话怎么办呢?实际上他们脑子里早就准备好了。在没有进去之前,你要跟我女儿离婚,现在事情出来,我会帮你吗?自从出了这个事情,她的外婆外公就逃走了,就逃走了,你知道吧!……现在出了事情,就逃走了!到现在都没碰到过,一分钱都没有,我们也不要。我们怕,这个小孩要是让他们管,真的要朝邪路上走的!

研究者:她外公是做什么工作的?

萱萱姨奶奶:没什么正经工作的。一直是贩毒、吸毒,一直进进出出(监狱)。我们一开始不知道,等我们知道的时候,已经出事情了。

研究者:你们是怎么知道的?

萱萱姨奶奶：法庭上不是要宣读个人资料嘛！我们才知道她妈妈已经离过两次婚了。她什么大学毕业，都是假的！我们听到这些都懵了。看上去很老实，也不像是会骗的。实际上，她从小就在她爸爸的影响下，一直都是过着恐惧的生活，心理已经扭曲了。而且他们骗的钱，一分钱都没有到我们这里。几十万，都在她那里，信用卡都是她透支的。……她赃款肯定有，但是不会拿出来的，查也查不到。(XXF2，2017.7.19)

从上述对话中可以看到，萱萱的实际抚养人和母亲一方的直系亲属之间的积怨很深，已经到了不可调和的地步。对于萱萱的妈妈，姨奶奶恨得咬牙切齿："除非她得了绝症，要死了，她再去翻供，才会把真相说出来！"从他们的角度来看，萱萱母亲和外祖父母本来就是这个家庭悲剧的始作俑者，他们既没有资格也没有能力抚养孩子，而对方也的确从未向他们提供过任何儿童养育方面的协助和支持。可以说，萱萱与母亲一方的亲属支持网络事实上已经彻底断裂。

在萱萱父亲一方，愿意提供支持的亲属也极为有限。从家族谱系来看，目前实际承担监护责任的表舅和姨奶奶只能算是远亲，与萱萱血缘关系更近的还有她的伯伯和姑姑。不过，由于萱萱的爷爷在 10 多年前就已经去世，使得他们与这些近亲属也很少联系。

萱萱表舅：这个小孩的现状呢，就是靠我们了。因为他的爷娘(指祖父一方的亲属)那边，也是不管的，不来往的。……他们那边觉得人已经走掉了，我阿姨跟他们也就没什么关系了。(XXF1，2017.7.19)

随着奶奶的离世，萱萱失去了最后一位能够依靠的直系亲属。她是不幸的，那些和她有着紧密血缘关系的近亲属们在关键时刻都没有站出来养育和保护她；但她又是幸运的，在表舅和姨奶奶的照顾下，她已经成长为一个漂亮、大方、有礼貌的小姑娘。但她的遭遇提醒我们，在家庭小型化趋势难以逆转的当下，如果核心家庭的扩展亲属网络无法像过去那样发挥替代照料作用，谁来为这些失去庇护的孩子建起最后一道安全防线？正如萱萱表舅所说："现在上海很多家庭，表面上看起来很和睦，实际上不行。像我们这样没有直接关系的，能做到这样，已经很难得了。"(XXF1，2017.7.19)

## 二、父母恶习导致亲属的防范与躲避

前已述及，法律孤儿的父母大多没有正常的、稳定的工作，部分人还吸毒成瘾。我们的调查发现，即使在父母和孩子的口中，他们也基本上是游手好闲、好逸恶劳的形象，不但不能为家庭经济作出贡献，反而常常给家里惹来麻烦。因此，亲戚们对他们只能抱持防范和躲避的态度，不敢干预他们的家庭事务。

中国有句俗话是"救急不救穷"。面对一个时常伸手要钱的吸毒人员，亲属们最担心的就是经济上的麻烦。小华的妈妈就是这样一个典型的例子。为了支付自己的毒资，她变本加厉地向家人索取金钱。小华和她的抚养人沈阿姨向我们讲述了小华母女被外婆拒之门外的故事：

小华：外婆动迁拿到的房子，动迁协议上是有妈妈名字的，动迁的钱啊人头费什么的。外婆不愿意给妈妈。为了这个事情，妈妈就到外婆开的店去吵去闹，后来外婆就给她了几万块钱，但还差几万。承诺是给她 20 万还是 15 万，最后好像给了她 4 万块。

沈阿姨：大冬天的，很冷，她妈妈还带着她去。她的说法是，我把孩子带去，让她看看，我一个人带着孩子，那么冷的天，她忍不忍心。她就把孩子拖着，大冬天就在风里面吹了大半天，然后晚上再坐到外婆家门口一个晚上。

小华：我就听到狗都在那里叫，吵啊吵，一帮子狗在那里叫。

研究者：把小孩带去起作用吗？

小华：也没用，外婆每次对我都凶巴巴的，都没有对我好眼看过。

研究者：外婆为什么不直接把钱给你？

小华：我估计，她想，给了我不就等于给了我妈了嘛，我现在那么小，对吧？她肯定想，我拿着钱，我自己是不会用，但是我妈这人，她肯定会拿走。

(XHC，2017.7.17)

不过，小华并不责怪自己的外公外婆，她这样解释道：

他们对我态度变化了，也不是从我妈进去才开始的。因为他们怕。毕竟我妈已经出过前面那一档子事嘛。因为这之前我妈一直问他们要钱。要了好几次了，有一两万左右。后来又问我外公的哥哥，问他们借好几万，反正就是借了好几次。他们自己也是拿退休金的，这借钱一直不还，外公这边还好，毕竟是自己女儿，但是亲戚那里就不怎么好说了，后来关系就开始不好了。到后来看到她进去了，就更加气了。(XHC，2017.7.17)

因为没有收入来源，小华的妈妈不断向自己的父母和亲戚借钱。家人们眼看她一次次从戒毒所出来，又一次次进去，终于彻底失去了信心，与她断绝了往来，对小华的生活也不再过问。对此，小华的抚养人沈阿姨表示理解，她同情地说："她进去都要老爸签字的，之前老爸都签的。最后一次出事，她老爸就不来了。当然了，他的这种想法，我们也能够理解，真是恨透恨透了！"(XHF1，2017.7.17)

和小华的经历相似，小允成为亲戚们避之唯恐不及的对象，也与他父亲借贷吸毒直接相关。小允是个 13 岁的男孩，目前和 80 多岁高龄的爷爷奶奶一起生活。他的父亲前不久刚刚出狱，母亲仍在服刑。小允的爷爷曾经在上海市最为金贵的地段——淮海路华山路附近有一套房子，20 世纪 80 年代末就拿到了 50 万元动迁款。如果一切正常的话，小允本该成为一个含着金钥匙出生的幸运儿。然而在他出生之前，他的命运就因为父亲吸毒而发生了转折。小允的父亲从一所职业学校毕业后从事铺设电缆的工作，但很快就因嫌工作辛苦而辞职不干了。随后，他染上毒瘾，瞒着家人借高利贷来支付毒资，最后越陷越深，债台高筑。当他终于无法应付滚雪球般增长的高利贷时，催债人上门了。在此后的很长一段时间内，小允全家都遭受着高利贷催债的恐吓和骚扰：家里的电线被掐断、家门上被泼上大粪、楼梯过道被刷上红色油漆……这些电视里才有的情节实实在在地发生在小允身边。

面对高利贷的催讨,亲戚们虽然都同情他们的遭遇,但却没人敢自寻麻烦,惹祸上身。

从上述法律孤儿们的经历中可见,他们的父母在服刑或戒毒前就已经劣迹斑斑,造成了自己与亲属之间关系的恶化和破裂。其后果是,亲属们即使同情孩子的遭遇,但出于理性的考虑,往往还是选择了防范和躲避。毫无疑问,我们无法苛责法律孤儿的亲属太过冷漠,因为当他们面对一名完全丧失理智的吸毒者时,这可能是唯一的选择。

## 第三节　父母养育责任意识淡漠

在中国社会,父母抚育未成年子女是一种重要的代际责任。人们也通常认为,父母是抚育孩子的最佳人选。然而,我们对法律孤儿的生活了解越是深入,就越发对上述判断产生疑惑。在本研究中,有 9 名法律孤儿从出生起就没有得到过正常的父母照顾。虽然其时一些父母尚未入狱或戒毒,但他们也从未尽过自己应尽的抚育责任。在这些父母中,大多数人并没有将养育孩子视为一项重大的人生责任,有些人从孩子出生起就扔给祖辈抚养,自己从不过问;有些人甚至认为养育孩子是一种负担,试图遗弃孩子。

### 一、3 斤 3 两的早产儿:燕子的故事

如果没有爷爷和奶奶的庇护,燕子可能一出生就被父母遗弃了。当时,她的爸爸已经染上毒瘾,而妈妈才 19 岁,成天混迹于一群"不三不四的男男女女"(燕子爷爷语)之中。他们既没有规划过孩子的出生,更不在意孩子的养育。燕子的爷爷回忆了孩子出生时的情形:

她是早产的,才 7 个月。当时我们担心得手都在抖,害怕啊。因为她是早产儿,放在暖房里,放了一个月。一个月就用了 7 000 多块。回来以后,

只有3斤3两重，我抱在手上，太小了。……他（燕子爸爸）就不在意，好像无所谓。当时抱回来的时候，我问他："你打算怎么办？"他倒反过来问我，他问我！他不问他自己，他问我！他说："你说你打算怎么办？你不养，我就送人"。他就是这个态度。我说："这是我家里的，是我家里的根，这个小孩我舍不得的。"（YZF1，2017.8.12）

燕子的爸爸后来在监狱和戒毒所进进出出多次，其间虽也有回到家的时候，但停留时间都很短暂。据爷爷说，在燕子与爸爸相处的有限时间里，她不但没有享受到父爱的温暖，反而常因父亲的呵斥受到惊吓：

他2015年回来的。在家待不安稳，专门有人来找他，一天到晚打电话，两个手机，电话不断。他在家里蹲不住，就出去，一出去又出事了，拦不住他。……我好好地跟他讲，这个女儿是你的，你回来，要跟她好好沟通沟通，谈谈心，带着出去玩玩。他回来以后，有时候小孩要做作业，就问爸爸："老爸这个怎么做？"结果他脾气很大："自己做！"狠得不得了。小孩胆小，看见他就害怕。我说你难得回来一次，要和小孩沟通沟通。小孩子从3斤3两养（生）下来就没有看到过爸爸，现在看到爸爸了，你应该要沟通一下。是吧？……他肯定会说"我不想要，是你们自己要养的"，想到这个我头都大。（YZF1，2017.8.12）

燕子出生后，虽然母亲很快就不告而别，但父亲其时尚未入狱。然而，由于父亲严重缺乏养育子女的责任意识，燕子实际上从来没有得到过来自父亲的生活照顾和情感关怀。如果爷爷奶奶也不愿意承担抚养责任，燕子就极有可能像接下来我们要讲的小华那样，在儿童福利机构中度过她的幼年时光。

## 二、两进福利院：小华的故事

小华是我们访谈的儿童中唯一在儿童福利院生活过的孩子。按照我国政府对儿童福利院的定位，儿童福利院的主要收容和养育对象是无人抚养的孤儿、弃婴和残疾儿童。法律孤儿的父母健在，因此不符合儿童福利院的收留条件。小华出生后，母亲进了戒毒所，外公外婆不愿意抚养她，她便成为有监护人但事实上无人抚养的孤儿。在走投无路的情况下，上海一所儿童福利院破例接纳了她。她在儿童福利院生活了8年，直到她的母亲完全戒除毒瘾。和母亲的团圆并没有让小华倍感温暖，相反，母亲对她态度十分恶劣。一天，母亲嫌她不听话，把她送到原来收留她的那家儿童福利院后便一走了之。对于两次进儿童福利院的经历，小华至今历历在目：

沈阿姨：她妈妈生下她，她就从来没有见过自己的爸爸。生下来后，她妈妈那个时候吸毒嘛，她就在福利院长大的。后来几岁领回来的？（问小华）

小华：8岁。

研究者：那对福利院还有印象吗？

小华：有印象。

沈阿姨：她从里面回来了以后呢，福利院就通知她说，家长回来了，你就要把小孩带回去。

研究者：和妈妈相处了几年？

小华：3年。

研究者：现在会想妈妈吗？

小华：没什么感情吧。她拿我当出气筒。

研究者：有对你好的时候吗？

小华：没几次。

沈阿姨：她妈妈把她领回来以后，过了一段时间，又把她送回去了。福利院是不允许的呀。因为你有监护人在家里，福利院是不收的。然后福利院又打电话，叫她妈妈再把她接回去，在那边扔了一天。所以她心里恨她，这也是一个原因。我们不谈之前，8岁之前那也是没有办法，对吧？现在你把她领回来了，你就不能再把她送回去。

研究者：你当时还记得吗？

小华：记得啊。我就是特别不想听她话，然后就比较别扭，然后她就把我送过去。送过去，那我就开心了。

沈阿姨：现在我们唯一能做的，就是把这个孩子养大。不能再送回福利院了，因为她就是那里长大的。这个孩子太可怜了，我们辛苦一点就辛苦一点吧。(XHC，2017.7.17)

儿童福利院虽然给小华提供了充足和安稳的衣食住宿条件，但儿童福利院里有很多身体残障或精神障碍的孩子，对于小华这样一个心智健全的孩子而言，和他们一起生活并不是一段美好的回忆。谈及在儿童福利院的过去，小华绘声绘色地描述了当时心理的巨大恐惧：

那里的生活，还可以。我在里面还是算脑子聪明的，他们最喜欢的是我，什么好东西都给我。……很多人都是脑子有障碍的，很多很多，还有大的那种，大的那种比较恐怖一点，很恐怖的……他们人就天天待在那个门里面，那个门是一条一条的，手可以从里面伸进来。然后呢，你进去之后，他们就拍那个门，或者在窗户那里吼。他们如果对我吼，我也对他们吼。(XHC，2017.7.17)

然而，在和戒毒归来的妈妈共同生活一段时间之后，小华竟然觉得和妈妈在一起还不如回福利院。当妈妈把她丢弃在福利院门口时，她反而感到"开心了"。

如果说小华第一次进儿童福利院是母亲因吸毒而丧失抚养能力的客观结果，那么她第二次进福利院则是母亲主观上有意为之，是一种遗弃行为。遗憾的是，按照我们目前的法律，这种遗弃儿童的行为并不会受到严厉的惩罚。我国《刑法》第二百六十一条规定，对于年老、年幼、患病或者其他没有独立生活能力的人，负有扶养义务而拒绝扶养，情节恶劣的，处5年以下有期徒刑、拘役或者管制。在司法实践中，所谓"情节恶劣"，一般是指被遗弃人的生命、身体陷于危险状态，甚至死亡(王志祥，2009：3)。因此，小华母亲将孩子丢弃在儿童福利院的行为不会受到任何法律制裁。当时上海尚未建立儿童保护强制报告制度,撤销监护权的案例更是闻所未闻。在这一法律背景之下,我们就能理解为何儿童福利院在接到小华后没有选择报警,而是打电话叫小华母亲来领回孩子,让孩子重新回到遗弃自己的母亲身边。

本章分析了法律孤儿在父母离家前就已经面临的各种风险。研究发现,在父母服刑或强制戒毒之前,这些孩子就已经面临着家庭结构缺损、亲属支持网络薄弱、父母养育意识淡漠的生存风险。本章的主要发现包括:

法律孤儿的父母在服刑或戒毒之前,其经济地位、工作就业、家庭关系、身心健康等各个方面就已处于多重混乱的状态之中,这种混乱状态为孩子的生活带来长期的、持续的负面影响。他们中有不少人在没有合法婚姻的情况下生育孩子,使得孩子一出生就处于不完整的家庭之中,不但从未得到普通孩子所能得到的来自父母双方的关爱,还会因为尴尬的身份而遭遇无法上户口的难题。这些服刑人员和戒毒人员的大家庭中因各种原因产生的矛盾、父系亲属与母系亲属之间的冲突,以及他们自身的恶习所导致的亲属的防范和躲避,都直接削弱了法律孤儿的家庭亲属支持网络,使他们的扩展亲属不愿意在法律孤儿的抚育事务上提供帮助和支持。此外,他们中的一部分人既不具备养育孩子的能力,更缺乏养育孩子的责任意识,在一定程度上是遗弃儿童的高风险人群,极有可能造成儿童生活无着、流离失所的后果。

法律孤儿在父母服刑或戒毒前所面临的上述三种风险通常具有叠加效应。我们将家庭结构缺损、亲属支持网络薄弱、父母养育意识淡漠三种风险分别予以阐述,仅仅是为了行文的方便。事实上,我们在聆听法律孤儿们的故事时常常有似曾相识之感,因为每个孩子的生活中都或多或少地存在着这三种风险。这些风险因素与父母的服刑或戒毒事件相互交织,促使儿童最终成为法律孤儿。

法律孤儿在父母服刑或戒毒前的生活困境也与宏观社会变迁有关。父母非婚生育、抚育责任感的淡漠、家庭支持网络的薄弱等问题都可以从我国社会经济发展和社会结构转型中找到深层次的原因。尤其是当前社会发展中家庭结构小型化、家庭抚育功能弱化、个体价值观和生活方式多元化等趋势日益明显，都在不同程度上削弱了传统的以家庭为责任主体的儿童抚育模式。因此，当儿童的父母因服刑或戒毒而无法履行抚育责任时，由于缺乏可以发挥替代照料功能的主体，儿童就成为名义上有人监护但事实上无人照料的法律孤儿。

# 第六章
# 父母离家期间:儿童与家庭的双重困境

自2006年民政部等15部门联合出台《关于加强孤儿救助工作的意见》起,法律孤儿就被我国政府纳入可依法妥善予以安置的范围。2016年国务院发布的《关于加强困境儿童保障工作的意见》又进一步明确,法律孤儿作为困境儿童应该得到基本的生活保障和社会救助。在我们开展调查的2017年,所有接受访谈的法律孤儿都得到了替代监护和每月970元的低保金。在生存权和受保护权得到保障的情况下,法律孤儿在成长过程中还面临什么困境和风险?他们自己和抚养人对此又是如何看待和处理的?这些是本章试图分析和探讨的问题。

## 第一节　孤立无援的隔代教养

隔代教养是指祖辈对孙辈的抚养和教育。在我们访谈的13个法律孤儿家庭中,父母服刑或戒毒期间主要由祖辈抚育孩子的家庭有11个,其中一些法律孤儿的委托监护人是与父母同辈的亲属或朋友,但他们往往还有工作和自己的家庭,基本没有多余的精力和时间来承担实质性的照料事务,在孩子身边照料生活起居的仍然是已经退休、有较多空余时间的祖辈。

由祖辈担任法律孤儿的实际抚养人有利有弊。其优势在于,隔代教养能够让儿童在熟悉的环境下成长，能够更好地实现“家庭维系”(family preservation)(Connealy & DeRoos, 2000)。但不少研究也发现，由于祖辈的精力有限、教育水平不足、养育观念陈旧等方面的原因，隔代教养也容易对儿童的心理、情绪、情感和行为产生负面影响(段飞燕、李静，2012)。我们的调查发现，祖辈在抚养法律孤儿的过程中主要存在如下问题：

## 一、高龄风险

抚养法律孤儿的祖辈们除了在体力上付出之外，还要承受子女服刑或吸毒所带来的心理压力，容易引发身体或精神方面的疾患。一项针对代替吸毒子女抚养孩子的黑人祖父母和曾祖父母的调查发现，这些老人表现出抑郁、焦虑、攻击和心脏病等不同程度的心理和身体问题(Burton, 1992)。在我们接触的法律孤儿家庭中，承担抚养责任的祖辈大多年事已高，身体健康状况普遍不佳，其中有一位老人在我们访谈时已经离世。从表 6.1 的内容中我们可以大致了解这些祖辈的基本情况。

**表 6.1　法律孤儿父母离开期间承担抚养责任的祖辈情况**

| 法律孤儿 | 承担照料责任的祖辈 | 祖辈年龄① | 祖辈健康状况 |
|---|---|---|---|
| 萱萱 | 曾为奶奶，现为姨奶奶 | 67 | 奶奶突发疾病去世；姨奶奶为先天性高度近视，有残疾证 |
| 小允 | 爷爷 | 80 | 奶奶有中风史，现在面瘫，需长期服药治疗 |
| 智浩 | 奶奶 | 75 | 爷爷患肺气肿，长期卧床；奶奶检查出血管斑块，目前服药治疗 |
| 燕子 | 爷爷、奶奶 | 74、70 | 爷爷脑溢血、脑梗，奶奶有持续身体疼痛症状，尚未查出病因 |
| 君君 | 外婆 | 78 | 目前因中风住院 |

---

① 祖辈年龄均根据访谈中受访者的自述记录。由于老人们有阴历计算年龄和报虚岁的习惯，个别老人可能有记忆不太准确的现象，这些年龄可能不十分精确。

（续表）

| 法律孤儿 | 承担照料责任的祖辈 | 祖辈年龄 | 祖辈健康状况 |
|---|---|---|---|
| 嘉余、嘉欢 | 外婆 | 68 | 心理疾病 |
| 婷婷 | 爷爷、奶奶 | 60 | 不详 |
| 娜娜 | 外公、外婆 | 73、68 | 不详 |
| 昊昊 | 爷爷（父亲服刑期间） | 73 | 不详 |
| 小华 | 委托监护人沈阿姨的伯母 | 70 | 不详 |
| 小洁 | 外祖父、外祖母 | 70、68 | 不详 |

从表6.1中可以看出，这些承担照料职责的祖辈具有几个明显特征：（1）年龄偏大，70岁以上老人较多；（2）健康状况不佳，部分老人患重病，生活无法自理，需要配偶或孙辈的照料；（3）由于配偶生病、去世、离异等原因，存在单独一人照料孩子的情况。上述三个特征往往是相互联系的：年龄越大的老人就越有可能出现健康问题；两位老人中如果有一位重病或去世，另一位老人的负担就会变得更为沉重。老人突发疾病的可能性也比较高，一旦发病时没有及时送医，就可能危及生命，这为法律孤儿的生活埋下极大隐患。在本研究中，萱萱的奶奶和君君的外婆就是这样的例子。

萱萱的姨奶奶告诉我们，萱萱的奶奶"命是真苦"。2002年的一个夜晚，开出租车的爷爷遭人抢劫并被杀害，凶手至今尚未被缉拿归案。奶奶一个人含辛茹苦地把儿子养大，终于熬到儿子大学毕业、结婚成家，还没过几年舒坦日子，儿子和媳妇双双入狱，留下一个嗷嗷待哺的婴儿萱萱。奶奶只得再次挑起家庭重担，一个人把萱萱抚养到7岁。2016年，奶奶突发疾病，撒手人寰。在萱萱的姨奶奶看来，由于"思想负担重"，萱萱奶奶走得非常突然：

她的思想负担重……她很苦的，50岁的时候，老公走掉。好不容易把孩子养大，10年以后又出这个事情。真的，两个打击，一个人真的受不了。还好没疯掉，疯掉的话怎么办？……这个事情（萱萱父母入狱）发生以后，她的身体就一直不好,去年一下子就走掉了。去年11月23号,早上还送她(萱萱)去读书的,中午吃好饭,12点半,她就跟我们隔壁的姐姐讲,她今天有点不舒服。……大概到三刻的时候,她就到卫生室去,就在前门,两三分钟路,她拿了个病历卡走到那里,人家给她量个血压,一量200多,医院马上就给她打120了,说她有点中风了。那个时候她脑子很清楚的呀,马上跟隔壁的姐姐说:"如果我有什么事情,你马上打个电话给我姐姐"。她把电话写在她手上。当天晚上就走掉了。(XXF2, 2017.7.19)

我清楚地记得,当我们聊到奶奶去世的情形时,萱萱把头埋在姨奶奶的怀里,似乎是睡着了。我猜测她是刻意藏起来,不想自己流泪的样子被我们看到。小小年纪就已经历了亲人的入狱和死亡的她,表现出一种糅杂了敏感和脆弱的坚强模样。对于萱萱表现出的坚强,姨奶奶和表舅却表示非常担心:

萱萱姨奶奶:奶奶走的最后一天,她就坐在这里,看着奶奶的遗像。她不像别的小孩哇哇地哭:"奶奶啊,我要奶奶啊",她没有一点声音……我们很担心她的啊……她什么都不说。(XXF2, 2017.7.19)

萱萱表舅:有机会还是想找一些专业的心理专家跟她聊一聊,跟她接触一下。看看她的问题在哪里。因为这些东西我们不是太了解。如果有心理医生嘛最好,毕竟是一个经历了这么多事情的小孩子。……她奶奶走的那天,眼泪都不下来。你说,像这样的小孩子,她心理肯定有一些事情,只是我们没有发觉。因为她奶奶过去(去世)到现在刚刚有半年的时间了,其实她心理上没有这么快可以恢复。(XXF1, 2017.7.19)

与萱萱的经历相似,君君也是由已经78岁高龄的外婆独自抚养长大的。就在我们访谈君君的前一个星期,外婆突然中风住院了。居委会的工作人员韩老师讲述了君君外婆中风时的情形:

他外婆整个人瘦得呢!那天也很热,他外婆去拿(退休)工资的时候,走在马路上,一下子倒下去。带了个银行卡身份证在里面,人家那边居委会就在派出所查号码，查到是我们居委的。……她那天倒下来，屎啊尿啊，都拉在身上了。其实一个人真的（辛苦），很瘦很瘦，她已经支撑不住了，她其实也想撑下去，但实在是撑不下去！（JJS1，2017.7.13）

外婆倒下的那天正值学校暑假期间，君君独自一人在家。当居委会告诉他外婆中风倒在路边的消息时，他不知所措，着急大哭。如今，外婆中风住院需要人看护，未成年的表弟也需要人照料，君君的表哥阿杰分身乏术。他无奈地表示自己"能力有限，一个人顾不过来那么多"。目前他只能保证暂时为君君提供一个住处，尽自己最大能力去照顾他，"也没别的办法，只能撑一撑了。"因为君君明年就升入初中，阿杰对目前的处境还略感庆幸："初中的话就肯定好一点，没有像小宝宝那种，那种就没办法的。"（JJF1，2017.7.13）

## 二、家庭教育的能力与技巧缺乏

除了高龄风险以外，祖辈在家庭教育方面的能力不足、缺乏教育技巧也是隔代教养的法律孤儿家庭存在的主要问题。在和我们的谈话中，老人和孩子都常常流露出对彼此的不满意，几乎所有的孩子都承认自己和祖辈发生过争吵。对于发生争吵的原因，老人最常提到的词是"性格犟""不听话""管不了"，而孩子对老人的评价大多是"唠叨""啰嗦""很烦"。我们观察发现，祖辈中大致存在两种现象：一是补偿心理下的宠溺养育；二是失望情绪下的不恰当归因。

### （一）补偿心理下的宠溺养育

一般认为，过度溺爱是隔代教养的通病。但在法律孤儿的祖辈当中，这种宠溺更多地来自对孩子的补偿心理。法律孤儿不能像别的孩子那样享受父母的关爱，对于他们心理的失落和孤单，朝夕相处的祖辈感同身受，心痛不已。下面这段小洁外公的话，与其说是他对小洁渴望母爱的描述，不如说是他发自内心的对小洁身世的怜惜：

她还有个表姐，比她大几个月……这两个小孩都是我从小一起带大的，都是一起带进带出的，但是两个人差别大了。她自己也会看："怎么姐姐有爸爸妈妈，怎么我没有？"有一次，姐姐和妈妈在屋里嘻嘻哈哈，她就在门外看着，就这样侧着身子，在门外看。看了她也被感染了，也在外面跟着笑，很羡慕很羡慕的样子，但是动作是很轻的。毕竟她心里也很难受，（心想）自己的母亲怎么不在。……她其实很冤枉，跟着受罪啊。（XJF2，2017.7.12）

据小洁外公所说，他们本来非常不愿意抚养这个外孙女，而促使他们最终接过这个重担的正是因为"看这个小孩确实可怜"。为了弥补小洁所缺失的父母关爱，两位老人尽自己所能地照顾小洁，"小钱大钱都是花在她身上，有好东西都舍不得吃，好东西都给她"。不仅如此，对于小洁的不合理要求和偏差行为，外公外婆也无法做到坚持原则。就拿小洁终日沉迷于玩平板电脑这件事情来说，两位老人虽然忧心忡忡，但却无计可施：

小洁外公：她平时整天玩平板（电脑）。我们昨天出去了，办事情去了，她在家里玩了一天。早上起来吃早饭的时候，一边吃早饭一边看。控制不了她。我想，她眼睛不行，硬把它收掉。一收掉，她又是跳又是闹，闹得不行。

研究者：她在玩游戏吗？

小洁外公：游戏玩的，也玩微信。舅妈经常帮她检查微信，说上面人太多了，200 多个人。还有外面的一些乱七八糟的人。好多，几十个，认也不认识的，她都加上去。

研究者：你们玩微信吗？看得懂吗？

小洁外公：我们不玩，也看不懂，我就是看她这个上面人太多了。学校里面的人很少很少，大部分都是社会上的。太多太多了！叫她把它删掉，她不愿意。

小洁外婆：都是乱七八糟的啊！她又不懂的。这个是害人啊，这个真是害人啊！我们就是担心她在这个上面出问题啊！想要收掉它，她就吵啊闹啊,收掉一天,她就吵得不得了。

研究者:把微信给卸掉呢?

小洁外公:她会重新装。不让她装,她就跟你吵,跟你闹,控制不了。

小洁外婆:晚上11点左右才睡觉,就玩这个。

研究者:那就给她拿掉。

小洁外婆:拿不掉。

研究者:怎么会拿不掉呢?

小洁外婆:一拿掉她就不停地吵啊闹啊。

研究者:她能吵多久?

小洁外婆:她能吵好长时间呢,又哭又闹的。有的时候她闹得太烦人了。像今天起来晚了,那晚上睡得就更晚。她睡不着我就没法上床,我一上床她就吵,我也睡不成。太烦了,这个小孩,真的管不住了。她能听还可以,根本不听啊!性格这么犟,以后再不听话就不行了,现在我又怕iPad(微信)上了以后,再过两年,认都不认识的人,叫她出去玩,她都会跟人家出去呀!(XJF1, 2017.7.12)

面对如此不听管教的外孙女,外公也对自己的教育方式进行了反思。在和我们聊天中间,他突然问:"你们是不是觉得我们的方法不对?"随后,他又自己分析道:"方法不对,心狠不下来。采取强硬的措施、比较好的措施,可能可以的。我估计我们方法不对。这个我们心里明白,就是实际操作不来,不知道怎么操作。"(XJF2, 2017.7.12)外公和外婆所能想到的唯一办法就是所谓的"强硬措施",就是要"打一打"。实际上,向来溺爱小洁的他们根本不舍得动手:

打过啊,打过也很后悔的。气得要打她,又怕失手。有时候我干脆避开,避得远远的。就奶奶(外婆)打,她打得轻一点。我有时候把凳子拿起来吓唬吓唬她,就怕失手。打能不能解决问题?我看解决不了问题。弄得不好就打坏了。(XJF2, 2017.7.12)

小洁外公和外婆的这种心理并非特例。出于对孩子身世的同情和怜惜，一些法律孤儿的抚养人在管教孩子时很难做到不溺爱不纵容。在物质生活方面，尽管他们的经济条件并非十分理想，但出于对孩子缺失父母关爱的补偿心理，仍会尽可能地满足孩子的物质需求，如小洁就拥有苹果平板电脑，智浩购买了价格为1 000多元的自行车，还有好几个家庭为孩子配备了智能手机。对孩子的不合理要求，他们常常不懂如何拒绝。当孩子犯了错，他们也很难做到严厉批评和正确引导，还会以法律孤儿的坎坷身世为其开脱。就像萱萱的姨奶奶所说："我们想想她（受了）多少苦，我们很多东西都那个（不说）了。"（XXF2，2017.7.19）这种只宽不严的教养方式显然不利于法律孤儿的成长，容易引发和助长法律孤儿的偏差行为。

（二）失望情绪下的不恰当归因

祖辈在代为履行教养责任时常出现的另一个问题是对法律孤儿的行为进行不恰当的归因。作为"罪犯父母"，老人们本就为自己生养出"不争气"的子女感到自责和失望，当法律孤儿不听从管教或发生亲子冲突时，他们就容易将问题原因归结到遗传或病理因素上，认为孩子的一些问题行为是天生的、是无法纠正和改变的，却忽略了分析孩子的心理需求和反思自身的教养方式。下面这段研究者与智浩奶奶的对话可以帮助我们理解祖辈教养能力的不足，以及他们对孩子问题行为做出的不恰当归因：

智浩奶奶：他看到别人有什么东西，他就想要。所以我跟老头子两个人钱都不用，他想要什么东西，我都尽量满足他，就去买。人家有的东西，他也吵着要，我们就尽量满足他。

研究者：会吵得很厉害吗？

智浩奶奶：厉害厉害。跟他妈妈脾气一样。他的问题就是拖（拉）。做作业拖啊，拖到最后才做。脾气不好。吃饭也不好，不肯吃饭。睡觉也不好。晚上不睡，白天睡。就和他妈妈一样。他妈妈爱吃辣，他也爱吃辣，他妈妈怀他的时候玩手机不睡觉，他现在也不睡觉，不是个好种啊！

研究者:晚上不睡觉干什么呢?

智浩奶奶:玩手机,打游戏。玩到11点、12点。他说,你睡你的,我玩我的。我叫不动他。

研究者:你们怎么不把电脑给他关掉呢?

智浩奶奶:关掉就不得了啊,要命啊!以前我们把外面电源给他切断的。有一次我要去切断,正好被他看到了,那就翻天啦,他嗷嗷的叫啊,很凶!我就跟他说,这件事情是爷爷奶奶不对,但以前不是我们切断的啊!以前都是自然断电的,我就反复跟他道歉啊!他这个思想一天都在游戏里面,怎么办?他爸爸回来就好了,他爸爸至少还可以管他,打一下。我们又不能打。

研究者:你们打过他吗?

智浩奶奶:小的时候打过,现在不打了。小学一年级的时候打了他,他就跑出去了,我还要出去找啊。现在更不敢打,你打他一下,他打你两下,我们打不过他。在学校里也这样。有一次,老师叫他作业重做,他就鼓着眼睛瞪着老师。老师打了他一下,说:"你干什么?耍流氓啊?"他也不响(说话)。老师就把他的书从书包里全倒出来,说:"以后你不要来上学了"。他也不捡。他说:"不读就不读了。"后来是老师自己捡起来,装到书包里去的。他好的听不进,坏的就一听就进。我说:"你这样将来就要和你爸爸一样,也要进去的!"有时候他不听话,我就说要打110,他听了之后还凶得不得了。我们也不知道该怎么办。我想把他送出去,又不知道送到哪里去。(ZHF1,2017.10.15)

从智浩奶奶的叙述中可以看出,她对智浩的教养方式存在很大问题。一方面,她毫无原则的溺爱养成了孩子随心所欲的不良行为习惯;另一方面,在无奈和失望之下,她只好把孩子的问题归结到其父母身上,采用"不是好种"、将来"也是要进去的"等羞辱性的字眼,伤及孩子的自尊心。在我与智浩的谈话中发现,尽管他的确喜欢网络游戏,但是并非到了无可救药的地步，如果加以正确引导，或许反而能起到正向的激励作用。他告诉我，他的堂哥现在上大学，学的是动漫设计，他非常羡慕，以后也想学。当他把这个梦想告诉奶奶时，奶奶却完全不理睬他。后来我把智浩学习动漫设计的理想告诉奶奶，奶奶特地压低声音，非常紧张地对我说："你们千万不要在他面前说这个！你们要是这么说，以后我叫他不要打游戏，他就更加不听我的了！"(ZHF1，2017.10.15)正是由于不恰当的归因，智浩奶奶实际上已经放弃了对智浩的教育，不相信孩子有改正错误的可能性，一切只能听天由命。

在我们访谈的其他几位祖辈中，也在不同程度上有进行不恰当归因的表现。例如，小洁上幼儿园时检查视力就有300多度近视，小洁外婆便认为这是其母亲怀孕时吸毒导致的。除此之外，她还把孩子性格倔强、不听话、上课思想不集中等问题都一律与母亲吸毒挂钩。用她的话来说："这个小孩不一样的呀，就不一样，她和一般正常小孩不一样。因为她妈妈吃这个东西，生出来都有影响的。"(XJF1，2017.7.12)与她情况相似的还有嘉余的外婆：当老师向她反映嘉余上课时比较好动的情况时，她首先想到的就是母亲吸毒的影响。于是她告诉老师，可能是其母亲怀孕时吸毒"太兴奋"，导致了孩子现在的多动症，老师也因此不再提意见了。事实上，关于母亲孕期吸毒对子女的影响是一个非常复杂的医学问题，目前医学界虽确认毒品会严重影响胎儿发育，但认为其对新生儿和大童的影响还难以预测(Domenici et al.，2009)。祖辈们将孩子的各种问题归咎于母亲吸毒，纯粹是没有科学依据的个人猜测。由此一来，孩子的问题行为就被合理化，错失干预和矫正的良机。

## 三、缺乏寻求帮助的权利意识

中国传统文化强调父母对子女的教养责任，所谓"子不教，父之过"，子女走上歧途通常会被归咎于父母家庭教育的失败。子女服刑或吸毒，父母往往要承担教育失职的压力，从而产生郁闷、羞愧，甚至羞耻的负面心理。

已有研究发现,服刑人员的父母通常会比其他家庭成员(例如配偶、手足、子女等)更容易产生羞愧的情绪和自我贬低的信念,就算生活上有困难也不敢向他人诉说(王以仁,2003)。我们的访谈也发现,由于自己的子女“不争气”,一些老人认为自己“没本事”,从而产生深深的自卑感。他们羞于与外界交往,在抚育法律孤儿的过程中出现困难时宁肯默默地忍受,不敢向外发出求助的声音。例如,在祖辈作为实际抚养人的家庭中,很少有自己主动向居委会或街道寻求帮助或咨询法律孤儿能否得到救助的情况。燕子爷爷的话反映出部分老人存在的自卑心理:

研究者:您跟周围的邻居有来往吗?

燕子爷爷:没什么(来往),心理上有点复杂。劳动教养、劳动改造,说出去不好听。

研究者:现在有困难,可以找居委会,跟他们反映。

燕子爷爷:不过我不好意思去讲。这个小孩子嘛不争气。

研究者:没关系的,都是为了孩子嘛。

爷爷:讲了难为情。(YZF1, 2017.8.12)

和燕子爷爷的情况相似,小洁的外公、外婆虽深感自己教育孩子的能力不足,但他们也羞于向社区、学校寻求家庭教育方面的帮助:

研究者:街道里有个家庭教育指导中心的机构,你们去问过吗?

小洁外婆:没有。学校也有(家庭教育指导)。

研究者:这些情况向老师反映过没有?

小洁外婆:我都不好意思跟老师多讲。我这个不太听话的,成绩那么差,我看到老师就觉得好丢人的那种。老师有时来家访,我就跟他交流交流,平时开家长会我都不好意思多讲。

研究者:老师知道她父母的情况吗?

小洁外婆:老师都知道这个情况,所以老师对她还是比较照顾的。

研究者:那您还有什么顾虑呢?

小洁外婆：自己觉得都不好意思讲了，对吧？（XJF1，2017.7.12）

在与我们聊天时，老人们常常会说起抚育法律孤儿所碰到的难题和苦处。但如果我们直接询问他们有什么需求，他们却说不上来，觉得“没什么困难”“还过得去”。小允的爷爷就是这样的一个例子。

小允的爷爷、奶奶都已经80岁高龄，奶奶还因中风而导致面瘫，每个月都要花费上千元钱买药。两人的退休金加起来有近8 000元，本来可以过上轻松富足的老年生活。但事与愿违，两个儿子都“不争气”：50多岁的大儿子失业在家，一直未婚；小儿子（即小允父亲）则因抢劫入狱服刑，目前刚从监狱出来。“这四大一小”就一起挤在不足60平方米的两室户里。两位老人不仅承担孙子的一切开销，还要补贴两个儿子的花费用度。小儿子出狱后，为了给他腾出房间，两位老人只能睡在客厅的一张简易钢丝床上。小允的爷爷告诉我们，他们是有资格申请廉租房的，但是他也不敢去申请。在他看来，自己养出了一个罪犯，本就是一件可耻的事，哪里还能奢望政府来帮助自己呢？而对于自己的沉重负担，他叹道：“这就是命，只能认命，命里注定的，就只好承受。”（XYF1，2017.7.21）

相比祖辈抚养人而言，如果法律孤儿的委托监护人是其他非直系亲属，他们所感受到的心理负担明显较轻，也更有向政府和社会争取相关救助和福利的意识。在这方面，萱萱的表舅给我们留下了非常深刻的印象。在介绍了他们家的基本情况后，他主动问我们“是负责哪一块的”。我们坦诚地告诉他，我们只是一般的研究人员，不在政府部门任职，无法解决他们的实际问题，只能通过撰写调查报告供政府决策参考。他听后马上说：“你们多了解一点家庭的情况，对将来制定政策更有利。如果有福利的配合，真的是能解决我们很多的问题。”在后来的谈话中，他条理清晰地讲述了目前家庭的需求，还回忆了自己如何为萱萱在低保之外争取到每月500元补贴的过程。目前，他还在积极地争取物业费的减免：

这个房子是她（萱萱）爸爸当时买的。判决以后呢，已经被国家没收全部财产。只是因为孩子住在这里，读书也在这里，所以无法执行。……现在物业费一直在讨，一个季度要 500 多，太贵了。他(物业)上次也问我要了，但是我没有给。我跟他说了，我们可以走一些法律途径。这个房子最终是要交给国家的，国家处理掉这个房子，该补哪些费用，国家会补给你，不应该再向我们来收了。我们本身就是无偿来照顾这个孩子，还要再去承担这个费用，我觉得好像有点不合适。……国家如果在这一块有一点补助，费用增加一点，对我们来说就很有帮助。……从社会角度来说，如果能对这样的小孩有更多的支持和帮助，对我们来说就是减轻负担。(XXF1，2017.7.19)

不过，在我们所接触到的家庭中，能像萱萱表舅这样主动寻求政府和社会帮助的抚养人非常少。绝大多数祖辈抚养人都没有为法律孤儿寻求帮助的权利意识，也不了解政府的救助政策。他们能获得什么样的帮助，基本上取决于街道和居委会开展工作的主动和细致程度。在部分街道和居委会，法律孤儿有额外的经济补贴以及免费旅游、参观博物馆、接受学习辅导等机会；而在另一些地方，法律孤儿得到的唯一帮助就是每月 970 元的低保金。

## 第二节　弱势经济地位与学业发展问题

科尔曼报告发现，在美国的学校中，影响儿童学习成绩的主要因素不是学校的物质条件，而是儿童家庭的社会经济地位。家庭社会经济地位处于弱势的学生普遍缺乏改变和控制自己前途的自信，学习动力和欲望不足，学习成绩自然无法提高(Coleman et al.，1966)。在我国，随着教育改革和教育市场化的不断推进，家庭背景与教育获得之间的关联也越发紧密，贫困家庭和父母文化水平较低的家庭因此受到不利影响(李春玲，2003)。我们的调查发现，父母入狱或进入戒毒所后，法律孤儿的实际抚养人的家庭社会经济地位或家族成员的经济能力对法律孤儿的学业成绩起到了极为重要的作用。[①]生活在经济能力有限的家庭中的法律孤儿的学习成绩大都处于中等偏下水平，个别孩子的学习成绩极差。这种情况在祖辈为实际抚养人的家庭最为常见。祖辈们自身受教育程度不高，在退休金和低保之外没有其他收入来源，既无力亲自辅导孩子的学习，又负担不起市场上价格高昂的教育服务，客观上造成了法律孤儿在学业上的不利地位。

## 一、学业上的不利地位

在访谈中，法律孤儿的实际抚养人无一例外地表示出对孩子学习的高度重视，正如嘉余的外婆经常对他们姐弟俩所说的："你们现在最重要的就是学习，学习学好了，将来自己有好的工作了，什么都不怕了。"但是，由于自身受教育水平的限制，他们没有能力对法律孤儿的学习进行指导和协助。为了给嘉余和嘉欢默写英语，从未学过英语的外婆只好硬着头皮自学英语，困难程度不言而喻：

我原来是老三届，学的俄语，英语不懂怎么办？后来有录音带，但是质量不好听不清楚。我就等他们睡了，自己听，然后用中文标起来，再教给她们。再到后来，太快了，我实在太累了，不行。（JYF1，2017.10.14）

与嘉余外婆一样，小允的爷爷对小允的教育也非常上心。我们来到小允家的那天，一进门就看到床脚堆放着高高的一摞学习辅导书。小允的爷爷告诉我们，他自己只有小学文化，没办法辅导孩子的学习，唯一能做的就是给孩子买书。他抱怨说，现在的书太贵了，买不起。小允所在的学校推行电子书包，老师发布通知、布置课后作业都是通过手机进行，许多作业也需要用到电脑，而爷爷对这些新科技却是一窍不通。为此，年过八旬的他甚至尝试去社区老年活动中心学习电脑。不过，他付出的金钱和精力似乎并没有得到很好的回报。如今，小允上初一，每次考试成绩都在七八十分。老师

---

① 我们调查的 14 名法律孤儿都是学龄儿童，其中有 1 名高中生、4 名初中生，其余 9 名都是小学生。

告诉爷爷，以这样的成绩来看，小允以后深造的可能性不大。因此，现在爷爷的最大希望就是让小允初中毕业后读个职业高中，早些出来工作，“我们的任务就算完成了”。（XYF1，2017.7.21）

社会经济地位较高的家庭可以通过竞争和购买优质教育资源（体制内的重点学校和市场上的教育服务）、更多地参与和支持培养儿童的学习兴趣和学习习惯来提升儿童的学业成就（李忠路、邱泽奇，2016）。而经济能力不足、受教育程度不高的家庭则对此毫无办法，只能不断降低教育期望，任由孩子的学习成绩被进一步拉大。在我们接触到的法律孤儿中，小洁可能是学习成绩相对较差的孩子之一。在她的学期评价册上，各科目评价中几乎看不到A和B，尤其是数学，每一栏中都写着E。[①]小洁的外婆心急如焚，也想为她报名参加补习班，但迫于经济压力还是放弃了：

因为她基础太差，我们过去想给她报补习班。他们学校对面就有，每个月是1 000元，监督协助做作业。结果人家老师一看，成绩那么差，他说最起码要2 000元。后来又说2 000元也不行，要开3 000元、4 000元。那我说我受不了。这怎么受得了？我一个月工资都交掉了！后来想想就算了。（XJF1，2017.7.12）

对于受教育程度不高的家长来说，送孩子参加课外补习也许是提升孩子学习成绩的最有效途径。现有研究表明，课外补习对学生成绩的确具有正向影响（方晨晨、薛海平，2014）。家庭经济社会地位低的学生增加补习时间后的数学成绩提升更大（薛海平、宋海生，2018）。然而，面对高昂的补习费用，小洁最终没能进入课后补习班。与此同时，放学后到补习班接受“第二次教育”已经在她的同龄人中蔚然成风。2017年的一项抽样调查显示，上海小学生中补习的比例为57.36％，初中生中补习的比例为84.23％，高中

---

① 上海从2013年起在小学一、二年级实行“等第制”评价，即不用分数评价，而以A、B、C、D、E或者“优秀”“良好”“合格”“需努力”等方式来评价。自2016年起，上海全面推行小学“等第制”评价。

生中补习的比例达到86.18%。在孩子参加补习的家庭中,过去一年的补习费用平均为16 788元。家长的经济水平、受教育程度、职业阶层与学生是否补习显著相关,社会经济地位占明显优势的家庭,孩子补课的比例突破了90%(杨雄、陶希东等,2018:106—108)。目前正在补习英语和数学的法律孤儿婷婷就告诉我们:"我在我们班算是补得最少的。他们都要补文言文、毛笔字,什么都补。"可见,课外补习是学校教育之外的一种非正式教育,在学生学业发展中扮演着"补差"和"提升"的重要作用。因此,萱萱的表舅提出,国家应该在课外补习方面给予法律孤儿适当照顾:

在生活方面,我们的家庭条件基本上是可以的,不可能让她过苦日子,多养一个小孩没有问题。因为她有个低保,街道也有一些补贴。我们最主要的困难就是她学习上的问题。如果要给我一些帮助的话呢,就要解决一些实际的问题。(她)现在还小,才一年级、二年级,但是再往上呢,学习辅导的问题,这个很重要的。每天如果有两个小时的辅导,那她的学习成绩就可以保证。我建议呢,国家对于这样特殊的孩子,找一些专家,每周抽一两天的时间,做一个补习功课或者作业上的指导、学习上的指导,这些其实就是对我们的支持。我说的这些也不是没有道理的事,你说是吧?合情合理的。(XXF1, 2017.7.19)

萱萱的表舅坦言,虽然目前家里经济状况还过得去,但自己的女儿也即将升入高中,同时要负担两个孩子的教育支出确实压力较大。他在法律意义上并没有抚养萱萱的责任,接过这个重担纯粹是出于亲情,如果因此而削弱他的家庭经济状况,似乎也不合乎情理。因此他认为,由国家来为法律孤儿提供学习方面的辅导是完全合情合理的要求。

## 二、课外兴趣拓展机会匮乏

受制于有限的家庭经济能力,法律孤儿不仅在学业上处于不利地位,他们拓展兴趣爱好的机会也十分匮乏。在我们所接触的法律孤儿中,不少孩子都表露了对舞蹈、音乐、美术等方面的学习愿望，一些孩子已经展现出很好的艺术潜质。但大多数孩子只有在学校举办的兴趣小组或艺术活动中才偶尔有展露才华的机会。在学习以外的时间，他们不能像许多同龄人一样参加各种兴趣班的学习。燕子喜欢画画，她恳求爷爷给她报个绘画班，却没有得到同意。爷爷解释说："我没有钱，我还要做手术。人家报班有车子接，我又没有车子，又走不动。"(YZF1, 2017.8.12)嘉余和嘉欢想和班里同学一起参加学校组织的暑期夏令营，也由于花费太高没能成行，对此，嘉欢还耿耿于怀：

嘉欢外婆：他们学校放暑假有活动的，一个是去青浦三天，要 1 290 元，另一个是 1 590 元，去浙江的。我说，这个钱够我们 3 个人去了，一个人要 1 590 元，太贵了。后来他们就没去。

嘉欢：但是人家还有一大堆活动啊，人家那个住的是五星级宾馆。

嘉欢外婆：他们没去，同学去了。后来他们说下次也要去。我说，你们要考虑考虑钱。现在他们也知道了，到超市去，看到黄牌子的(打折)，就可以买。这个不买，下次等黄牌了再买。(JHC, 2017.10.14)

由于缺乏拓展兴趣爱好的机会，孩子们只好待在家里用看电视、上网、打游戏来打发业余时间。尤其是在周末和寒暑假中，没了学校的管理和老师的监督，不少孩子整天上网玩游戏，久而久之就深陷其中，生活昼夜颠倒，不仅影响身体健康，对课业学习也失去兴趣。在和我们的谈话中，阳阳毫不掩饰自己对玩 CS 的痴迷：

研究者：你暑假怎么玩？

阳阳：就在网上玩 CS。

研究者：除了打游戏还喜欢玩什么？

阳阳：也说不出来别的，因为也没什么朋友玩，也不认识，不出去玩。

研究者：你踢球吗？

阳阳：不踢球。体育还是比较少。就玩电脑。

研究者：看课外书吗？

阳阳：以前会看，现在好像并没有那么多时间。主要时间还是玩游戏了。

研究者：一般一天能打几个小时？

阳阳：要看。如果状态好的话，能打个整夜。如果说比较困的话，打两三盘就睡了。

研究者：平时上学的时候也这样吗？

阳阳：也就是那样。（YYC，2017.7.13）

阳阳应该是这些孩子中最沉迷于网络游戏的一个。除了玩游戏，他对其他的一切似乎都不感兴趣。尽管他也略微悔恨自己小学时没学好英语，使得自己玩国外的网络游戏时极为不便，但当研究者鼓励他现在开始学英语也不迟时，他立刻为自己找到了借口："临时抱佛脚，打（游戏）之前上百度翻译一下，能用就行！"阳阳的案例虽然有些极端，但它在一定程度上却反映了法律孤儿生活中的一个恶性循环：家庭社会经济地位的弱势使得他们缺乏拓展积极的、健康的兴趣爱好的机会，从而形成一些消极的、不健康的兴趣爱好。当这些消极的、不健康的兴趣爱好逐渐固化为他们的习惯和行为方式时，他们对那些有益于身心健康的活动的兴趣就会进一步地削减，甚至丧失。

## 第三节　羞耻的秘密与身份焦虑

### 一、"不能说的秘密"

欧洲、美国和澳大利亚的相关研究都发现，实际抚养人往往会出于种种原因（如为了保护孩子或自己难以解释清楚等）向孩子隐瞒其父母服刑的事实（Smith & Gampell，2011：25）。在本研究中，大多数父母都是在孩子年幼时就入狱服刑或进了戒毒所。当孩子渐渐长大,自然而然会萌生关于父母的诸多疑问。对于法律孤儿的实际抚养人而言,面临的最大问题就是不知如何向孩子解释其父母的去向。在孩子的不断追问下,他们要么搪塞敷衍,要么编造善意的谎言。一再地回避和遮掩反而提示孩子这是一个令人鄙夷的、难以启齿的秘密。当最终证实自己的怀疑后,他们便迅速明白这是一个"不能说的秘密"。他们只能背负这个巨大的秘密,无处倾诉,唯有默默承受。

8岁的燕子是个性格活泼开朗的小女孩。从她懂事起,爷爷奶奶就告诉她,爸爸妈妈都在苏州工作,非常忙,不能天天在家陪她。实际上,在苏州工作的"爸爸妈妈"是奶奶的外甥一家。随着燕子慢慢长大,她想见爸爸妈妈的愿望就越发强烈。为了让这个谎言显得更加真实,奶奶偶尔会抽空带她去苏州的"家"里小住一段时间。但这仍然不能解决燕子的疑惑,她头脑中的新问题接踵而至,例如:为什么我既没有跟"爸爸"姓,也没有跟"妈妈"姓?为什么"爸爸妈妈"家还有一个小弟弟?为什么这个弟弟可以和"爸爸妈妈"住在一起?层出不穷的新问题让爷爷奶奶难以回答。但即便如此,爷爷奶奶仍然坚持不告诉燕子事情的真相,认为"不能让她知道,等她大了,再慢慢让她知道"。

2015年,燕子的父亲出狱了,回家住了一个月,随后就搬了出去,后来又再度入狱。在这短短的一个月中,燕子终于明白,这才是她真正的父亲。但她心中的诸多疑问都没有得到解答。回家后的父亲基本不和她交流,她也不敢向这个从未见过的父亲提出任何问题。对于爷爷奶奶的隐瞒和欺骗,她并没有戳穿,而是把所有的疑惑都埋在心里,再也不提。对于谎言穿帮之后的结果,爷爷奶奶这样说道:

燕子爷爷:她爸爸上次回来一个月,一个月就走了。……他的情况,吸毒啊什么的,她不是不清楚,她放在心里,隐隐约约都知道。

燕子奶奶:她就问我,为什么我有两个爸爸一个妈妈?我就说,你不要问了，这些事情你不要管，我也不知道。

研究者：她现在还会问这些吗？

燕子奶奶：现在不问了。我外甥一直在打电话叫她去苏州玩，她跟人家说，她今年没空去了。

燕子爷爷：她现在基本上有一点知道，但是语言上不说了。（YZF1，2017.8.12）

即使事实已经摆在眼前，燕子的爷爷奶奶还是没有亲口说出真相，更没有和燕子好好地沟通交流。他们惧怕孩子的追问，一厢情愿地认为燕子只是"隐隐约约知道"。但实际上，燕子早已明白了一切。在我与燕子的聊天中，她主动提到了爸爸。她抱怨说："爸爸在家总是打电话，很多电话，没时间陪我。"（YZC，2017.8.12）当我继续问下去时，她马上意识到自己并不愿意深入地谈论这个话题。于是，她翻箱倒柜地找出一本相册，让我看看她和"爸爸妈妈"的照片。这些照片都是她每次去苏州时和"爸爸妈妈"拍摄的。从这里开始，她便用孩童天马行空的想象力把两个"爸爸"的故事混在一起说给我听，她讲述的时候还是那么轻松活泼，似乎这些故事真的发生在同一个人身上一样。

## 二、从疑惑到冷漠

孩子对父母总有美好的想象，当他们发现自己的父母竟然是为正常社会所不容的犯罪分子，是"坏人"时，这种美好的想象便完全破灭，取而代之的是巨大的心理落差。尤其是那些经历过探监的孩子，当他们见识了管理森严的监狱和冰冷的铁窗之后，最初想要寻找父母、和父母见面的热情就逐渐消退下来。在我们访谈的孩子当中，所有人都明确表示不想去监狱探视父母。智浩的奶奶所讲述的其探视父亲的经历很具有典型性。

他是2005年出生，半岁的时候他爸爸就进去了。上幼儿园的时候，他就跟我吵，说看到人家是爸爸妈妈来接的，怎么他没有爸爸妈妈来？我们一直没跟他讲他爸爸的事情,什么时候出来也不跟他讲。后来就让他自己去看。每个月去看一下,看了有三四次。……有一次,他要到他(爸爸)身边去。因为是打电话,他不高兴隔着玻璃。警察不让他过去,他硬要过去,要冲过去。他爸爸说:“你不要过来,等时机到了我出来。”他就问:“你为什么不回去? 你跟我一起回去和我搭积木啊! 你为什么不能出来?”爸爸说:“我还有一堆活要干,不可以出来。”他说:“为什么不可以出来? 人家都有休息(时间),你没有休息(时间)的?”后来呢,他自己就懂了。上小学的时候,有一回他问我:“我爸爸什么时候进去的? 因为什么事情进去的?”我也不知道怎么说,就说:“你爸爸做了不允许做的事,就被抓进去了。”他问:“判了几年,什么时候出来?”我说:“什么时候出来要看他表现,表现得好就早点出来。”他听了之后就不响(不说话)。(ZHF1, 2017.10.15)

经过几次探视,智浩完全体会到了父亲是罪犯这个残酷的真相。因此,在探视了几次之后,智浩渐渐地不再想去了。父亲从监狱寄来的信件,他看过后便放进抽屉,从来都不回信。这种从困惑到冷漠的经历,对于曾去监狱探视父母的法律孤儿来说可能是大体相似的。王君健等人的研究认为,探视制度的非人性化设计使得法律孤儿从进入监狱等待探视的时刻起就开始感受歧视、羞辱和尊严的丧失(王君健、寇薇,2013:47—48)。来到监狱,他们首先要严格按规定提交各项证明材料,才能办理探视手续,在进入候见区之前,监区民警会对他们的身体和随身物品进行安全检查。和父母的会面是在一个特别的房间里,两人对视而坐,中间隔着一层透明的防暴玻璃,以面对面电话通话的方式进行。整个过程中,孩子无法和父母有任何身体上的接触,还要一次次地目睹父母在国家暴力机关中被关押、管束、完全失去人身自由的境况。

罗森伯格(Rosenberg)指出,限制儿童探视服刑父母的因素主要包括:地理距离,交通和经济方面的障碍,缺乏对儿童友善的探视环境、惩教人员的苛刻和不尊重对待,等等(Rosenberg, 2009)。我们的研究发现,目前监狱探视制度的一些具体规定确实对儿童与服刑父母的接触造成了阻碍。[①]根据《监狱法》第40条的规定，罪犯在服刑期间，按照规定可以会见亲属、监护人。罪犯会见一般每月1次，每次半小时至一小时。按照上述规定，法律孤儿每月都有去探视的机会。但实际上，所有对父母入狱知情的孩子去探视的次数都非常有限。除了上述在探视时承受的心理压力以外，还有两个客观的原因：

一是路途遥远。上海的监狱大都设在远郊，如宝山、青浦、松江等行政区内，这些地方通常没有地铁，乘坐公交车也极不方便；还有一些监狱设在外省市，如设在安徽的白茅岭监狱、设在江苏的吴家洼监狱等。另外，还有一些罪犯在新疆等地异地服刑，要求法律孤儿和抚养人长途跋涉去探监，无论是从时间、精力上，还是经济条件上而言都是不可能的。即使是在本地服刑的罪犯，如果法律孤儿想要见上一面，也需要转乘好几趟公交车和地铁，路途中耗费很长时间，孩子和抚养人都疲惫不堪。

二是探视时间与工作、上学时间的冲突。监狱规定，会见服刑人员的日期必须是工作日，周末和节假日不予探视。而学龄儿童和实际抚养人一般则只在周末和节假日有空。好几位抚养人都提到，由于孩子的学习任务很重，实在没有时间再去探监了。

一般认为，良好的亲子关系对于儿童的成长发展和家庭的稳定性极为重要，因此许多针对法律孤儿的救助服务都是通过父母亲职教育、亲子活动等方式来帮助孩子和父母接触和沟通，从而达到建立、维持和加强亲子关系的目的（The Annie E. Casey Foundation，2011）。由于探视制度的不友好所带来的心理压力，以及时间、距离等客观原因，法律孤儿探视父母的机会非常有限，父母在法律孤儿的成长中逐渐成为“陌生人”，这显然不利于良好亲子关系的建立和维持。然而，亦有研究发现，探视是否有益与父母入狱前

① 有关上海监狱探视规定，可参见上海市监狱管理局：《罪犯会见的条件和程序》，https://jyj.sh.gov.cn/jyw/n13/n41/u1ai4244.html。

与子女的关系质量有很大关系，如果父母在入狱之前与孩子关系良好，那么探视可以保持孩子对父母的依恋，并有助于父母出狱后顺利地与孩子恢复积极关系；如果父母入狱前与孩子关系不佳，那么探视并不足以促进积极关系的建立（Folk et al.，2012）。还有研究发现，探视对于儿童而言是有益还是有害，可能还与儿童的特定年龄段或成长发展阶段以及孩子是否看见父母被捕等因素有关（Shlafer et al.，2013）。总之，在什么情况下应鼓励儿童探视服刑父母、应采用何种方式探视服刑父母，还需要进一步的研究来厘清。

## 三、“罪犯子女”的身份焦虑

对于法律孤儿而言，“罪犯子女”是他们无法选择也无法摆脱的身份。这个身份如同一枚隐形炸弹，随时可能扰乱他们平静的生活。尽管他们的实际抚养人会采取各种各样的方式来应对外界可能产生的歧视，但孩子的身份焦虑仍然普遍存在着。法律孤儿的实际抚养人对于周遭的人际网络大致有三种不同的应对方式：

一是详细告知。这种做法一般是针对有着官方或半官方背景的正式组织的工作人员，如街道和居委会干部、警察、学校教师、福利机构等。这些人员本身就具有调查、核实法律孤儿生活情况的责任，已经知悉或有渠道知悉法律孤儿的部分情况。因此，在法律孤儿的实际抚养人看来，没有必要对他们隐瞒。更重要的是，这些机构掌握着相关的救助和福利资源，详细地、如实地告知法律孤儿的家庭情况也是获取资源的必要条件。不过，对正式组织成员的详细告知，往往也潜存着引发法律孤儿身份焦虑的风险。智浩的奶奶向我们回忆了幼儿园老师的一句话引发的故事：

（幼儿园）大班快毕业的时候，还有一周就要毕业了。有一天，他从幼儿园回来之后，叫我给他妈妈打电话，说要叫妈妈来。他说：“奶奶送了我好几年了，妈妈也要送一送。”电话打过去，他妈妈答应再过一个礼拜就来。他非要叫我跟妈妈讲，叫她今天一定要来，明天早上送他去上幼儿园。我问他："为什么？妈妈不是答应过一个礼拜就来了吗？这么突然总归有什么原因啊！"他不肯说原因，只说："不行，反正叫她今天一定要来，明天一定要送我上学。"……（后来）我去接他放学的时候，另外一个接孩子的奶奶跟我说："你年纪也大了，自己要注意身体。我们家有个亲戚，也是进去了。"我心里想：她怎么会知道这个？原来是她的孙女跟她说的。（当时）小朋友都在外面玩，唐老师说该进去了，就只有智浩没有进去。唐老师就说："你这么不听话，怪不得你妈妈不要你！"这样我才知道，他叫他妈妈去送他，是要跟唐老师说他有妈妈。（ZHF1，2017.10.15）

在我们的访谈中，抚养人都表示会把孩子的家庭情况告诉学校老师，希望老师因此能对孩子给予更多的关心和照顾。从他们的反映来看，大多数老师在知道这种特殊的家庭情况后都会特别关照，注意从积极正面的角度去引导孩子。不过，智浩的案例表明，当法律孤儿表现出调皮、不听话的情况时，部分老师有可能会将孩子的行为问题归因到孩子的身份上，从而引发法律孤儿的身份焦虑。

此外，近年来政府对困境儿童保障问题极为关注，相关政府部门和非政府组织积极开展调研、走访、慰问、献爱心活动，在一定程度上也会引起法律孤儿的身份焦虑。这些活动虽然本意良好，也有助于有关部门了解法律孤儿家庭的问题和需求，但却常常带有一定的"仪式性"，如要求拍照、询问孩子学习情况、询问服刑人员的犯罪类型和刑期等。每一次的到访，都会给那些心理敏感的法律孤儿增添无形的压力。事实上，我们的研究过程也存在这种风险：一些性格比较内向的孩子会小心翼翼地回答我们的问题，生怕说错了话；胆子比较大的孩子会直接挑战我们，如阳阳就曾不屑一顾地说："学校的话题没什么好聊的，聊来聊去都是那几件事情。你学习怎么样？你压力大不大？以前有人跟我聊，我也不会刻意去回答，敷衍敷衍就过了。"（YYC，2017.7.13）频繁登门和不恰当的访谈还会引起一些家庭的反感，我们在联系访谈对象时就曾遇到这样的情况：一位法律孤儿的抚养人听说我们想去调研便直截了当地拒绝了，原因是之前有人去访谈过他们，而那次访谈让孩子非常不开心。

二是避而不谈或含糊其词。在非正式的日常交往中，为了保护孩子的心理不受到伤害，实际抚养人大都不愿意向别人谈起自己的家庭情况。小洁的外公告诉我们，每次当邻居问起孩子父母的情况，他就“只好保持沉默，装傻”。在我们去拜访萌萌的那天，一进电梯就碰到了与萌萌同住一幢楼的老邻居。她一看我们的模样，立刻就敏锐地猜出我们是去萌萌家，便热络地对我们说起萌萌的情况来。当我们把这一偶遇告诉萌萌的抚养人张阿姨时，她明显对这位邻居的做法很不满意。她说：

以前邻居都不理解，现在他们也都理解了。以前我们在小区里散步，有人看到了就说：“萌萌，你以后不要忘记这个‘妈妈’啊。”今天这个人说了这个话，明天我就去找她，叫她不要说这个话。你说了这个话，把这个事情又提起来，(对)人家小孩有伤害的。以前学校来家访，说要拍什么照，我也说不需要不需要，不要把这个事情在小孩面前提起来。(MMF1，2017.8.12)

尽管有家人的保护，但在相熟已久、互动频繁的小区中，法律孤儿难免遭遇邻居的背后议论。在我们的访谈对象中，原本对父母去向并不知情的小洁、婷婷、智浩和燕子都是在别人有意无意的透露下才知道事情的真相，从而被动地接受了“罪犯子女”这一具有羞辱意味的身份。

三是隐瞒真相。在面对法律孤儿的同辈群体时，法律孤儿的抚养人通常会教导孩子隐瞒真相。由于担心孩子会被同学、玩伴瞧不起，抚养人还会帮助孩子编造谎言。例如，平时萌萌把年近60的张阿姨叫做妈妈。开家长会的时候，别的小朋友问她：“你的妈妈怎么这么老啊?”张阿姨就教她回答：“当然啦，我上面还有哥哥姐姐呢，我是第三胎，我妈妈都当外婆和奶奶了。”一直独立抚养嘉余和嘉欢姐弟俩的外婆对此也有经验，她说：

同学不知道，只跟老师说过。不能讲的，讲了人家肯定看不起，我还专门跟老师说过这个事。当时小的时候(有同学)问过,去上学的时候,人家问:“你妈妈呢?”我就回答:“妈妈在外地工作。”所以他们同学都知道,他们的妈妈在外地工作。……有时候同学来家里玩,问:“你妈妈怎么不在?”他们就说:“我妈妈(上)夜班”。他们知道的,我跟他们说过,他们不会说的。(JYF1, 2017.10.14)

同辈群体是儿童社会化的重要环境,同龄伙伴的认可和接纳对于儿童安全感的建立以及成年后的社会交往都有积极的作用(帕森斯,2009:425—429)。反之,如果儿童受到同辈群体的歧视和排挤,他们出现自卑、退缩、厌学等消极情绪和行为的可能性就大大增加。因此,在现实生活中,抚养人都尽可能地避免让法律孤儿的同学知道他们的身份。

## 第四节 儿童抗逆力

虽然法律孤儿及其家庭面临着教养、学业和心理等方面的诸多困境,但其中少数法律孤儿也表现出了超越其他法律孤儿,甚至超越一般同龄儿童的能力和特质。例如,由于在缺乏父母的保护和照料的环境中长大,一些法律孤儿形成了较强的独立自主意识和生活自理能力,在必要时还能成为抚养人的帮手,这在以下几位抚养人的陈述中均有提及:

智浩奶奶:他(智浩)幼儿园的时候就自己洗澡,2 岁就可以自己洗澡。他说我们眼睛看不清楚,他就自己洗。……三年级开始自己去上学,不用送了。开始是走的,后来那个书包重,就买了自行车。……早上自己可以弄饭菜。小学四年级就会自己弄了。煮点粥啊,下点面条,做点米饼都会的。(ZHF1, 2017.10.15)

嘉余外婆:前年我脚扭伤了不能动,她(嘉欢)烧(饭)的啊。我跟她说了,炒菜炒蛋烧菜饭,都是她烧的。……后来学校有烹饪课,她学了一点。

现在牛排也能煎。(JYF1，2017.10.14)

张阿姨:这次我发烧发了5天,小女儿(萌萌)就起作用了。她陪我到新华医院,她就去挂号啊什么的,都是她去弄的。(MMF1，2017.8.12)

尽管自己亦身处逆境,一些法律孤儿仍表现出难得的同情心,不吝向弱者伸出援手。小华的抚养人沈阿姨向我们讲述了小华在福利院"偷"食物分给其他孩子吃的故事:

她在福利院的时候,比较健康的孩子跟不健康的孩子,在各方面肯定是有一点点区别的,对吧? 每过一段时间有好心人会来看她们的。好心人的东西放起来,她晚上就把好吃的东西全偷出来,给这种弱智的小孩。因为他们没得吃,她就偷去给他们吃,她自己没吃。"偷"这一个字形容在一个孩子身上,听起来好像是很难听的,人家会觉得:哎哟,那个小孩偷东西。但是,我觉得虽然行为是不好,但她毕竟是个孩子,她不知道这个事情怎么处理。(XHF1，2017.7.17)

对于小华为什么会有这种助人的举动,沈阿姨是这样解释的:

在福利院长大的孩子,她知道怎么去博得你的欢心。其实这个就是她在福利院成长的一种结果。一般在正常家庭,像她(指沈阿姨侄女)就不会做出来的,就是在温室的小花朵。在福利院长大,她要有自我保护意识。我要怎么去讨你的欢心,我要你怎么对我好,有这种心态出来了,所以才会造成她现在这种状况,那么对她来说也是很好的。(XHF1，2017.7.17)

作为同辈,沈阿姨的侄女连用了"酷""热心肠""仗义"几个词来形容小华的性格。她说:"我觉得蛮酷的。在我这种年龄的话,我是绝对不会像她这个样子。她这么小的年龄嘛,就有那种热心肠,而且天不怕地不怕的,非常有主见。她有的时候出去买东西还会想到我,会给我带很多东西,我就特别感动。她特别仗义,我觉得这种性格特别好。"(XHF2，2017.7.17)小华是研究中为数不多的几个对父母和家庭情况了如指掌的孩子,她在讲述自己的经历时的那份坦然给研究者留下深刻印象,这与她开朗坚强的性格不无关系。

儿童抗逆力(resilience)研究发现,在遭遇了创伤性事件的儿童中,有一些儿童并未被逆境击倒,而是能够克服危险或逆境,取得预料之外的成功。他们之所以能在逆境中回弹(bouncing back)或适应(adaption),是受到保护性因素作用的结果。保护性因素主要可以分为三类:(1)个体因素,即智力、应对能力和性情;(2)家庭因素,包括高度的家庭凝聚力、家庭支持、家庭礼规或家庭模式的存在;(3)家庭以外的环境性保护因素,包括可获得的社会支持、社区聚力以及居住区的安全。这三类保护性因素发挥了补偿和缓冲效应(compensatory and buffering effects),起到保护儿童的作用(瑞启曼,弗瑞瑟,2007:4—6)。可见,虽然法律孤儿及其家庭面临着教养、学业和心理等方面的诸多困境,但他们的生活中还是存在着一些保护因素。它们通过各种形式和渠道为法律孤儿提供帮助,不同程度地缓解了抚养人的压力。

本章分析了法律孤儿在父母服刑或戒毒期间所遭遇的主要问题。研究发现,法律孤儿的生活困境是其家庭困境的集中体现。法律孤儿在心理、行为、学业等方面出现的问题与抚养人的身心状态、教养能力、权利意识以及家庭社会经济地位紧密相关。

父母的服刑或戒毒导致法律孤儿的生活环境发生两个基本变化:抚养人的调整和"罪犯子女"的身份标签。在多数情况下,法律孤儿的祖辈被迫担任代理父母,成为隔代教养家庭。祖辈的健康状况不佳、家庭教育的能力不足以及权利意识缺乏等局限而对法律孤儿造成不同层面的影响。家庭社会经济地位较低也限制了法律孤儿提升学业成就、拓展兴趣爱好的可能性。最后,无论社会文化、监所制度,还是抚养人本身都没能恰当地对待"罪犯子女"这一身份标签,从而引发法律孤儿的心理压力和身份焦虑。

我国现行法律孤儿救助政策偏重于经济保障,对于法律孤儿及其所在家庭在子女教养、学业发展和心理支持层面存在的专业性、服务性、发展性的需求，政府尚未做出有效的制度安排。尽管抗逆力在少数法律孤儿身上有所体现，但由于得不到必要的支持和服务，亲子冲突、心理压力、学业不良的问题在法律孤儿中普遍存在。

# 第七章
# 父母返家之后:新的风险与隐忧

父母刑满释放或戒毒期满后回归家庭,其子女作为“法律孤儿”的身份就自然解除。在本研究所访谈的法律孤儿家庭中,有 5 名服刑/戒毒人员已经返家。本章考察了刑满释放或戒毒期满后的父母对子女的经济支持、生活照顾和情感联系状况,分析父母归来为法律孤儿的生活所带来的新的风险,并指出当前有关儿童监护权的法律框架在应对父母归来后法律孤儿监护问题时存在的不足。

## 第一节　就业动力不足与福利依赖

刑满释放人员或戒毒期满人员回归社会后,首先面临的就是如何安身立命、维持生存的问题。诸多研究指出,他们由于有服刑或吸毒的经历而受到职业市场的排斥,缺乏正常的求职渠道和就业机会(Visher & Travis, 2003;莫瑞丽,2010;许玉镇、孙超群,2018)。本研究无意赘述服刑/戒毒经历对重新就业和工作造成的阻碍,而是将关注重点放在这些父母回归家庭对于子女生活的影响。我们发现,由于父母没能就业,他们的回归不但没有令子女的基本生活得到改善,反而有使孩子的生活重新进入经济不稳定状态的风险。

## 一、“零就业”现象与经济、居住质量的下降

按照《关于加强困境儿童保障工作的意见》的要求,对于服刑人员、强制隔离戒毒人员的缺少监护人的未成年子女,执行机关应当为其委托亲属、其他成年人或民政部门设立的儿童福利机构、救助保护机构监护提供帮助。在这项政策的庇护下,本研究中的每位法律孤儿在父母服刑或戒毒期间都落实了替代监护人。担任替代监护人的大多数是法律孤儿的祖辈或其他亲属,少数是其父母的朋友、邻居。从经济状况来看,这些替代监护人都有长期固定居所,且拥有退休金、工资、房屋租金等稳定的收入来源,加上法律孤儿享有的低保金及其他针对困境儿童的补贴,足以为法律孤儿提供比较充分的物质生活保障。但当法律孤儿的父母刑满释放或戒毒期满回归家庭后,这种原本较为舒适的生活状态便被打破,家庭经济状况和居住条件都变得更为紧张。

本研究中5名父/母回归家庭的时间从半年到两年不等,但他们无一例外地都没有就业。昊昊的爸爸就是这样一个典型的例子。5岁那年,昊昊的父母离婚,妈妈回了四川老家,从此没再来过上海。不久后,爸爸因为故意伤人罪被判入狱服刑,昊昊便只好跟随爷爷一起生活。由于奶奶早逝,爷爷独身一人,虽然年事已高,健康状况也不佳,但自己有一套小房子,每月还能领3 000多元退休金,加上昊昊每月的低保金,爷孙俩在经济方面并没有太大困难。但情况在昊昊的父亲出狱后发生了改变:不知是出于身体原因还是个人情感的原因,爷爷不愿意再继续帮儿子抚养孙子了。①作为法定监护人,昊昊的爸爸理所当然地要承担起抚养孩子的责任。如此一来,昊昊的生活条件便急转直下。

首先是经济状况明显变差。我们约好在一个星期二的下午拜访昊昊的

① 对于原因,昊昊的父亲始终含糊其词,他一会儿认为是因为爷爷有心脏病,一会儿又说是因为爷爷交了一个“女朋友”,要负担对方生活,因此不肯继续抚养昊昊。

家，到达时，昊昊的爸爸正在隔壁邻居的麻将桌边观战。显然，他没有工作，父子俩就靠两份低保金生活。在访谈过程中，他不时地向我们抱怨自己没有收入，生活拮据，自己的父亲和妹妹都不肯拿钱出来接济自己和孩子。这令我们感到十分不解，因为在我们看来，他才40多岁，身高1米8左右，身强力壮，说起话来滔滔不绝，找工作对他来说应该不算难事。对于自己不去工作的原因，昊昊爸爸这样解释：

现在我怎么走得开呢？带着个小孩。我要上班的话，最起码要等他还要再大一点。现在是10岁，在上小学呀，现在小孩都是接送的。你叫谁去接啊？爷爷这个年纪，又心脏病。所以现在我也在头疼这个问题。现在也没办法啊，只能等再稍微大一点。等读了初中，他自己能去学校了，那么我就走得开了。……一个是走不开，二是你现在也没地方去。我去问过（街道）的，一个保安（工作），还要排队等着。你要么认识人，认识人（的话），位置空出来他就先让你去，认识人就有这点好处。不认识人，你就一直等，等，等。（HHF1，2017.7.18）

昊昊爸爸把自己不去找工作的原因归结为两点：一是要接送小孩走不开；二是街道没有现成的工作可安排。这两点理由看似合情合理，但其实都十分牵强。昊昊和我们单独聊天时提到，爷爷经常去接他放学，这就说明昊昊爸爸并非像他所说的那样完全走不开。在我们的追问下，昊昊爸爸也承认，自己在听说区区一个保安工作还需要排队后，就立刻放弃了在街道登记再就业需求的想法。后来，他托人帮忙找了一份不用上班就能领工资的"完美工作"，但最终遗憾地与其失之交臂：

昊昊爸爸：本来呢，我托了个朋友，不要去上班的，就是天天在家里领工资，结果等等等等等，等得黄掉了。

研究者：哪有这种班啊？

昊昊爸爸：那个家伙，他徒弟是里面的总经理，叫我一直等等等等等，今年说明年，明年说后年。好了，到了最后一年，通知你上班去了，又出事情

了。(那个人)被抓起来了。你说，这个人真的是坏。(HHF1，2017.7.18)

在交谈中我们发现，昊昊爸爸之所以没能就业，真正的问题并不在于工作时间与接送孩子的时间存在冲突，而是他根本就没有去“找”工作。实际上，自从高中辍学后，他就没有上过一天班：“一直没工作，我又没有上过班。那个时候怪了，到处去面试，都面试不成功的。倒怪得不得了！好了，后来索性就不去了。”说起自己的未来，他显得忧心忡忡：“工作嘛肯定要做的，你不做，以后退休怎么办？生病了医保都没有的。对吧？反正这个事情……哎呀！不谈！”但当我们建议他先去街道登记个人信息，看看街道能否帮忙介绍工作时，他却对街道推荐的工作岗位嗤之以鼻：“随随便便三四千块的工作能去做吗？”(HHF1，2017.7.18)

与昊昊爸爸的情况相似，其他几位已经出狱或戒毒期满的家长也存在就业动力不足的问题。阳阳的爸爸曾找到一份在医院做清洁工的工作，但他最终没有去做。原因是“早上 4 点多钟就要上班，工资又很低，除去三顿饭钱、公交车费以外，和拿低保的钱差不多”。他还担心“我现在 50 岁了，身体也不是很好。万一去做工，做出来个病什么的”。(YYF1，2017.7.13)嘉余的妈妈也曾经有一个工作机会，是“在人家开的旅馆做前台登记的”，但她因为“身体不好，一个头疼，一个胃疼”，也放弃了(JYF2，2017.10.14)。另外两位家长——婷婷的爸爸和小允的爸爸则似乎根本没有考虑过找工作的问题：前者在大家庭的庇护下，吃穿不愁，以打麻将度日；后者则动辄向父亲要钱，甚至叫嚣：“你现在给我钱花，我会感谢你。你不给我花，将来你死了，钱也是我的，那时候我不会感谢你！”(XYF1，2017.7.21)年迈的父亲对此毫无办法，只能有求必应。

对于昊昊而言，除了家庭经济条件变差之外，他的居住条件也迅速恶化。搬离爷爷家后，昊昊爸爸与另外两户人家合租了一个三居室的老式公房。这个房子名义上是租来的，实际上是街道居委会为贫困户提供的安置房，每月只需缴纳 500 元租金。据昊昊的爸爸说，同样的房子租金市场价在

1 000 元左右。昊昊和爸爸住在其中一个约 15 平方米的房间里，与别人共用厨房和卫生间。这个小小的房间就是昊昊回家后唯一的活动空间，吃饭、睡觉、学习都在这里。房间里家具屈指可数：一张堆着已经看不出颜色的被子和毛毯的床，一个简陋的带锁柜子和一台电视，一个堆满书和杂物的写字台，一把没有靠背的木头椅子。在持续了两个多小时的谈话中，大部分的时间里我们都站着，因为除了昊昊平时做作业时坐的那把没有靠背的椅子外，这个家里确实找不出第二张椅子或凳子来。

在前两章中，我们已经描述过嘉欢、嘉余姐弟和小允的居住状况：嘉欢、嘉余姐弟俩与外婆、妈妈 4 个人挤在一个房间，小允家的两居室内则容纳了 5 个人，爷爷奶奶只能睡在客厅。这几个孩子的父母在服刑或戒毒前就没有自己的房产，他们大多数时候在社会上游荡，需要时才回到孩子的祖辈家中落脚。如今，随着孩子逐渐长大，他们的回归使得原本就不宽松的居住条件变得更为紧张了。阳阳的居住情况可能更差——当我们表达想要去他家的愿望时，遭到了居委会工作人员的强烈劝阻："他那（家）里没法说话，去了你连脚都站不下的！"（YYS1，2017.7.13）在居委会工作人员的坚持之下，我们最终没能实地探访他的住处，改在居委会办公室进行访谈。

## 二、社会救助的"负激励"效应与就业帮扶问题

按照我国《监狱法》规定，对刑满释放人员，当地人民政府帮助其安置生活。中央社会治安综合治理委员会等八部委《关于进一步做好刑满释放、解除劳教人员促进就业和社会保障工作的意见》则要求，对城市（含城镇）户籍的刑释解教人员，其家庭人均收入低于当地最低生活保障标准的，各级民政部门应将其纳入当地最低生活保障范围，实现"应保尽保"。这一政策的本意是为刑满释放人员提供基本生活保障，从而帮助和促进他们就业，但其政策结果却存在"负激励"效应。由于低保救助政策的核心是低收入补偿，即实际救助资金数额等于政府救助标准减去申请救助者的实际收入，从而导

致一部分处于劳动年龄阶段且有劳动能力的低保户不愿意就业，因为一旦就业有了一定收入，低保金就会相应降低，直至退出低保（马庆钰、马福云，2016：42）。

本研究中出现的“零就业”现象，也与低保救助政策的“负激励”有关。法律孤儿的父母自返家起就可以享受自己和子女的双份低保救助待遇，这种经济保障在客观上导致他们的就业动力不足。一方面，他们缺乏必要的工作经验和技能，受教育程度低，又有犯罪前科，即使进入劳动力市场，也只能从事低薪工作；另一方面，他们过去就是社会上的闲散人员，习惯了无所事事的生活，对于自食其力，尤其是从事体力劳动难以适应。因此，有了低保作为依靠，他们便得过且过，不再寻求增加家庭经济收入的途径。这种“福利依赖”造成的直接后果，就是他们的孩子只能维持最低生活水平线上的生活，无论是衣食住行的基本生活资料，还是文化和教育等方面的精神生活，都无法得到改善和提升。

当然，本研究中法律孤儿父母的就业动力不足也在一定程度上与社区就业帮扶不足有关。目前，上海市针对刑满释放人员进行就业援助的主要方式是通过公益性非正规就业劳动组织和“万千百人就业项目”来实现托底就业，提供保绿、保洁、保安等就业机会多、技能要求低的公益性劳动岗位，从而使刑释人员能获得略高于最低工资水平的劳动收入，以及医疗、失业、养老等基本的社会保险待遇。昊昊爸爸提到的保安工作和阳阳爸爸提到的保洁工作都属于这一类。有研究表明，在资金、管理和法律保障等方面的诸多限制之下，上述就业帮扶项目最终的就业安置率并不理想（黄越，2008：30—36）。上海针对刑满释放人员就业援助政策的基本思路是通过托底保障来维持社会稳定，对于在基本保障基础上增加就业选择、改善刑释人员工作生活质量方面仍有欠缺（王强，2016：40）。正如阳阳爸爸所说，“工作和不工作差不多”，刑释人员可选择的就业范围狭窄，岗位薪资较低，缺乏足够的吸引力，进而又增强了低保政策的“负激励”效应。

## 第二节 疏忽不周的日常照料

成人对儿童的照料中最基本的一环是衣食住行、生活起居方面的照顾。从这一点来看，两位由服刑/戒毒归来的父亲照料的儿童所得到的照料明显较差。我们来到昊昊家的那天下午，正值夏季中最热的三伏天，当时气温已经达到 38 ℃。一进门，我们就看到昊昊正在一堆厚被子和毛毯中仰面躺着睡觉。他似乎完全没有感受到天气的炎热，还在 T 恤外穿了一件长袖衬衫，下穿一条已经发白的长牛仔裤，只有膝盖上磨出的大洞能透出一丝风凉。① 昊昊家没装空调，天花板上有一把吊扇在缓慢地转动着。昊昊爸爸显然没有对抗高温的耐力——他全程打着赤膊和我们说话，却完全没有意识到儿子的着装是多么不合时宜。此时昊昊并不是在午睡小憩，而是从凌晨 3 点一直睡到下午 3 点。这就意味着他自从头一天的晚餐后就没有再进食。昊昊醒来后，我们担心他肚子饿，而昊昊爸爸却不以为然，并不打算立刻给昊昊弄些食物垫垫肚子。下面一段研究者与昊昊的对话，可以帮助我们了解昊昊从父亲那里得到的生活照料情况：

研究者：你从几点钟开始睡的啊？

昊昊：早上开始睡的。

研究者：作业写完了吗？

昊昊：是抄(写)的。要默(写)的没写。

研究者：是爸爸帮你默还是爷爷帮你默啊？

昊昊：我爸不帮我默。他懒得默。

研究者：你一整个晚上都在抄吗？

---

① 这明显不是当下流行的破洞裤，而是长期穿着后磨破的样子。

昊昊:我没抄。我都累死了。

研究者:你昨天晚上吃的什么?

昊昊:昨天晚上吃了一碗面。

研究者:现在肚子饿吗?

昊昊:饿,我天天都很饿,但我没饭吃。

研究者:那你不会叫爸爸烧(饭)吗?

昊昊:他不烧的。我叫他烧,他不肯。

研究者:为什么呢?

昊昊:(沉默)

研究者:那你饿着肚子呢,怎么办呢?

昊昊:饿着肚子也要做作业,我就算饿死了,也要做作业。

研究者:你每天都洗澡吗?

昊昊:我每天都不洗澡。

研究者:你爸会叫你洗澡吗?

昊昊:我爸不会,只要身体不脏就行。(HHC, 2017.7.18)

这种昼夜颠倒、三餐紊乱的作息状态,对于昊昊来说已经不是一两天了。当我们问到这样的生活状态是否会对昊昊的身体产生不良影响时,昊昊爸爸避而不答,而是以责难的语气反复强调昊昊做事拖拉的坏毛病是这一问题的根源:

天天晚上我布置的作业必须做完,不做完不许睡觉,就这样。昨天晚上做到(凌晨)3、4点钟。……不知道怎么搞的,叫他白天都写好,白天都不做。不是不做,他就在这里不写,停着。我说必须要完成的,我还没有多的作业给他呢,就这么少的作业,学校布置的,还没有从外面拿作业给他做呢。……他就是白天给我慢慢写,我叫他坐在那里不准动,他一会儿又去上个厕所,一会儿又去洗个手什么的,写点字要写一个下午还没写好。(HHF1, 2017.7.18)

为了迫使昊昊改掉写作业拖拉的毛病，昊昊爸爸采用了一种变相体罚的方式：长时间坐着不准动，作业不做完不许睡觉。这种方式非但不能奏效，反而严重扰乱了昊昊的生活作息，影响了学习效率。如果没做完作业晚上就不能睡觉，那么他就只能在白天睡觉。若他在白天睡觉，那么早餐、午餐都吃不上了，下午醒来得早的话还能赶上一顿晚餐。即使熬夜到凌晨，他的作业也仍然没有完成。昊昊告诉我们，他只是按照爸爸的指令坐在那里，但根本没写作业，因为他太累了。就这样，他进入了白天犯困、晚上睡不着、作业永远也做不完的循环，浪费了许多个原本应该睡觉的夜晚在无所事事上。如此看来，昊昊所说的自己经常饿肚子、长时间不洗澡也并非虚假。以他所穿的衣服来看，我们就非常怀疑他最近一次洗澡很可能是几十天前，那时的气温穿着长袖衬衫加长裤才比较合适。但这些都不是昊昊爸爸所关注的重点。当我们问他今天晚上是否还要继续让孩子熬夜做作业时，他反问道："今天啊，现在才起床，你说呢？"（HHF1，2017.7.18）

从救助对象适用性的角度而言，由于父亲已经出狱并承担其监护职责，昊昊就不再具有法律孤儿的身份和受助地位。然而，他不但没有从此过上与一般儿童同样的生活，相反，他的生活质量甚至远不及本研究中的其他法律孤儿。这可能与他是由父亲照料且缺乏其他成人（主要是祖辈）的有力协助有关。例如，同样是由戒毒完成后的父亲独自抚养的阳阳也表示，即使自己整夜打游戏，父亲也不会管他。而其他几位父/母已经回家的孩子之所以仍能得到较好的日常生活照料，乃是因为祖辈仍是实际抚养人，而孩子父/母则几乎不承担具体的照料事务。对此，嘉余和嘉欢的外婆趁送我们出门的机会偷偷地发了如下的一通牢骚：

我说，你的孩子你不管怎么办？起先烧菜都不肯烧。后来我的手（受伤）缝针嘛，她才烧。我着急，我也发火。我原来脾气很好，我现在要发火。她玩手机，也不管小孩怎么样。我说她，她就跟我吵："让他去，能怎么样！"（JYF1，2017.10.14）

可见,即使在父母回家之后,这些孩子也未必能得到充分的日常生活照料。同时,去除了"法律孤儿"身份以后,他们极可能因为不再符合救助条件而脱离救助工作的视线,从而产生不良后果。

## 第三节　冷漠疏离的亲子关系

除了经济支持和日常生活照料以外,亲子间的情感交流与关怀也是儿童养育的重要内容。我们发现,本研究中5位已经回家的父/母与他们的子女之间都存在缺乏情感交流和沟通的现象,孩子们对父/母保持一种冷淡的、疏离的,甚至躲避的态度。昊昊爸爸谈到,昊昊平时不爱讲话,"只有自己一个人的时候,自己讲自己的。"对此,他觉得孩子"跟别人有点不一样",猜测是离婚对孩子造成的影响。事实上,昊昊不和爸爸说话与他简单粗暴的教育方式不无关系。因为在对待昊昊的学习问题上,昊昊爸爸唯一的措施就是体罚:

打嘛,肯定是我实在光火了才打的,一般情况下只要你自觉一点。有的时候叫他读书,他给我拖泥带水,我就光火。……别人管不住他,只有我管得住他。……学校老师讲话他理都不理。老师不跟我告状,老师知道一告状我就要打他的。那怎么办呢?我只好管得严一点。……棍棒下面出孝子,对吧?以前小,我手下留情,现在越来越大了,是吧?我现在再不管,以后再大了我就管不了了。(HHF1, 2017.7.18)

下面一段昊昊与研究者的对话则可以反映出他对挨打的恐惧:

昊昊:我害怕什么,你知道吗?我害怕死。我爸会打我。

研究者:打得那么凶吗?

昊昊:有一次最重的时候,把我头打破了,出血了。

研究者:去医院了吗?

昊昊：没有。就买了点纱布包了一下。（HHC，2017.7.18）

在中国的社会文化情境下，“打孩子”是一种出于好意的管教孩子的方式，国家和社会通常不会加以干预，除非是特别严重的虐待儿童、危害儿童生命的情况，才会引起司法介入和社会关注（乔东平，2012：213—243）。因此，昊昊爸爸心安理得地实施体罚。他自豪地说：“现在小孩都宠的呀，哪能不宠呀？不宠的有吗？你说不出的！有吗？10个里面只有一个不宠，就我这一个，还有9个都是宠的。不是我吹牛的，我不宠他的！”（HHF1，2017.7.18）但是，他没有意识到自己诉诸武力的管教方式使得孩子不敢与他亲近，甚至不敢和他说话。可以预见，如果没有外部干预，他们父子之间这种疏离而又紧张的关系还将持续下去。

如果说昊昊父子之间的关系中充斥着训斥、体罚和管束，那么其他几个孩子与父母之间的关系则可以用冷漠来形容。阳阳爸爸告诉我们，阳阳“有自闭症，什么话都不说”。但真相是，阳阳和完全陌生的研究者单独聊天将近一个小时，其间他表达顺畅，颇有主见，根本不可能患有自闭症。所谓“什么话都不说”只是和爸爸相处时才有的情况。阳阳也表示，他和爸爸“平常生活上没有交流，因为没什么太大的共同话题”。（YYC，2017.7.13）与此相似，小允与父亲之间也形同陌生人一般。在小允六七岁时，爸爸从外面带回一个女人，冲正在房间里玩的小允大吼一声“你出去”，自那以后，小允便没再叫一声“爸爸”，更不会主动和爸爸说话。父子俩关系冷淡到极点，以至于在小允爸爸出狱回家后，小允宁愿和大伯挤同一张床，也不和自己的爸爸住同一个房间。（XYC，2017.7.21）

由于父母有过犯罪经历，又长期不在身边陪伴，孩子或多或少产生了鄙视或愤恨的心理，这也可能是造成亲子关系疏离的原因。在扩大家庭生活的婷婷在评价爸爸和其他家人时表现出明显的差别。对爷爷奶奶，她评价说，“爷爷很爱笑，奶奶也很爱笑”，并表示自己“跟爷爷奶奶最亲。”对于两个姑姑，她说“我大阿姨小阿姨都会弹钢琴”“我不会的题都是大阿姨小阿姨教的”“大阿姨小阿姨带我到外面去玩”。对于自己的爸爸,她的评价则是:“烦死了,唠叨,像老太婆的感觉”“一窍不通啊,5 年级(题目)就不会了。他读到初中,早就交给老师了”“每天在家打麻将”“不同意我学钢琴,说等上大学了再学”“不让我去看电影,说我太小了”,等等。对于爸爸的唠叨,婷婷也发展出自己的应对方式,那就是充耳不闻,“让他唠叨去”。(TTC, 2017.10.14)嘉欢和嘉余姐弟俩对父母的态度也很冷淡。当外婆说起过去父母很少陪伴他们,连逢年过节也不回来时,嘉欢冷冷地说了一句:“陪不陪无所谓,反正只要拿到红包。”我们问她是否想去看还在狱中的爸爸,她不假思索地脱口而出:“不想。跑那么远去干嘛?”(JHC, 2017.10.14)在她说这些话的时候,她的妈妈就在旁边的床上半躺着玩手机。事实上,在我们访谈进行的两个多小时里,她一直在玩手机,除了偶尔大声呵斥孩子不要吵之外,她与两个孩子没有丝毫的交流。

可见,尽管这些孩子现在有了法定监护人,尽管他们与父母住在同一屋檐下,尽管一些父母还会“管教”和“唠叨”,但是孩子与父母之间的情感交流仍然十分匮乏。在相处的过程中,父母往往不在意或不懂得如何与孩子建立情感联系,而孩子则通常选择沉默和逃避。从情感支持的角度而言,这些孩子虽去除了法律孤儿之“名”,却仍保有法律孤儿之“实”,父母的归来并不意味着他们过去所缺失的关爱必然得到了弥补。

## 第四节　儿童监护权隐忧

《民法通则》第十六条第一款规定:“未成年人的父母是未成年人的监护人。”根据这一规定,父母对未成年子女的监护权是基于父母和子女关系而产生的,这种监护权除因死亡、或父母子女关系的依法终止、或监护权被依法剥夺外,任何人不得加以剥夺和限制。因此,只要法律孤儿的父母未被剥夺监护权，即使他们失去了人身自由，也仍然还是孩子的法定监护人，拥有对孩子的监护权。法律孤儿的实际抚养人并不是他们的法定监护人，他们只是受法律孤儿的父母委托暂时代为行使监护职责。在本研究中，所有孩子的法定监护人都是他们的父母。由此引发的问题是：如果这些父母们是屡犯、惯犯，或是监护意识和能力都极为薄弱，他们回家后是否适合继续担任孩子的监护人？

在我们拜访的家庭中，有 5 位法律孤儿的父/母都已不是第一次进监狱或戒毒所。在访谈中，不少实际抚养人都提到了对孩子未来监护权归属的忧虑。他们最为担心的是，如果将来孩子回到父母身边，被父母带上了歧路怎么办？尤其是孩子的祖辈，多年来他们目睹自己的儿女走上犯罪道路，痛恨他们把大好的青春年华都浪费在监狱和戒毒所，但又对此无能为力，只好寄希望于孙儿孙女。他们担心，如果真的把孩子交到他们手中，会不会因为疏于管教或错误示范而对孩子产生不良影响？燕子爷爷的一段话可以说代表了祖辈们的心声：

研究者：她爸爸出来后情况会不会好一点？

燕子爷爷：也挺麻烦的，20 多年了，进进出出，基本上在家里时间少，在里面时间长。19 岁开始，现在 42 岁，这二十几年青春就在监狱。回来顶多一两三个月，马上就进去。有时候戒毒所，有时候监狱。……说老实话，她现在小呢，我们没什么好担心的，真正到 18 岁了，我们负担反而重。对不对？你不知道她走哪条路，是走正道，还是走邪路。现在小孩，社会上五花八门多得很，真的是花花世界，你看她走哪条路？走不好就是歪路，如果她走上正轨道路，我们就好，万一她走不好，走上歪路，那我们的精神就全部崩溃。（YZF1，2017.8.12）

萱萱的表舅和姨奶奶也有类似的担忧。据他们所说，萱萱的外公一家对监狱“熟门熟路，进进出出很多次”，萱萱的妈妈从小就是受到外公的影响才走上了犯罪道路。再过几年，萱萱妈妈将会出狱，而那时萱萱尚未成年，按照法律,作为委托监护人的表舅必须要将孩子送回亲生母亲身边。萱萱的姨奶奶对这个快要到来的现实感到非常忧心:“我们现在就是担心,她(萱萱妈妈)出来以后肯定要来的。像她这样的人能带好这个小孩吗?”(XXF2, 2017.7.19)萱萱的表舅显然早已考虑过这个问题,他对国家目前相关的法律已经做过研究,他说:

这个就是国家制度的问题……监护人还是她爸爸妈妈,虽然在牢里,但人还在,所以监护权还在他们那里。(我们)是委托监护,只是处理她学习啊或者是办一些手续上的事情。……这个小孩从十几个月开始就是跟着我们的,10 多年了。她妈妈到时候来要这个抚养权,她十五六岁,我估计她也不会跟她妈妈走的。毕竟十几年都是跟着我们,对她妈妈一点也不了解。我呢,到时候也不会放手的。因为我估计她妈妈那时候也没有能力来养小孩的。就算到法院,法院应该也要考虑小孩的主观意愿的。……她那个时候如果要去找她妈妈,也没什么。我们付出的,自己心里觉得过得去。(XXF1, 2017.7.19)

我们发现,当下孩子的生活和学习问题给抚养人带来的主要是经济和精力上的负担,而抚养人最大的心理负担则是亲生父母回来后孩子的未来发展问题。当我们谈到孩子的父母将来出狱的话题时,萌萌的抚养人张阿姨马上回应:“最好他不要来找,他要来找,小孩交到他手里,你说烦吧?她妈妈要是给她灌输不好的东西,我就白辛苦了!”(MMF1, 2017.8.12)除了屡犯、惯犯之外,这些父母们大都养育意识淡漠,没有经济能力,缺乏教养经验和技巧。例如,小华的妈妈在上一次从戒毒所出来后就多次与小华发生争吵,甚至把小华送回了福利院,而小华对长期不在自己身边的亲生母亲也没有感情。即便如此,她仍然是小华的法定监护人。小华的抚养人沈阿姨有些无奈地说:“其实说白了,按照目前来说,她如果有什么(事情),最终还是要她妈妈做主的。”(XHF1, 2017.7.17)

在绝大多数人类社会,父母一旦生下孩子便天然地获得了监护人的资格。毫无疑问,让亲生父母担任孩子监护人的初衷是为了让孩子得到最有力的照管、保护和关爱。然而在现实中,父母遗弃、贩卖、虐待、疏忽照管儿童的事件却屡屡发生,这表明父母并不必然是未成年人最佳的监护人。我国近年来已经开始重新审视儿童的监护权问题。2014 年,最高人民法院、最高人民检察院、公安部、民政部联合发布了《关于依法处理监护人侵害未成年人权益行为若干问题的意见》,其中就要求检察院在必要情况下应当以检察建议的方式建议相关部门提起撤销监护权诉讼。该意见还专门指出,被申请人“有吸毒、赌博、长期酗酒等恶习无法正确履行监护职责或者因服刑等原因无法履行监护职责,且拒绝将监护职责部分或者全部委托给他人,致使未成年人处于困境或者危险状态的”,人民法院可以判决撤销其监护人资格。2017 年,新修订出台的《民法总则》又进一步确立了撤销监护权的合法性,并具体规定了适用于撤销监护权的情况以及申请撤销监护权的个人和组织。

尽管国家监护制度已经取得了重大进步,但对于监护监督、监护干预、剥夺监护后的安置等具体内容均没有涉及(姚建龙,2019:8)。根据上述法律和规定,刑释人员和戒毒人员在抚养子女的过程中如果存在实施严重损害被监护人身心健康行为,或怠于履行监护职责导致被监护人处于危困状态的,都可依法被剥夺监护权。但法律规定都是事后的处置,且要求具有相当程度的伤害后果。也就是说,只有当对儿童的危害已经造成后,才能做出剥夺监护权的法律判决。这显然不能减轻本研究中法律孤儿的抚养人的担忧,因为一旦发生问题,其后果便难以挽回。法律对“严重损害身心健康”的界定也较为模糊,尤其是心理和观念方面的不良后果更是难以发现和衡量。可见,在法律孤儿的监护权方面,仅有针对后果的事后处置还不够,应该还要设置事先预防、指导、监督、干预的机制。

本章分析了法律孤儿在父母刑满释放或戒毒期满后面临或将要面临的

主要问题。研究发现，父母返家虽然终止了子女作为“法律孤儿”的身份，但却并不意味着法律孤儿生活困境的结束，反而可能带来新的问题和风险。

通过对 5 个父/母已经刑满释放或戒毒期满的法律孤儿家庭的拜访，我们发现，这些父母们在对子女的经济支持、日常生活照料、情感关怀三个方面都存在明显不足。在现有社会救助政策下，这些父母无一例外地选择放弃就业机会，依靠低保救助来维持基本生活，这不但没有增加家庭经济收入，还使得法律孤儿的物质生活水平和居住条件都大受影响。如果没有祖辈或其他成人的协助，法律孤儿在衣食起居方面仅从父母那里所能得到的照料质量也非常有限。由于缺乏有效的情感交流与沟通，亲子关系呈现疏离状态。

对于父母尚处于服刑或戒毒阶段的法律孤儿而言，他们未来则面临着监护权何去何从的隐忧。现有法律虽然设置了有关剥夺监护权的适用标准和程序，但缺乏事前预防、指导、监督、干预的内容和机制，尤其缺乏对屡犯、惯犯、反复吸毒人员的监护能力的评估和跟踪机制，因此并不能从根本上解决实际抚养人对法律孤儿未来发展的忧虑。

# 第八章
# 法律孤儿社会救助的政策与实践

在传统中国社会，抚育孩子向来是家庭或家族的责任，国家极少干预。新中国成立后，儿童福利事业得到了党和政府的高度重视，国家力量在法律孤儿救助领域中的主导作用也日益突出。本章回顾法律孤儿社会救助政策的发展历程，阐述了现行法律孤儿救助政策的主要内容，并分析了目前我国法律孤儿救助实践中最主要的三种救助模式。

## 第一节　法律孤儿社会救助政策的演进

我国法律孤儿的社会救助政策存在着一个从无到有、逐步发展的过程。从政策法律层面来看，这个过程大致可以分为四个阶段：一是政策法律空白阶段（2006 年以前），国家政策法律中尚未出现明确针对法律孤儿的相关条文；二是受助地位确立阶段（2006—2012 年），国家从政策层面确立了法律孤儿的受助地位；三是试点探索阶段（2013—2015 年）；四是政策细化推进阶段（2016 年至今）。

### 一、政策法律空白阶段

新中国成立以来，党和政府不断加强少年儿童工作，除了在《宪法》《刑法》《民法》《婚姻法》中设置了保护未成年人的规定外，还先后通过了《义务教育法》《未成年人保护法》《收养法》等一系列保护儿童生存和发展权益的法律。但这些法律基本上都是针对所有儿童的普适性规定，除了《监狱法》“罪犯不得携带子女在监内服刑”与法律孤儿略有关联以外，其他法律都没有为保护和救助法律孤儿做出明确规定。

改革开放以前乃至改革开放初期，我国实行的是典型的孤残儿童福利制度，儿童福利的主要对象限于孤儿、弃婴和残疾儿童。自 20 世纪 90 年代起，在世界儿童保护潮流的推动下，我国政府也逐渐重视对各类处境困难的儿童开展保护和救助，但并未将法律孤儿纳入其中。1990 年，为响应世界儿童问题首脑会议通过的《儿童生存、保护和发展世界宣言》和《执行九十年代儿童生存、保护和发展世界宣言行动计划》，国务院妇女儿童工作协调委员会制定了《九十年代中国儿童发展规划纲要》，其中提出要保护“处于困难条件下的儿童”，包括农村的独生子女和女童、残疾儿童、离异家庭的儿童、单亲家庭的儿童、流浪儿童、经济欠发达地区的儿童和家庭经济困难的儿童，法律孤儿不在其列（国务院，1992）；2001 年，为配合东亚及太平洋地区儿童发展部长级磋商会议和儿童问题特别联大的召开，全国妇联牵头组织召开了第一届中国儿童论坛。这次论坛针对困境儿童形成了专题报告，认为困境儿童包括“贫困孩子、受性别歧视的孩子、孤儿、残障儿童、被廉价利用的童工及有精神障碍的儿童”，法律孤儿也不在其中（全国妇联儿童部，2001:25）。

可见，在这一阶段，法律孤儿始终未能进入国家政策的视野。这一方面体现在国家的法律体系中虽有儿童权益保护的普适性法律，但缺乏对法律孤儿保护和救助的专门法或法律条文；另一方面，国家对儿童福利制度安排还局限于孤残儿童，即便是在制定推动儿童福利的相关行动计划和发展纲要时，也没有给予法律孤儿足够的重视。因此，不少研究者认为，国家机关在法律孤儿的救助中长期处于缺位状态，对法律孤儿的救助和保护存在真空地带(张卫英、陈琰,2005;张雪梅,2005)。

## 二、受助地位确立阶段

进入21世纪以后,伴随着我国城镇化进程的加快,流浪儿童、留守儿童、流动儿童等问题日益凸显。尤其是伤害儿童的恶性事件屡屡曝光,冲击社会的道德底线,引发媒体和公众对儿童福利、救助和保护制度的强烈关注和呼吁。在这一背景下,法律孤儿问题也开始引起政府注意,法律孤儿的受助地位得到了政策认可。

2006年,我国政府首次从政策层面确立了法律孤儿的受助地位。当年1月,由中央综治委预防青少年违法犯罪工作领导小组等六部门共同发布了《关于开展为了明天——全国服刑人员未成年子女关爱行动的通知》。该通知要求各级民政部门在服刑人员未成年子女的抚养、监护、教育和管理等方面制定相应的救助政策。同年3月,民政部等十四个部门又联合印发了《关于加强孤儿救助工作的意见》,将孤儿界定为"失去父母和事实上无人抚养的未成年人",在理论上将法律孤儿纳入了孤儿的范畴。不过,这两份文件都只是政策性的意见,缺乏法律基础和具体的操作指引(张丽君,2015)。《关于加强孤儿救助工作的意见》中规定:"对因父母服刑或其他原因暂时失去生活依靠的未成年人,可以依据相关法律规定妥善安置",可问题在于,相关法律规定中也找不到如何妥善安置的办法。

尽管《关于加强孤儿救助工作的意见》中已经确立了法律孤儿的受助地位,但在随后出台的政策中,法律孤儿并没有得到相应的救助资格。2010年,国务院办公厅发布《关于加强孤儿保障工作的意见》,其中将孤儿认定为"失去父母、查找不到生父母的未满18周岁的未成年人"(国务院办公厅,2010)。因此,民政部、财政部自2010年1月起为全国孤儿发放基本生活费时,法律孤儿仍不在受助之列。

## 三、试点探索阶段

2013年，民政部正式启动适度普惠型儿童福利制度建设试点工作和未成年人社会保护试点工作，这两项试点工作不仅进一步明确了法律孤儿的受助地位，也为各地推进法律孤儿保护和救助工作提供了契机。2014年，在第一批试点取得积极成效的基础上，这两项试点工作继续扩大试点范围，在全国多个市（县、区）展开。

适度普惠型儿童福利制度试点工作对于法律孤儿救助的意义有二：一是将父母长期服刑在押或强制戒毒的儿童界定为困境家庭儿童；二是明确了法律孤儿的受助类型和层次。按照《民政部关于开展适度普惠型儿童福利制度建设试点工作的通知》（以下简称《通知》）的要求，此次试点工作的主要目标就是要扩大儿童福利对象范围，从过去的以孤残儿童为主转向逐步覆盖全体儿童，而困境儿童是重点保障对象。《通知》还提出"适度普惠、分层次、分类型、分标准、分区域"的理念，和"分层推进、分类立标、分地立制、分标施保"的原则和要求。其中，"分层次"，是将儿童群体分为孤儿、困境儿童、困境家庭儿童、普通儿童四个层次。"分类型"，是将各层次儿童予以类型区分，困境儿童分残疾儿童、重病儿童和流浪儿童三类；困境家庭儿童分父母重度残疾或重病的儿童、父母长期服刑在押或强制戒毒的儿童、父母一方死亡另一方因其他情况无法履行抚养义务和监护职责的儿童、贫困家庭的儿童四类（民政部，2013）。在具体实施分类保障时，首要任务是做好孤儿基本生活保障，其次要将重残、重病、事实无人抚养儿童等困境儿童优先纳入儿童福利保障范围，再适时扩大到服刑人员未成年子女、吸毒家庭子女等困境家庭儿童群体（人民网，2014）。可见，法律孤儿在儿童福利的对象中处于第三个层次，在接受救助的紧迫性和重要性上低于困境儿童，尚不属于此次试点工作的重点保障对象。

未成年人社会保护试点工作对法律孤儿受助地位的认识呈现出一个逐

渐明晰的过程。在《民政部关于开展未成年人社会保护试点工作的通知》中，民政部要求各地“积极拓展流浪未成年人救助保护内容，帮助困境未成年人及其家庭解决生活、监护、教育和发展等问题”，但对于未成年人社会保护对象、范围、定位和思路，民政部并未做出具体规定，而是留给各地区研究探索的空间。据此，少数试点地区根据本地实际，率先在实施方案中将法律孤儿列入重点救助对象。例如，北京市在具体的实施方案中就将因监护人服刑等原因事实上无人抚养的困境儿童纳入工作对象（北京市民政局，2013）。在试点地区经验的基础上，民政部发布第二批试点工作通知时就明确提出要拓展救助保护工作对象，以流浪未成年人救助保护制度为基础，将救助保护对象延伸至困境未成年人，其中包括因监护人服刑等原因事实上无人抚养的未成年人（民政部，2014）。此后，各试点地区在实施方案中都将法律孤儿列为工作对象。

这一时期，除民政部的试点工作对法律孤儿保护和救助起到积极推动作用以外，中央综治委特殊人群专项组办公室也于 2013 年下发《关于深入开展服刑在教人员未成年子女排查帮扶工作的通知》，提出要利用刑释解教人员信息管理系统，加强服刑在教人员未成年子女摸底排查和信息核查工作，并建立帮扶工作长效机制（中央综治委特殊人群专项组办公室，2013）。过去司法系统多关注刑释解教人员的安置和帮扶工作，很少将帮扶对象拓展到服刑在教人员的子女身上。这一通知发布后，各地司法系统的相关部门也陆续出台了行动方案和具体的落实措施，为摸清法律孤儿情况、了解法律孤儿需求发挥了积极作用。

## 四、政策细化推进阶段

2016 年 6 月，国务院印发了《关于加强困境儿童保障工作的意见》，这是我国第一次从中央政府政策层面全面规划我国的困境儿童保障制度，基本确立了我国困境儿童保障中政府主导的工作联动机制、政府主导的分类保障机制、基层困境儿童的发现和服务机制、监护制度和社会力量参与机制，对于整个国家儿童保护事业的发展具有重大历史意义（佟丽华，2016）。

与民政部适度普惠型儿童福利制度试点阶段强调“分层次、分类型、分标准、分区域”保障理念不同，《关于加强困境儿童保障工作的意见》取消了“分层次、分标准、分区域”的说法，只保留了“分类型”作为今后开展困境儿童保障工作的基本原则。这一转变具有两点政策含义：一是不再根据孤儿、困境儿童、困境家庭儿童三个层次予以不同优先级的保障；二是不再区分困境儿童和困境家庭儿童两种类型，两者合并统称困境儿童。具体而言，困境儿童从试点阶段只包括残疾儿童、重病儿童和流浪儿童三类，扩展到包括“因家庭贫困导致生活、就医、就学等困难的儿童，因自身残疾导致康复、照料、护理和社会融入等困难的儿童，以及因家庭监护缺失或监护不当遭受虐待、遗弃、意外伤害、不法侵害等导致人身安全受到威胁或侵害的儿童”（国务院，2016）。法律孤儿正是家庭监护缺失的儿童，是困境儿童的一种类型，是社会救助、社会福利的保障对象。

不过，对于如何开展对法律孤儿的救助保护工作，国务院《关于加强困境儿童保障工作的意见》中只对法律孤儿的监护责任有所提及，即“对于服刑人员、强制隔离戒毒人员的缺少监护人的未成年子女，执行机关应当为其委托亲属、其他成年人或民政部门设立的儿童福利机构、救助保护机构监护提供帮助”，对于法律孤儿的生活、教育、健康等方面的救助工作如何落实，《关于加强困境儿童保障工作的意见》中则没有具体规定（国务院，2016）。2019 年 7 月，民政部联合最高人民法院、最高人民检察院等 12 家单位联合下发《关于进一步加强事实无人抚养儿童保障工作的意见》，从明确保障对象、规范认定流程、突出保障重点、强化保障措施四个方面对国务院《关于加强困境儿童保障工作的意见》进行了细化，且要求全国各地必须在 2019 年 10 月底之前制定完善本地事实无人抚养儿童保障政策（民政部，2019）。自此，法律孤儿不仅具有接受社会救助的资格，而且救助内容更为多样、救助流程更具操作化、救助责任主体更为明确。

## 第二节 现行法律孤儿社会救助政策的主要内容

现行法律孤儿社会救助政策可分为三个层级。第一层级是中央政府制定的相关政策，主要包括 2016 年国务院发布的《关于加强困境儿童保障工作的意见》和 2019 年民政部等单位发布的《关于进一步加强事实无人抚养儿童保障工作的意见》；第二层级是省、自治区、直辖市人民代表大会和政府制定的相关政策，如 2017 年上海市政府出台的《上海市人民政府关于加强本市困境儿童保障工作的实施意见》、上海市民政局制定的《上海市困境儿童安全保护工作操作规程》等；第三层级是市、区、县及社区有关法律孤儿救助服务相关规定，如上海市徐汇区民政局制定的《关于加强徐汇区困境儿童保障工作的实施方案》。以下从救助管理主体、救助对象、救助内容、工作机制四个维度对现行法律孤儿救助政策进行分析。

### 一、救助管理主体

过去我国儿童救助和保护事务长期存在多头管理的状况，民政、教育、司法、妇联等各单位之间责任缺乏明确划分，造成实际上无人管理的情况。民政部作为承担儿童福利、社会救助事务相对较多的行政管理机构，各类儿童救助保护事务也是由其内设的不同处室分头负责，缺乏一个统一规划管理的专门机构。①为了使包括法律孤儿在内的困境儿童保障政策得到有效

① 1988 年印发的民政部"三定"方案中，明确由社会福利司负责儿童福利院的工作。1993 年机构改革，民政部社会事务司负责制定有关婚姻管理、儿童收养、殡葬管理和对流浪乞讨人员收容遣送的政策法规并监督实施等工作。儿童福利的工作职能开始大幅增加。2008 年，民政部社会福利和慈善事业促进司正式成立，分管工作中包括儿童福利事业。2016 年，民政部在社会事务司正式成立未成年人（留守儿童）保护处。此后，又把原来隶属于社会福利和慈善事业促进司的儿童福利处调整到社会事务司，将儿童福利与儿童保护职能集中到一起，专职负责未成年人保护工作。2019 年 1 月，民政部单独设立儿童福利司。

落实,2018 年 8 月 12 日,国务院同意建立农村留守儿童关爱保护和困境儿童保障工作部际联席会议制度。联席会议制度接受国务院领导,由民政部、中央政法委等 26 个部门和单位组成,民政部为牵头单位,民政部部长担任召集人,联席会议办公室设在民政部,承担联席会议日常工作。2019 年 1 月 25 日,民政部正式设立儿童福利司,专门负责儿童福利、儿童救助保护政策标准的拟定、健全困境儿童保障制度以及指导儿童福利、救助保护机构的管理工作。联席会议制度的建立和民政部儿童福利司的成立,标志着民政部成为法律孤儿救助服务的主要救助管理主体,儿童福利司是目前我国最高级别的法律孤儿救助保护的行政主管部门。

民政部设立儿童福利司后,各省、自治区、直辖市民政局(厅)也陆续对标设立了相对应的业务处室。以上海为例,上海市民政局新设立了儿童福利处,其在法律孤儿救助保护事务上的职能是牵头开展法律孤儿保障工作,指导临时监护、照料机构及时接收无人监护的法律孤儿,做好临时监护、照料工作(上海市人民政府,2017)。民政局干部王科长告诉我们,上海市民政局早就开始着手开展包括法律孤儿在内的困境儿童工作,原因是"妇联不是职能部门,公安也不可能来做,最后肯定会到民政头上"。(AS1,2017.6.23)在区级层面,各区民政局目前并未统一设置独立的儿童福利处室,包括法律孤儿在内的困境儿童事务通常由相关科室安排专人负责。每个街镇通常配有 1—2 名民政干部,具体负责办理困境儿童及其家庭的社会救助和社会福利等事务、建立信息台账、设立临时照料点等工作。各居委有 1 名社区工作者负责困境儿童保障政策宣传和日常工作,及时掌握困境儿童基本情况,监督家庭依法履行监护职责,协助困境儿童及其家庭申请相关社会救助、社会福利等保障(徐汇区人民政府办公室,2018)。可见,民政部儿童福利司的成立,意味着从中央确立了民政部门在包括法律孤儿在内的困境儿童事务上的地位和角色,对于推动地方民政部门承担相应职能起到积极作用。总体而言,从中央到地方已初步形成法律孤儿救助事务的行政组织体系,各级民政部门的职能越来越清晰具体。

## 二、救助对象

按照民政部等单位《关于进一步加强事实无人抚养儿童保障工作的意见》对保障对象的界定，父母双方服刑在押、强制隔离戒毒、被执行其他限制人身自由的措施期限在 6 个月以上；或父母一方符合自然死亡、人民法院宣告死亡或失踪、失联 6 个月情形之一，另一方服刑在押、强制隔离戒毒或被执行其他限制人身自由的措施期限在 6 个月以上的儿童，可被认定为事实无人抚养儿童得到相应救助。

从各地制定的实施意见来看，31 个省（自治区、直辖市）对救助对象的界定都与民政部保持一致。其中，北京市还拓展了救助对象的范围，明文规定可将无人监护抚养状态在 6 个月以下的儿童认定为临时无人抚养儿童，参照事实无人抚养儿童政策享受临时生活保障。换言之，如果父母被执行限制人身自由措施的期限在 6 个月以下，儿童也可以得到临时生活保障。

法律孤儿的认定流程分为"申请—查验—确认"三个环节，如果法律孤儿受助身份发生变化，不再符合受助条件，政府部门即进入"终止"程序，按规定停止相关救助（救助工作程序如图 8.1 所示）。

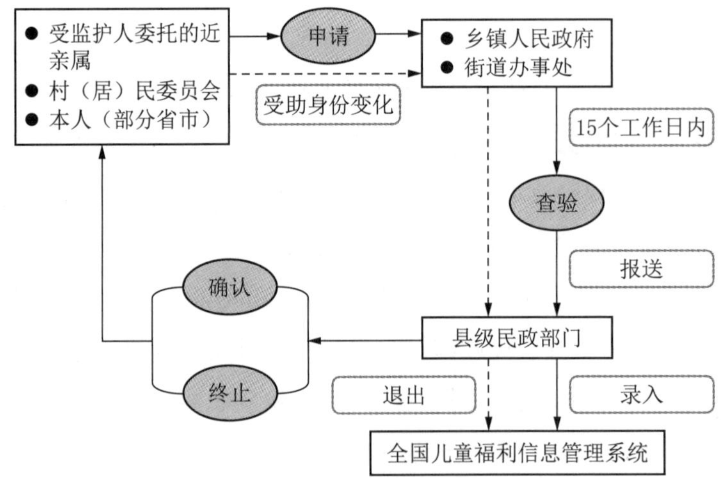


**图 8.1　法律孤儿救助工作程序**

## 三、救助内容

国务院《关于加强困境儿童保障工作的意见》对困境儿童分类保障的内容做出了部署，民政部等单位《关于进一步加强事实无人抚养儿童保障工作的意见》又进一步提出，事实无人抚养儿童的保障重点应涵盖五项内容：(1)强化基本生活保障；(2)加强医疗康复保障；(3)完善教育资助救助；(4)督促落实监护责任；(5)优化关爱服务机制。按照这两项政策的顶层设计，目前法律孤儿可得到的救助主要包括如下五方面：

### (一) 基本生活补贴

各地对法律孤儿发放基本生活补贴，补贴标准按照与本地孤儿保障标准相衔接的原则确定，参照孤儿基本生活费发放办法进行发放。对于已享受农村特困人员救助供养金、城市最低生活保障金或困难残疾人生活补贴的法律孤儿，予以补差发放。全国各地基本生活补贴标准主要有如下几种情形：

一是按照福利机构养育孤儿和社会散居孤儿两种基本生活标准发放。如自 2020 年 1 月 1 日起，河南省对社会散居的法律孤儿补贴为每人每月 950 元，集中养育的法律孤儿的补贴为每人每月 1 350 元。

二是按照社会散居孤儿基本生活标准发放。如自 2020 年 1 月 1 日起，广东省的法律孤儿每人每月最低可领 1 110 元。

三是按照福利机构养育孤儿基本生活标准发放。如陕西规定对生活困难家庭和纳入特困人员救助供养范围的法律孤儿优先保障和特殊保护，按照儿童福利机构孤儿养育标准全额发放补贴。

四是对贫困家庭中的法律孤儿和非贫困家庭中的法律孤儿按不同标准发放。例如，湖南省对建档立卡贫困户家庭、城乡最低生活保障家庭和纳入特困人员救助供养范围中的法律孤儿按孤儿基本生活标准发放，其他法律孤儿按不低于孤儿基本生活标准的 50％发放。

五是按照特困人员救助供养或最低生活保障标准发放。如新疆规定根据情况将法律孤儿纳入特困人员救助供养范围或最低生活保障范围。

**表 8.1 全国各省(自治区、直辖市)法律孤儿基本生活补贴发放标准**①

| 发放标准 | 数量 | 施行省/自治州/直辖市 |
| --- | --- | --- |
| 按照孤儿基本生活标准发放 | 13 | 河南、四川、湖北、福建、甘肃、宁夏、北京、河北、青海、内蒙、辽宁、贵州、云南 |
| 按照社会散居孤儿基本生活标准发放 | 14 | 广东、上海、天津、重庆、山东、江苏、浙江、广西、江西、海南、吉林、黑龙江、安徽、广东 |
| 儿童福利机构孤儿养育标准 | 2 | 陕西、西藏 |
| 对贫困家庭中的法律孤儿和非贫困家庭中的法律孤儿按不同标准发放 | 1 | 湖南 |
| 特困人员救助供养范围或最低生活保障范围 | 1 | 新疆 |

### (二) 医疗保障

《关于进一步加强事实无人抚养儿童保障工作的意见》规定,对符合条件的事实无人抚养儿童按规定实施医疗救助,分类落实资助参保政策。从全国各地制定的相关实施意见来看,对法律孤儿提供医疗保障的措施是参照孤儿医疗康复保障相关政策执行,即按照 2010 年出台的《国务院办公厅关于加强孤儿保障工作的意见》,(1)将孤儿纳入城镇居民基本医疗保险、新型农村合作医疗、城乡医疗救助等制度覆盖范围;(2)将符合规定的残疾孤儿医疗康复项目纳入基本医疗保障范围;(3)有条件的地方政府和社会慈善组织可为孤儿投保意外伤害保险和重大疾病保险等商业健康保险或补充保险。目前,31 个省(自治区、直辖市)都将前两点写入了实施意见。其中,重庆市还将法律孤儿纳入商业健康保险“惠民济困保”参保对象范围,由财政

---

① 本表根据全国各省(自治区、直辖市)出台的有关事实无人抚养儿童基本生活补贴的实施意见汇总而成。

全额支付购买，享受保障待遇。

（三）教育资助

按照《关于进一步加强事实无人抚养儿童保障工作的意见》的要求，法律孤儿可参照孤儿纳入教育资助范围，享受相应的政策待遇。包括优先纳入国家资助政策体系和教育帮扶体系，落实助学金、减免学费政策。就读高中阶段（含普通高中及中职学校）的法律孤儿，应根据家庭困难情况开展结对帮扶和慈善救助。法律孤儿成年后仍在校就读的，按国家有关规定享受相应政策。具体包括：（1）国家资助政策和教育帮扶政策。义务教育阶段主要是"两免一补"和营养改善计划，普通高中为免学杂费和国家助学金，中等职业学校为免学费和国家助学金。（2）地方事实无人抚养儿童专项教育资助政策。例如，北京市对年满3周岁、在公办幼儿园或普惠民办幼儿园接受学前教育的法律孤儿给予一次性6 000元入园补贴；法律孤儿及年满18周岁后仍在接受全日制中等职业教育或本专科高等教育（含高等职业教育），每人每学年8 000元生活补贴。（3）地方其他助学项目资助。例如，重庆市规定，可参照民政部"福彩圆梦·孤儿助学"项目实施流程、标准对法律孤儿予以确认和资助。

（四）监护保障

国务院《关于加强困境儿童保障工作的意见》专门对法律孤儿的监护责任做出了明确规定。对于决定执行行政拘留的被处罚人或采取刑事拘留等限制人身自由刑事强制措施的犯罪嫌疑人，公安机关应当询问其是否有未成年子女需要委托亲属、其他成年人或民政部门设立的儿童福利机构、救助保护机构监护，并协助其联系有关人员或民政部门予以安排。对于服刑人员、强制隔离戒毒人员的缺少监护人的未成年子女，执行机关应当为其委托亲属、其他成年人或民政部门设立的儿童福利机构、救助保护机构监护提供帮助。

（五）关爱服务

《关于进一步加强事实无人抚养儿童保障工作的意见》提出要优化关爱

服务机制。具体包括:(1)充分发挥儿童福利机构、未成年人救助保护机构、康复和特教服务机构等服务平台作用,提供政策咨询、康复、特教、养护和临时照料等关爱服务支持。(2)加强家庭探访,协助提供监护指导、返校复学、落实户籍等关爱服务。(3)加强精神关爱,通过政府购买服务等方式,发挥共青团、妇联等群团组织的社会动员优势,引入专业社会组织和青少年事务社工,提供心理咨询、心理疏导、情感抚慰等专业服务,培养健康心理和健全人格。在31个省(自治区、直辖市)制定的实施意见中,优化关爱服务机制的内容基本与《关于进一步加强事实无人抚养儿童保障工作的意见》相同。

## 四、工作机制

2010年国务院在《关于加强孤儿保障工作的意见》中提出,要健全"政府主导,民政牵头,部门协作,社会参与"的孤儿保障工作机制。2016年,国务院在《关于加强困境儿童保障工作的意见中》再次强调,要加快形成家庭尽责、政府主导、社会参与的困境儿童保障工作格局。在这样的政策背景之下,"政府主导、民政牵头、部门协作、社会参与"成为当前法律孤儿救助的重要工作机制。

法律孤儿救助工作牵涉到民政、公安、教育等多个部门,因此需要相关部门的协作互动、共同参与。政府职能部门、司法机关、群团组织、社会团体等各有其资源和优势,在法律孤儿的救助工作中承担不同的功能。具体而言,政府职能部门主要承担保障功能,共青团和妇联主要承担服务功能:(1)民政部门:资格确认、生活补贴发放、综合协调和监督管理、临时救助和监护照料;(2)人民法院:及时处理申请宣告儿童父母失踪、死亡及撤销父母监护权等案件;(3)人民检察院:监督、支持涉及儿童权益的民事诉讼活动;(4)公安部门:发现涉案人员子女或者涉案儿童属于或者可能属于法律孤儿的,及时通报其所在地民政部门或乡镇人民政府(街道办事处);向民政部门或相关当事人提供信息查询服务;(5)财政部门:加强资金保障;(6)共青团:动员青年社会组织和青少年事务社工,指导少先队组织,依托基层青少年服务阵地,提供各类关爱和志愿服务;(7)妇联:提供家庭教育指导、关爱帮扶及权益维护等服务。

# 第三节　法律孤儿社会救助模式的实践探索

在过去很长一段时间里,法律孤儿都未被纳入我国的社会救助体系,为他们提供救助的除了扩展家庭以外,主要来自个别民间福利机构。近年来,随着国家对困境儿童问题的日益重视,政府部门和社会团体对法律孤儿的救助和关爱活动也有所增加。目前,针对法律孤儿的社会救助实践大致可分为三种模式:机构代教代养模式、政府关爱项目模式和亲友家庭抚育模式。

## 一、机构代教代养模式

机构代教代养模式是指法律孤儿生活在福利机构中,接受机构为他们提供的生活、教育、健康、安全等方面服务的一种救助模式。在早期政府和市场缺位的情况下,民间福利机构是救助法律孤儿的主要力量。自1996年以来,全国各地陆续成立了多家专门救助法律孤儿的民间机构,如北京、陕西、河南、江西、青海、辽宁等地的太阳村、福建的善恩园等,为许多失去家庭庇护的法律孤儿提供了生活保障,使他们免于流离失所或走上歧路。经过多年来的实践摸索,机构集中代养模式已经形成较为成熟的救助经验:(1)经父母委托的集中供养方式;(2)养育与教育相结合的服务内容;(3)社会助养为主,辅以政府补贴与自主创收的资金筹措方式;(4)发动社会资源补充人员队伍(刘新玲、杨优君,2007;范斌、童雪红,2017)。以太阳村和善恩园为例,机构代教代养模式的主要特点如下:

### (一) 经父母委托的集中供养方式

太阳村、善恩园等机构均采用集中供养的方式为法律孤儿提供救助服务。一般而言，法律孤儿的父(母)向所在监狱提出申请后，司法部门会安排对这些儿童的寻找、身份认定和接送工作。对符合条件的儿童，机构与其父(母)签订委托代养协议书，随后再将儿童接到机构中集中居住，接受相应的服务。在北京太阳村，法律孤儿们分成不同的小组，每组大约 14 个孩子，组成各自的小家庭。每个小家庭有一位年龄较大的孩子担任“爱心姐姐”或者“爱心哥哥”，他们的职责就是照看小家庭中年龄较小的孩子们，帮助照管他们日常的生活起居。每个小家庭一起生活在大约 110 平方米的房子里，有卧室、起居室和卫生间。福州善恩园还专门为残疾儿童及婴幼儿成立了一个小组，根据每个孩子不同的情况制定每日流程、康复计划和儿童情况日志等。①

### (二) 养育与教育相结合的服务内容

太阳村、善恩园等机构将养育与教育相结合，向法律孤儿提供全面的代教代养服务，服务内容不仅有住宿、医疗等基本的生活保障，还涵盖教育、职业培训、心理辅导以及各类联谊、交流活动。为了方便法律孤儿们就学，福州闽侯善恩园建有善恩小学。太阳村没有单独办学，而是让法律孤儿在当地公立学校就近入学，插班读书，享受和普通孩子一样的学校生活。待父(母)刑释后，大多数儿童会离开机构，回归各自家庭；对一些父母刑期较长或父母被判处死刑的儿童，机构可以抚养其至 18 岁成年并提供职业培训。例如，北京太阳村目前已开设有幼儿师范专业、财会专业、餐饮服务专业、服装设计专业及手工刺绣专业等职业培训课程，帮助他们学有一技之长，顺利进入社会。对于接受高等教育的儿童，机构还会以奖学金的形式继续予以资助。此外，机构还会利用节假日时间，带法律孤儿到监狱探视父母，不定

---

① 详细介绍参见北京太阳村网站：http://www.sunvillage.com.cn/womendegaikuang；福州市闽侯善恩园网站：http://www.mercyfieldhome.com/。

期地开展心理辅导、外出参观和联谊活动等。①

（三）社会助养为主，辅以政府补贴与自主创收的资金筹措方式

由于太阳村、善恩园等机构为法律孤儿提供免费照顾，在早期缺乏政府资助的情况下，它们发展出以社会助养为主的多样化的资金筹措方式。以太阳村为例，其大部分资金都来自社会捐助。太阳村倡导用“一帮一”的形式助养太阳村的孩子，即资助者针对性地帮助一名或几名孩子，承担他们一年平均总额为 5 000 元的费用，保证孩子们的基本需求。爱心人士与太阳村签订《助养儿童协议书》，可以自己选择助养儿童，也可由太阳村推荐助养儿童，或者不定向资助儿童。②除了接受捐赠和政府的专款扶持外，北京太阳村还开发经营了果园、蔬菜园和草莓棚等实体产业，善恩园也建设了附属农场，种有果树，养有鱼和畜禽等，这些自办产业一方面可以供应机构生活所需，另一方面也为机构带来收入，成为机构经费的有力补充。③

（四）发动社会资源补充人员队伍

在太阳村、善恩园等机构成立初期，其专业化人才欠缺、队伍稳定性不高等问题屡遭诟病。为了弥补这一不足，他们都非常重视发动各种社会资源，吸引志愿者参与救助服务，以充实人员队伍。例如，福建省青年法律工作者协会、团省委权益部、海峡周报社等联合发起援助“临时孤儿”行动，让优秀青年律师结对帮助善恩园内的法律孤儿；福州市老龄仁爱服务中心为孩子们免费提供药品，组织医生前来义诊。④此外，机构还积极建立发展各级政府部门、企事业单位、大专院校以及妇联、民主党派、共青团、慈善、宗教等社会团体的联系，除接受捐款捐物外，还欢迎他们以机构调研、联谊联欢、

---

① 参见北京太阳村网站：http://www.sunvillage.com.cn/womendegaikuang；福州市闽侯善恩园网站：http://www.mercyfieldhome.com/。

② 参见北京太阳村网站：http://www.sunvillage.com.cn/womendegaikuang。

③ 参见北京太阳村网站：http://www.sunvillage.com.cn/womendegaikuang；福州市闽侯善恩园网站：http://www.mercyfieldhome.com/。

④ 参见福州市闽侯善恩园网站：http://www.mercyfieldhome.com/。

辅导功课、义务劳动等形式支持机构的救助工作。

## 二、政府关爱项目模式

随着国家对包括法律孤儿在内的困境儿童问题的日益重视，各级政府相继印发救助法律孤儿的各种通知和实施方案，要求相关职能部门和社会团体参与对法律孤儿的关爱行动。这些关爱行动通常由民政、司法、公安、卫生、教育、共青团、妇联组织等政府相关职能部门和社会团体分别实施，成为我国官方机构救助法律孤儿的主要形式，被研究者称为“基层政府多职能部门零散式的救助资源供给模式”（范斌、童雪红，2017）。近年来，在公共服务社会化的大趋势下，政府逐渐将过去的关爱行动转化为关爱项目，通过购买社会组织服务来为法律孤儿提供支持，这种救助模式可称为政府关爱项目模式。

民政部“中央财政支持社会组织参与社会服务示范项目”是政府关爱项目模式的一个典型案例。从 2012 年开始，民政部连续 7 年实施这一项目，共立项 3 117 个，累计投入中央财政资金 13.8 亿元，引导社会组织在社会救助、社会福利、扶贫救灾、困难救助、心理辅导、社区服务等领域提供社会服务（王兴彬，2019）。为确保项目顺利有效实施，民政部每年与财政部研究制定《中央财政支持社会组织参与社会服务项目实施方案》，向社会公开发布项目公告，接受社会组织的项目申报。同时，财政部、民政部联合印发了《中央财政支持社会组织参与社会服务项目资金使用管理办法》，加强项目资金的使用管理。此外，民政部还通过第三方评估、绩效评价和审计监察等方式，不断完善评审立项、培训指导、项目执行、第三方监管、社会监督和自身建设等方面的制度，促进项目的组织实施。

中央财政支持社会组织参与社会服务示范项目按年度执行，要求立项单位在立项当年度完成服务活动，并向民政部反馈项目实施情况，接受绩效评估。2017 年，来自福建、广州和云南的三个专为法律孤儿提供服务的项目获得立项，总经费为 95 万元。其中，福建莆田市阳光青少年事务服务中心申报的“角落花朵在绽放”服刑人员子女关爱示范项目获批 50 万元经费资助。立项后，阳光青少年事务服务中心在福建省两所监狱的协助下排查出近百名法律孤儿名单，由社工带领志愿者一一入户走访，全面了解基本情况并建立档案。在一年中，阳光青少年事务服务中心根据服务对象的家庭情况、年龄和诉求开展了一系列服务，包括电话和 QQ 沟通交流、亲子见面会、夏令营、成长辅导、心理疏导、法律知识讲座等，取得了良好的效果。2018 年，该中心申报的“阳光下的守护”服刑人员子女关爱示范项目再次获得立项。①

政府关爱项目模式在开展法律孤儿救助工作时的优势主要体现在三个方面：第一，政府为服务项目提供了充分有力的经济保障，可以吸引更多社会组织加入为法律孤儿服务的行列；第二，政府对项目进行审核、监督和评估，可以有效提升服务项目的专业性和服务质量；第三，有了政府关爱项目的支持，社会组织更易于与政府相关部门达成合作，更有效地整合资源，实现救助服务成效最大化。

## 三、亲友家庭抚育模式

在机构代教代养模式和政府关爱项目模式之外，亲友家庭抚育模式是目前法律孤儿获得救助的较为普遍的模式。亲友家庭抚育模式是指在儿童的父母服刑、戒毒或被采取其他强制措施后，由儿童的祖父母、外祖父母、其他旁系亲属、邻居、父母的朋友等作为委托监护人来照料儿童的一种模式。国务院《关于加强孤儿保障工作的意见》《关于加强困境儿童保障工作的意见》等文件都特别强调家庭养育的重要性，把亲属抚养放在各种安置方法的首位。我国长期具有扩展家庭和邻里帮助照料孤儿的传统，当父母无法履

① 资料来自福建莆田市阳光青少年事务服务中心网站：http://www.pt12355.com/。

行抚育职责时，扩展家庭中的成员通常会自动承担替代照料的责任。因此，目前我国大量的法律孤儿都在祖辈、亲戚或者父母的朋友家中得到照顾，本研究的研究对象也正是在亲友家庭中生活的法律孤儿。亲友家庭抚育模式的优势在于它提供了一个基于血缘或熟人关系的较为稳定的家庭环境，避免法律孤儿的日常生活、学习发生中断。过去，亲友承担替代照料责任往往被认为是家庭内部安排，很少得到政策帮扶和经费支持；随着各项涉及法律孤儿救助的政策的出台，照料法律孤儿的亲友在得到法律孤儿父母的书面委托后，就可以作为委托监护人为法律孤儿办理户籍、入学、救助申领等事务，获得政府给予法律孤儿的生活补贴、助学金等。但与机构所提供的统一的集体生活不同，家庭的结构类型、抚育能力、经济地位等方面的差异会影响法律孤儿的生活状况，产生不同的救助需求。如何针对不同家庭的需求提供相应的救助，是亲友家庭抚育模式未来需要探索的发展方向。

本章考察了法律孤儿社会救助政策的发展历程、现行法律孤儿社会救助政策的主要内容，以及法律孤儿社会救助实践的主要模式。主要的研究发现包括：

2006 年以前，国家政策并未将法律孤儿视为社会救助的对象而予以重视；自 2006 年起，法律孤儿的受助地位在政策层面得以确立并逐渐明晰，尤其是经过民政部两轮试点工作的探索后，法律孤儿被确定为困境儿童的一种类型，得到困境儿童社会救助的资格。2016 年国务院发布的《关于加强困境儿童保障工作的意见》是目前指导法律孤儿社会救助的最高级别政策文本。根据这一政策文本，各级政府出台了具体的实施意见和实施方案，组成了现行法律孤儿社会救助的政策体系。

现行法律孤儿社会救助政策对救助管理主体、救助对象、救助内容、工作机制做出了具体规定，主要包括：(1)救助管理主体：以民政部门为主。

(2)救助对象:父母双方服刑在押、强制隔离戒毒、被执行其他限制人身自由的措施,或一方服刑在押、强制隔离戒毒、被执行其他限制人身自由的措施,另一方死亡、失踪或失联期限在6个月以上的法律孤儿。(3)救助内容:基本生活补贴、教育资助、医疗保障、监护安置和关爱服务。(4)工作机制:政府发挥主导作用,政府职能部门、司法机关主要发挥保障功能,共青团、妇联等群团组织主要发挥服务功能的协同合作机制。

在我国法律孤儿社会救助的实践中,逐渐形成了三种主要的救助模式:(1)机构代教代养模式,即由民间福利机构为法律孤儿提供集中生活、教育、健康、安全等方面服务。(2)政府关爱项目模式,即由政府购买社会组织服务来为法律孤儿提供各种关爱和支持。(3)亲友家庭抚育模式,即由儿童的祖父母或外祖父母、其他旁系亲属、邻居、父母的朋友等作为委托监护人来照料法律孤儿。

# 第九章
# 法律孤儿社会救助的绩效：基于儿童与家庭视角的分析

自2016年国务院《关于加强困境儿童保障工作的意见》发布以来，我国已逐步建立起以民政部门为主要管理机构、以家庭为主要载体，涵盖基本生活、教育、医疗和监护保障等内容，多元救助主体共同参与的法律孤儿救助体系。经过几年的运作，这一救助体系的成效如何？对于目前法律孤儿社会救助的绩效，还较为缺乏系统的评估。由于无法获得全国法律孤儿的详细数据资料，对现行救助政策绩效的客观评估很难进行。因此，本研究以该政策的救助对象即法律孤儿及其家庭成员的主观经验与评价为基础来评估现行法律孤儿救助体系的运作成效与不足之处。

## 第一节　现行社会救助政策的主要成效

国务院在《关于加强困境儿童保障工作的意见》中明确提出该政策的总体目标是“加快形成家庭尽责、政府主导、社会参与的困境儿童保障工作格局，建立健全与我国经济社会发展水平相适应的困境儿童分类保障制度，困境儿童服务体系更加完善，全社会关爱保护儿童的意识明显增强，困境儿童成长环境更为改善、安全更有保障”。根据这一总体目标，本研究从家庭尽责、政府主导、社会参与三个角度对政策的主要成效进行分析。此外，作为学龄阶段法律孤儿重要的社会化场所，学校对法律孤儿的救助和保护也发挥了一定作用。

## 一、家庭尽责：亲友及时提供监护，扩展家庭保护作用突出

现有对法律孤儿社会救助的研究主要集中在正式的制度安排，即由国家和民间福利机构提供的救助，对非正式的救助即由家庭和亲属网络提供的救助则少有研究。然而，在过去很长一段时间内，法律孤儿并没有得到国家政策给予的受助资格，救助法律孤儿的民间福利机构数量也很有限，这意味着我国绝大部分法律孤儿实际上都是依靠家庭网络得到救助的。在本研究中，家庭尽责主要体现在两方面：一是亲友对法律孤儿的及时监护；二是少数联系紧密的扩展家庭对法律孤儿的保护作用。

### （一）亲友及时承担替代性养育责任

我国长期以来就有扩展家庭或家族承担儿童替代性养育责任的传统，家庭或家族成员代替法律孤儿的父母抚育其子女，是一种基于亲缘关系自然出现的结果。多数法律孤儿都有祖父母、外祖父母或其他亲属代为履行监护责任，少数无人代为监护的法律孤儿才进入民间福利机构接受机构养育。在本研究的14名法律孤儿中，有12名儿童是由祖辈或亲属代为监护，2名儿童由母亲的朋友代为监护，所有亲友都及时地承担起替代养育责任，没有出现儿童因父母被捕而失去监护的情况。

我国民法总则规定，在父母无监护能力的情况下，一般由祖父母、外祖父母或者兄、姐担任儿童的监护人。如果儿童原本就与祖父母或外祖父母居住在一起，父母的被捕基本不会影响的儿童监护状况，他们通常会继续得到祖辈的照顾，本研究中几位与祖辈生活在一起的法律孤儿就属于这种情况。除此之外，还存在祖辈已去世、无能力或不愿意承担养育责任的情况，其他亲友虽没有法律意义上的养育义务，但出于亲情、友情等原因也承担起

法律孤儿的养育责任。

在萱萱的奶奶突发疾病去世当天，她的姨奶奶就赶到萱萱家中，接替了照料萱萱的重任。谈起抚养萱萱的原因，她连说了好几个“不舍得”来描述自己当时的心情：“我舍不得我姐，……我们不舍得她们娘俩。现在有个小孩子，你说才十几个月，我们怎么放得下？放不下啊！所以一直那个（抚养）。”（XXF2，2017.7.19）萱萱的表舅则表达了抚养萱萱的决心，他坚定地说：“我们是义无反顾的，只要你们（指萱萱的祖父母）放弃了，我们都愿意接手。只要你们愿意接，我们也随时可以给你们。”（XXF1，2017.7.19）与萱萱的情况相似，君君的外婆在突发中风时，君君的表哥阿杰也接替外婆承担起照顾弟弟的责任。他虽然觉得自己能力有限，但出于亲情他还是做出这个外人无法理解的选择：“人家跟我说，又不是一个妈生的，你没这个必要。因为我不忍心，像他那么小，我要是不管的话，良心过不去，总归是自己的家人，怎么办呢？”（JJF1，2017.7.13）可见，法律孤儿的亲属愿意承担替代养育责任，主要还是出于亲缘关系形成的情感性因素，而不是受制于任何法律或政策上的规定。

事实上，对于祖辈以外的委托监护人而言，他们并无法律上的抚养义务，之所以愿意承担替代养育责任，一方面是出于情感原因，另一方面也是为了避免孩子被送到福利机构。他们普遍认为，福利机构的生活不利于孩子的正常成长。这一点，可以从研究者对小华的抚养人沈阿姨的访谈中得到体认：

研究者：当时是儿童福利院委托您监护还是她妈妈委托您监护？

沈阿姨：是她妈妈委托我。当时法院来通知的时候就跟她说了，你要么把孩子送福利院，要么就找个监护人。她想想，就找我当监护人吧，不然刚从福利院回来就又要去。那我觉得，就算她（小华）再优秀，经过这样一来一回，也把她的优秀埋没掉了，我们就是考虑到这个（才接受委托）。

研究者：这个决定，您和她妈妈协商了很久吧？您有犹豫吗？

沈阿姨:也没有怎么协商过,也没什么犹豫。因为这个事情发生了,要么委托给我,要么就送福利院,没有第三条路可以走了。她(小华妈妈)心里明白,送到自己爸爸妈妈那边去是不可能的。

研究者:对您来说也是一个很大的挑战吧?

沈阿姨:我想想,只要她乖一点的话,就等于我再养个女儿,反正我儿子已经成年了。我跟她说,你乖乖的,我就等于再养个女儿,对吧?不然怎么办呢?(XHF1,2017.7.17)

娜娜的舅舅也谈到了自己对孩子被送到福利机构的担忧:

当时这边片警都知道我们都是外地的,接手一个小孩比较困难。街道就提出来说,如果不行就放到街道里面有一个专门机构。假如到那个环境下,肯定对小孩的影响是比较大的。后来他(指街道工作人员)说,要不然你们就过来。(NNF1,2017.10.14)

为了不让娜娜进入福利机构,娜娜的舅舅将全家都搬来了上海。这不仅意味着他要承担起娜娜的照顾责任,自己的家庭生活也发生了翻天覆地的改变。由于自己也有两个孩子,加上妻子和父母,原有的房子根本住不下,他只好在工作地点附近另租了一套房子。平时,他的父母负责照料娜娜的日常生活,妻子每晚下班后负责检查娜娜的功课,他则在出租房和自己的孩子住在一起,每到周末全家才能相聚。考虑到父母年事已高,身体不好,老人与处于青春期的娜娜沟通上也有障碍,他又说服原本在安徽工作的侄女到上海找工作,这样可以和娜娜住在一起,年轻人之间容易沟通,又能对老人有所照应。在舅舅的细致安排下,娜娜的学业成绩比较优秀,即将从高中毕业了。

从上可见,法律孤儿的实际抚养人普遍希望孩子能在家庭环境中成长,这是他们承担替代性养育责任的主要原因。为此,他们虽没有法律上的抚养义务,也愿意冒着风险担任孩子的委托监护人。就算抚养条件十分有限,他们也没有考虑过把孩子送去福利机构的可能性,而是尽量在家庭内部调动各种资源解决问题。这说明，目前法律孤儿社会救助政策将家庭尽责放在政策目标首位，以家庭为载体来实施救助，是与我国社会文化传统相一致的政策选择。

### (二) 紧密联系的扩展家庭保护作用突出

我们在访谈中发现，与其他单纯由祖辈抚养的法律孤儿相比，生活在扩展家庭中的法律孤儿明显得到了更好的照料和教育，遭遇的困难和问题也相对较少。以下详细描述两名生活在扩展家庭中的法律孤儿的家庭环境和生活状况，以此来理解为何紧密联系的扩展家庭能对法律孤儿起到突出的保护作用。

#### 1.“大户人家”的孩子婷婷

婷婷是访谈对象中唯一的一位农村孩子。2017 年 10 月的一个上午，我们按照事先拿到的地址乘车前往婷婷家，在一片房屋聚集的地方下车改为步行，沿着乡村小路向前走。近年来，在新农村建设的政策下，上海的不少村庄已经被统一改造为格局与城市商品房类似的住宅区。婷婷家所在村子显然不在其列。这里还保留着传统村庄的样子，房屋与房屋之间距离很近，虽然每家每户都有门牌号，但却没有遵从任何规则排列。我们一路走一路问，一边仔细查看门牌号，生怕错过我们要造访的目标。终于，在一位热心村民的指引下，我们到达了婷婷的家。

这是一幢体积颇大的两层楼房，光是种满花草的院子就有十多个平方米。迎面正中的屋子里摆放着一张古朴的实木餐桌，餐桌后面靠墙供奉着佛像。在这个餐厅兼会客厅的左边是厨房，右边则是类似于起居室的房间，里面有电视、沙发、儿童座椅等家具，家庭成员的日常交流和活动就在这里。从这个房间的楼梯往上，便是家庭成员各自的卧室。

婷婷和爷爷一起接待了我们。婷婷梳着长长的辫子，皮肤白皙，眼睛明亮有神，个子很高，12 岁的年纪，身高有 1 米 6 左右了。她的爷爷身形高大，体格强健，说话铿锵有力。他言简意赅地向我们介绍了家庭情况：婷婷是父母未婚所生,母亲是外地人,生下她后就离开了上海。父亲戒毒期间,和她住在一起的除了爷爷奶奶外,还有她的曾祖母和两个姑姑。大姑姑目前未婚,小姑姑则已经结婚生子。

从图9.1可见,婷婷从小就生活在一个典型的扩展家庭。尽管父母不在身边,但她并不缺乏关爱。在血缘关系纽带和共同居住环境形成的紧密关系中,爷爷、奶奶和姑姑都在不同方面扮演了婷婷的"父母"角色:(1)爷爷奶奶为她提供了稳定的家庭生活环境和经济支持。婷婷告诉我,在我们来时经过的房屋中,有一部分是爷爷的房产,现在出租给别人收取租金。因此,即使父亲完全没有收入,婷婷也不用像其他法律孤儿那样因经济压力而放弃补习的机会。她告诉我,在访谈当天的下午,她就要去上一个补习班,"英语和数学一起补,每个月1 500元。"(TTC, 2017.10.14)(2)两位姑姑则在婷婷的生活中起到了榜样示范、生活和学业协助的作用。在婷婷的描述中,大姑姑和小姑姑都非常优秀,而大姑姑更是她的人生榜样。她告诉我,小姑姑现在陆家嘴上班,下班后还要照顾小宝(表弟),非常忙,所以大姑姑和自己的相处时间更多一些。大姑姑曾经留学韩国,韩语和英语都非常流利。不仅如此,她还多才多艺,会弹钢琴,有潜水证书,每年都会去全世界不同的海岛潜水。在大姑姑的影响下,婷婷也梦想自己将来能去国外留学、去环游世界。

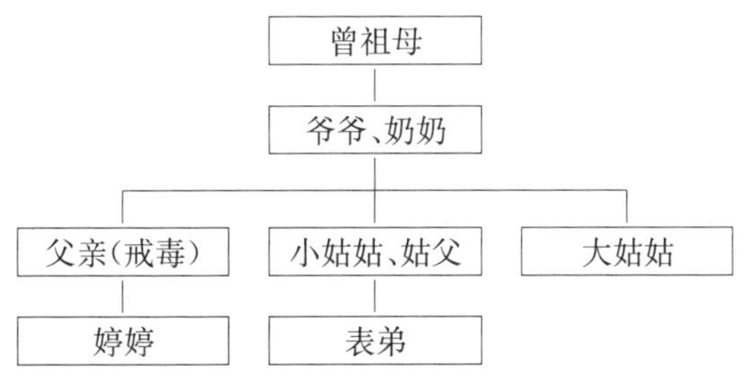


**图9.1　法律孤儿婷婷的家庭结构**

相形之下,父母在婷婷成长发展中的作用并没有比大家庭中的其他成员来得更为重要。事实上,婷婷的爸爸没有工作,不能为家庭经济作出任何贡献;他只有初中学历,无法辅导孩子的学习;他还屡进戒毒所,连对孩子最基本的陪伴也做不到。他虽然名义上是婷婷的爸爸,但实际上似乎只是大家庭中一个"可有可无"的普通成员而已。

父亲角色的缺位似乎没有对婷婷产生很大的负面影响。在与我谈话的两个多小时中,婷婷始终保持着良好的精神状态,显得自信、大方、开朗。这让我意识到,"父母"一词不仅代表着人的自然属性,更是一种社会角色,而这种社会角色不仅可以由儿童的父母来担任,同样也可以由别的重要他人(significant others)来扮演。

2. 戴"三道杠"的萌萌

初见萌萌时,我们难以相信面前的是一位法律孤儿。她梳着两条小辫,笑容甜美明亮,举止彬彬有礼,处处体现出她受到良好的家庭教育。随着访谈的进行,我们又得知,她在学校里是班长,戴过"三道杠",不但成绩优异,而且还热爱书法、篆刻和音乐,已经通过了钢琴三级考试。然而,如此优秀的孩子却有着坎坷的成长经历。6 岁那年,萌萌的母亲因诈骗罪入狱,父亲也从此下落不明,幸好有善良的邻居张阿姨一家接纳了她,一直抚养至今。张阿姨 60 多岁,是过去下放到崇明的知青,结婚后迁去常州,后来辗转回到上海。刚回上海时,夫妻二人都没有稳定工作,靠着一天打三份工的吃苦耐劳精神把一双儿女都培养成了大学生。如今,张阿姨的子女都已经结婚生子,儿子、儿媳、孙女仍和张阿姨老两口住在一起,女儿虽然搬了出去,但平时仍常常回家走动。尽管萌萌在血缘上与家庭成员没有任何关系,但她已经成为张阿姨的"第三个"孩子,在大家庭中得到了与姐姐、哥哥同等的照料、关爱和教育。

家里出了两名大学生,这一直是张阿姨的骄傲。对于如何教育子女成才,她自有一套理念和方法。在萌萌的学习过程中,她总是予以正向评价,又时常以姐姐哥哥的成长故事加以激励,也注意保持和学校老师的沟通

交流:

我大女儿是复旦大学毕业的,现在是美国那个公司的,她是管那个公司的。儿子也很争气,从外地考到上海的大学,在央企工作。现在他们都结婚了,生活条件都很好,都有自己的房子。我儿子的小孩要我帮忙带,所以我们住在一起。我就跟萌萌说,你是我第三个孩子,希望你向姐姐哥哥学习,要成才。她现在的情况还可以,我抓得很紧的。她数学很好的,总是第一名第二名。但是我跟她讲,你们学校不是最好的学校,第一名第二名还不够,要在整个镇都是第一第二,那才行,所以你要加油。要有目标嘛,才能奋斗。……我经常跟老师沟通的,有什么情况,有什么不当的,经常和老师讲。学习不懂的地方,叫我儿子帮她补一补。(MMF1, 2017.8.12)

张阿姨不仅重视萌萌的学业,对于她的兴趣爱好也不遗余力地支持。萌萌提出想学钢琴,张阿姨虽然觉得学费很高,"一个月上 4 节,300 块一节",但是考虑到"总归要有个特长,所以让她学"。张阿姨夫妻两人的退休金都不高,萌萌能拿到的经济补助也只有低保,但好在女儿和儿子经济状况都不错,"她的衣服都是我女儿买,学习用品都是我儿子买,两个人分担的"。在家庭成员的合力支持下,张阿姨觉得抚养萌萌的经济压力并不大,她豁达地说:"多就多用,少就少用,你不能无理要求啊! 大家都是这种待遇,你说(政府)多给一点,不现实的,对吧?"(MMF1, 2017.8.12)

相比其他几位法律孤儿,婷婷和萌萌之所以显得比较"幸运",也与她们所处的扩展家庭提供的支持分不开。已有研究者发现,在国家支持缺位的情况下,农村父系扩展家庭对孤儿养护发挥了主导作用,提供抚育儿童所需要的经济和人力资源,分担福利服务成本,从而使得孤儿能在正常的、熟悉的环境中成长,并有效地减少了国家的福利支出(尚晓援,2006)。在婷婷和萌萌的案例中,扩展家庭至少为她们提供了三重保护:(1)强有力的监护;(2)稳定的经济支持;(3)重要他人的示范和协助。在同等的保障性救助之下,她们的扩展家庭更好地发挥了在抚育儿童方面的经济功能、照料功能和情感支持功能，从而达成了较好的儿童社会化结果。

## 二、政府主导：落实监护安置，经济支持充分

《关于加强困境儿童保障工作的意见》在坚持家庭尽责的同时，强调要“落实政府责任”，通过为包括法律孤儿在内的困境儿童提供最低生活保障、基本医疗保障、教育保障和监护保障的方式，来应对和解决儿童监护、生活、教育、医疗、康复、服务和安全保护等方面的突出问题。因此，对于政府在法律孤儿救助中的作用，可以从基本生活保障、监护安置、教育和医疗保障几个方面进行分析。

### (一) 基本生活保障较为充分

在2018年以前，上海市主要通过低保救助制度来保障法律孤儿的基本生活。在我们开展访谈期间，所有法律孤儿都能领到每月970元的低保金。自2018年1月1日起，根据上海市新制定的困境儿童基本生活保障制度，本市户籍法律孤儿可申领每人每月1 800元的基本生活费，对原先已领低保金的法律孤儿实行补差领取。从基本生活保障力度来看，原来的低保金数额虽然不高，但法律孤儿的抚养人都表示比较满意，认为能够保障法律孤儿的基本生活，在很大程度上减轻了抚养人家庭的经济负担。这从以下几位抚养人的话语中可以得到很好的证明：

沈阿姨：低保好像是3个月2 000多一点吧。还有一张卡，到指定的地方去买油盐酱醋这种东西。……学校里饭钱，我没有出任何费用。她现在的午饭的费用都是自己先给，给了以后统一拿到街道里面去报（销）。(XHF1，2017.7.17)

娜娜舅舅：所以说还是要感谢政府，真的。真的帮了我很大的一个忙，说实在的。因为小孩上学，你像现在高中，很费钱的，对吧？真要靠我一个人这样搞，假如没有低保的话，真吃力，说实话。……现在学费是免的，生活费都补贴的，也是街道帮我。每次开学之前去申请，要做些材料。有些东西

是免不了的，比方有什么活动都是我们自己花钱，觉得还好，能挺得住。(NNF1，2017.10.14)

智浩奶奶：经济方面还是过得去，两个人六七千块钱，还有低保，够用了。我跟他说，政府关心你啊，每个月都给你钱，读书嘛现在九年义务教育也不要钱，你要对得起啊。(ZHF1，2017.10.15)

嘉余和嘉欢外婆：实事求是地说，现在低保加得很快的，一开始 340 元，570 元，600 多元，700 多元，今年一下跳到 970 元，我自己还有退休金，3 000 元。我退休早，申请提前退休的，到外面又打了一份工。(JYF1，2017.10.14)

可见，在政府提供的基本生活保障和家庭自身的经济支持下，法律孤儿能够获得较为充足的基本生活资料。据我们观察，法律孤儿中不存在因缺乏生活费而缺衣少食的情况，所有法律孤儿的身体发育状况都与同龄人无异。2018 年之后，法律孤儿的基本生活费增加了近一倍，这无疑是对法律孤儿基本生活保障水平的极大提升，法律孤儿抚养人的经济压力将进一步得到减轻。

### (二) 监护安置到位

《关于加强困境儿童保障工作的意见》对于法律孤儿社会救助的推动作用，除了促使法律孤儿基本生活保障水平得到提升外，还体现在法律孤儿监护安置也落实到位。例如，根据这一政策部署，上海市做出了相应的实施方案，提出重点聚焦因监护缺失或监护不当而导致陷入困境的儿童，以保障困境儿童人身安全为核心，发挥政府在危急状况下的监护兜底作用(上海市人民政府，2017)。随后，上海市民政局等多部门又联合制定发布了《困境儿童安全保护工作操作规程》，进一步细化了困境儿童保护中的强制报告责任、应急处置、评估帮扶和监护干预等步骤，法律孤儿也在受保障之列。这两项政策进一步强化了政府对法律孤儿的监护安排，使法律孤儿的受保护权得到充分保障。

从我们接触的个案来看，每个法律孤儿都有委托(临时)监护人，没有发生儿童流离失所、生命安全受到威胁的情况，尤其是几位此前并未与祖辈居住在一起的法律孤儿在父(母)被逮捕时都得到了较好的安置。例如，阳阳的父亲被警方带走后，街道和居委会安排了专人负责照看阳阳，一边为他送去食物，另一边则联系了他的伯父。回忆起这段经历，就连看上去桀骜不驯的阳阳自己也承认："他们(居委会)对我挺好的，给我送吃的，很关心我。"(YYC, 2017.7.13)又如，按照过去的政策，儿童福利院只接收父母失踪或死亡的孤儿，法律孤儿并不符合这一条件。但在小华的母亲第一次入狱时，儿童福利院还是接收了她，并让她在福利院中生活了 8 年，直到母亲出狱。小华至今还和福利院保持着联系，前段时间听说有个小朋友被收养了，还回了趟福利院跟他告别。从研究者与小华的如下对话中可以看出小华对儿童福利院对她的照料还是比较满意的：

研究者：原来的福利院的生活好吗？

小华：生活还可以。我在里面算比较聪明，他们最喜欢的就是我，有什么好东西都问我(要不要)。

研究者：福利院是不是没有家里自由？

小华：(年龄)大一点的话，还让你出去呢，几个人一起出去逛逛，或者是跟爱心人士一起出去。

研究者：有时间限制吗？

小华：没有限制。有时候，如果爱心人士要带我们回家住几天的，或者是带我们出去玩的话，就跟院长打个招呼就行，跟他说好大概什么时间回来，是在外面吃晚饭还是回来吃饭。(XHC, 2017.7.17)

可见，在政府相关部门和福利机构的努力下，那些因父母被捕而骤然失去监护的儿童得到了妥善安置。除此之外，对于部分因祖辈突发疾病或突然去世而面临监护风险的儿童，相关部门也采取了比较有效的应对措施。例如，在君君的外婆突然中风的那天，居委会、公安等都参与到救助当中，在及时将君君外婆送医的同时，又迅速联系到君君的表哥，委托他成为君君的

临时监护人,并帮助他联系养老院和申请廉租房。参与这次紧急事件处理的居委会工作人员韩老师向我们描述了整个过程:

他外婆是走到另外一个居委会那边倒下的……那边的居委会找到我们,我们找人找到着急啊!因为我们知道她两个女儿都在那个(指服刑)。然后就想到找他(指君君表哥)。第一个电话接通了,但是第二个电话就开始打不通了,我们也很着急。后来才知道,其实是警察在跟他联系。你知道的,没人签字120是不收的,他(指君君表哥)打车过来也来不及。我们居委干部就赶到那边,叫他们先送医院看病。……知道他(指君君)一个人在家里,又到他们家里去,跟他说外婆去医院了。后来他表哥很快就到了。(JJS1, 2017.7.13)

上述小华和君君的案例是法律孤儿面临监护风险的典型案例。在他们获得妥善安置的背后是各方依托既有的社会救助、社会福利制度框架,通过充分用足相关政策,确保了法律孤儿的监护安全。2018年《上海市困境儿童安全保护工作操作规程》正式实施后,法律孤儿的监护安置有了更为详细具体的操作指引。据研究者了解,目前上海市每个街道均设置了"困境儿童社区工作者",其主要职责是第一时间发现和报告包括法律孤儿在内的困境儿童问题,并提供必要的协调帮助。在临时安置方面,除了上海市儿童临时看护中心可承担部分困境儿童的临时养育外,部分有条件的区县还设立了困境儿童临时照护点。街道或居委会工作人员在工作中如发现儿童脱离监护,将由街镇第一时间联系对口机构,安排单人单床,由同性别的护工或志愿者同住,保护儿童人身安全。

### (三) 教育和医疗保障落实

现有困境儿童救助政策中的教育保障和医疗保障内容主要向重病、重残儿童倾斜,对于身体健康的法律孤儿,教育保障主要来自国家"两免一补"政策和低保制度框架下的教育费用减免,包括义务教育阶段免收学杂费和免费教科书、免费营养午餐、帮困助学券等;医疗保障则按规定办理城镇居民基本医疗保险、少儿住院基金,低保家庭可减免个人缴费标准的费用。因为上述教育保障和医疗保障的相关政策依托低保制度已实施多年,所以本研究中的法律孤儿都得到了相应救助,没有发生任何因贫失学或因病致贫的情况。

## 三、社会参与:以社区为基础的帮扶活动与志愿捐助

2014 年国务院发布的《社会救助暂行办法》提出,国家鼓励单位和个人等社会力量通过捐赠、设立帮扶项目、创办服务机构、提供志愿服务等方式,参与社会救助。我们的研究发现,在对法律孤儿提供社会救助的主体中,除了家庭和政府力量以外,还包括企业、社会组织、志愿者和爱心人士等社会力量的参与。社会力量参与救助法律孤儿的主要形式是以社区为基础的帮扶活动与志愿捐助,其覆盖面较为有限,只有少数法律孤儿从中受益。就我们访谈得到的信息来看,社会力量对法律孤儿的救助大致有以下三类:

### (一) 组织社区文化娱乐活动

社区文化娱乐活动通常是以街道为基础,通过整合社会帮扶资源,以及发动社会组织、企事业单位的参与支持等方式,开展参观文化场馆、短途旅行游览等活动。例如,萌萌参加过街道组织的游览常州恐龙园的活动,燕子每个周末会参加某企业资助的外出游玩活动。在访谈中,抚养人常表示由于自身精力有限或经济状况不佳,带孩子出游的机会不多,因此他们对这种文化娱乐活动十分欢迎,孩子们也乐意参加。据街道办工作人员小蔡介绍,团委、妇联、工会、红十字会等单位都会不同程度地依托社区开展面向贫困儿童的该类文化娱乐活动。(ZHS1, 2017.10.15)但在我们访谈的法律孤儿中,大多数孩子都没有参加过甚至不知道这类活动。对于这类活动的缺乏,燕子的爷爷认为是因为他们的居委会太穷,萌萌的抚养人张阿姨则认为和街道调换了工作人员有关。她告诉我们,过去街道里有一位工作人员非常

负责，每次开展活动都亲自开车接送孩子，活动时间晚了还自掏腰包给孩子们买晚饭。而这位工作人员离职后，街道的活动就开展得没那么多了。可见，社区文化娱乐活动虽然受到法律孤儿及抚养人的欢迎，但它的实施具有很高的自发性和随意性，且受制于主办单位的经费、社会资源乃至工作人员等因素的影响，因此没能让更多的法律孤儿得到帮助。

### （二）开展学习辅导服务

比起文化娱乐活动，能够开展学习辅导的街道就更为凤毛麟角，因为这要求比较固定的活动场地、经费保障和稳定的志愿者队伍。在14名法律孤儿中，只有嘉欢和嘉余姐弟俩先后参加了街道组织的针对特困儿童的英语课外辅导活动。英语班老师由高中生或大学生志愿者担任，教材由街道出资统一复印，场地也由街道提供，每个周六上午的9点到10点30分上课，一个学期能上12—15节课。对此，姐弟俩的外婆表示非常满意："人家出钱都上，这个不要钱的，挺好的！"（JYF1，2017.10.14）但是，由于有能力举办学习辅导班的街道只是极少数，所以购买市场化的教育服务仍是绝大多数法律孤儿满足学习辅导需求的唯一途径。

### （三）个人物资捐赠

一些社会爱心人士在了解到法律孤儿的生活困难后，主动捐赠生活用品和学习用品，或是带着法律孤儿外出玩耍，令法律孤儿及其抚养人都倍感温暖。小华和她的抚养人孙阿姨对一位她们称为"王外婆"的爱心人士充满了感激之情。王外婆对小华的资助已经长达近10年，每到假期，她就会把小华接到自己家里小住，临走的时候"吃的用的都给她带回来""穿的衣服也全是王外婆买的"（XHF1，2017.7.17）。另一位法律孤儿萱萱在去监狱探视父亲时也遇到了一位好心人"胖阿姨"，是个"当官的"。每次萱萱到监狱去，"她都在门口等着，给她送铅笔，送本子，送吃的，送什么都一大包"（XXF2，2017.7.19）。这些爱心人士通过自己的无私付出建立起了与法律孤儿之间亲密的情感联结，有助于法律孤儿形成积极的社会情感。不过,个人做慈善在我国社会尚未形成风气,个别爱心人士的捐赠也难以普及到每个孩子。

社区之所以成为社会力量参与救助法律孤儿的重要载体,与法律孤儿家庭对社区居委会组织的信任度高有很大关系。和其他类型的困境儿童不同,法律孤儿家庭通常不愿意向外人透露自己的家庭情况,但对居委会却是例外,这种信任来自社区居委会为法律孤儿家庭带来的实质性帮助。在我们的访谈中,受访者最常提到的感谢对象就是居委会的工作人员。一些抚养人表示,自己原本对法律孤儿救助政策完全不了解,是居委会主动上门告知申请救助的标准、条件和程序。例如,据小洁外公说,自己原本并不知道可以为小洁申领救助,是居委会主动来询问后帮助他办理的。(XJF2, 2017.7.12)娜娜舅舅也对居委会赞誉有加:"尤其是居委,说实话真不错,真关心。……关键基本是他们主动提出来的。"(NNF1, 2017.10.14)作为直接服务居民的基层组织,社区居委会承担着法律孤儿救助中最直接、最基础的工作。居委会工作人员充分发挥掌握政策信息的优势,帮助社区内的法律孤儿家庭了解、申请相关的各项补助,因此和法律孤儿家庭建立起较为密切的情感联系,赢得了法律孤儿家庭的信任。

## 四、学校:融入学校环境与同辈群体的积极作用

本次调查中所有的法律孤儿都是学龄儿童,尤以义务教育阶段为主,学校是他们在家庭以外的另一个重要的社会化场所。访谈发现,在学校中参与度低、不受老师关注、缺少同辈朋友的孩子往往学习成绩较差、沉迷上网、亲子关系紧张,而那些能够较好地参与学校生活、建立起良好的师生关系和同学关系的法律孤儿出现心理和行为问题的情况则相对较少。

学校开展的各种课外活动可以帮助学生更好地参与和融入学校生活。通过体育活动、兴趣小组等提供的社交机会,学生与教师之间、学生与学生之间可以建立良好的情感联系,促进学生社会性和学业成绩的发展,降低风

险行为发生率(Catalano et al., 2004)。我们在访谈中发现，一些学校设置了丰富的课外活动，法律孤儿有机会在其中发挥课程学习之外的才华，在自信心得到提升的同时也获得老师和同学的认同，较好地融入了学校生活。

小华是学校课外活动的积极分子。在学校的艺术节上，她自导自演了小品，还为同学编排舞蹈。从下面她与我们分享的学校生活趣事中可以看出，她与老师、同学之间关系融洽，学校适应良好：

我的音乐还是不错的吧……我总是给他(音乐老师)添乱。就是上音乐课的时候，因为我报的兴趣课也是他上的课，总是搞出点乱子给他。就拿兴趣课来说吧，因为我们是小品，我还是第一主角，要上台了，我还在下面手舞足蹈。上台了以后，总是会笑场。不过到了进行比赛的时候就不会了。……上课的时候我也总会莫名其妙地笑。上次老师说“柴可夫斯基”，我在下面小声说“柴可烤鸡”，然后周围的人就开始传，传了后就笑，然后我就麻烦了。(XHC, 2017.7.17)

嘉欢则是同学中公认的体育健将。当外婆提到她热爱体育，参加过学校的 4×100 米接力、踢毽子、跳绳、垒球等比赛时，嘉欢自豪地补充了一句：“跳绳比赛得了一等奖，跑步比赛 200 米得了二等奖!”(JHC, 2017.10.14)她的学习成绩并不出众，但在体育比赛、剪贴报制作、剪纸、书签制作等各种课外活动中却大显身手，得到了十几张奖状。除此之外，学校每年还组织两次博物馆之旅，嘉欢已经去过了上海的公安博物馆、银行博物馆、航天博物馆、昆虫博物馆、科技馆等，参观后还上网查资料写观后感。由于同学之间在各种课外活动中交往频繁，学校中的友谊也延续到了学校之外：每到假期，她总是会约上几个要好的同学去图书馆借书、看书，一起玩耍。

在聊天中，大多数孩子都提到自己喜欢参与学校的各种课外活动，部分孩子还在运动会、艺术节等比赛中获奖。尽管他们的学习成绩并不优秀，但学校的课外活动却为他们提供了另一个得到肯定和激励的机会。通过在课外活动中与同学密切的互动合作，他们较好地融入了同辈群体。由于家长们往往只重视学习成绩，对孩子的指责多过赞赏，使得一些孩子和抚养人的关系剑拔弩张，但如果学校能够创设出多元的评价体系，就能在一定程度上缓和孩子的焦虑情绪。

## 第二节　现行社会救助政策存在的突出问题

尽管国家已经出台一系列政策加强法律孤儿救助工作，确保法律孤儿的生活、教育和健康等方面的权利得到保障。但在具体实践中，现行社会救助政策在法制建设、服务输送和政策内容等方面都还存在一些突出问题，影响了法律孤儿救助工作的落实和效果。

### 一、法律孤儿权利保护的法制建设相对滞后

目前政府对法律孤儿实施救助的依据主要是政策性意见，包括国家和地方政府制定的意见、规程、方案等，涉及法律孤儿权利保护的法制建设则相对滞后。对于包括法律孤儿在内的困境儿童问题，既无专门的法律，相关法律中也没有专门的法律条文。《未成年人保护法》《治安管理法》等法律中虽有条文涉及儿童保护，但缺乏解决法律孤儿等困境儿童问题的具体条款，在一定程度上无法适应现实需要。

#### （一）法律孤儿发现强制报告制度缺乏追责措施

强制报告是及时发现法律孤儿并给予及时救助的重要途径。尽管《关于进一步加强事实无人抚养儿童保障工作的意见》中规定公安、司法、刑罚执行机关在办案中发现涉案人员子女或者涉案儿童属于或者可能属于事实无人抚养儿童的，应当及时通报其所在地民政部门或乡镇人民政府（街道办事处）。但是，如果相关部门未尽到通报职责和照护职责，却没有相应的追责措施。由于缺乏追责措施，实践中强制报告制度的义务主体存在着报告

意识不强、处罚无法可依等现象。例如，早在2003年就发生过办案民警玩忽职守造成戒毒人员未成年子女死亡的事件，2020年抗击新型冠状病毒肺炎疫情期间，又发生了疑似感染者将脑瘫孩子托付村委会照管几天后孩子死亡的事件。①又如，本研究的访谈对象小华，曾被刑满释放的母亲遗弃在福利院门口，但当时却没有任何机构或个人对此进行报告，小华最后又被送回母亲家中。造成这些问题的原因，与强制报告制度缺乏追责措施、政策因此得不到有效落实有很大关系。

### （二）缺乏对法律孤儿生活风险的调查评估制度

目前法律孤儿救助的制度体系中还缺乏对法律孤儿生活风险的调查评估制度。《关于进一步加强事实无人抚养儿童保障工作的意见》中明确民政部门的主管职责是资格确认、生活补贴发放、综合协调和监督管理等工作，没有提及对儿童风险的调查评估。当民政部门或公安机关接到发现法律孤儿的报告时，是否需要对该名儿童的风险进行专业的评估？委托谁来进行调查和评估？如何保证这一调查评估符合儿童保护的专业性要求？这些都是基层工作遇到的现实问题。区民政局工作人员小李告诉我们，该区约有250名各类困境儿童，大多数儿童的生活状况都比较平稳，他最担心也最希望了解的是哪些是需要重点关注的高风险儿童。但仅靠街镇儿童督导员的调查走访，难以保证调查评估的专业性，国家也没有指定专门行政机构或第三方机构去评估儿童风险问题。（AS2，2017.6.28）我们的访谈也发现，不同法律孤儿面临的风险程度有很大差别，但他们从政府得到的救助帮扶却大致相同。可见，儿童风险调查评估制度的缺失，使得政府只能为法律孤儿提供整齐划一的基本保障，却难以根据儿童不同的风险程度制定有针对性的服务。

---

① 事件详情可参见：《成都“吸毒母亲被抓　幼女饿死家中”事件始末》，《北京青年报》2003年6月26日；《官方回应脑瘫儿在家6天死亡　父亲疑因新肺炎隔离无法照顾》，《北京青年报》2020年1月30日。

### (三) 刑释人员和戒毒期满人员监护权的法律规定尚不明确

首先,我国法律体系中对监护权变更条件的界定不够清晰。在2015年最高人民法院、最高人民检察院、公安部、民政部联合制定的《关于依法处理监护人侵害未成年人权益行为若干问题的意见》中,监护权的变更条件是监护人发生"严重的监护侵害即性侵害、出卖、遗弃、虐待、暴力伤害未成年人等侵害行为",未将监护人因怠于履行监护职责的情况纳入变更条件;2017年新修订出台的《民法总则》增加了怠于履职情形,规定监护人在抚养子女的过程中如果存在实施严重损害被监护人身心健康行为,或怠于履行监护职责导致被监护人处于危困状态的,都可依法被剥夺监护权。但对于何为"严重损害身心健康行为"、何为"危困状态",都没有做出明确界定。本研究第七章中提到,有5位法律孤儿的父/母都是屡犯、累犯,多次进监狱或戒毒所,虽然造成儿童生活的反复动荡和心理伤害,但并没有出现上述严重侵害行为。因服刑或戒毒而无法履行监护职责,既不属于"严重的监护侵害",也不属于"怠于履行监护职责",对于法律孤儿面临的这种特殊监护情况,目前还没有法律条文或政策文件予以明确规定。其结果是,无论刑释人员和戒毒期满人员是否适合,他们始终是子女首要和合法的监护人。

其次,对刑释人员和戒毒期满人员担任监护人缺乏评估、监督和支持制度。虽然《民法总则》《反家庭暴力法》对监护权撤销做了进一步细化,但在撤销和恢复监护资格的程序、监护资格和监护能力的评估、监护监督和监护支持等方面都缺乏必要的辅助条款保障其实施。本研究发现,刑释人员和戒毒期满人员一旦回家,无须经过任何程序就自然重新成为子女的合法监护人。一些刑释人员出狱后,既没有必要的养育知识和技能,也缺乏养育意识和责任心,孩子回到他们身边反而得不到适当的照顾。目前我国的法律还没有就如何评估刑释人员或戒毒期满人员的监护资格、如何监督和支持他们履行监护责任等问题做出具体规定,这给法律孤儿的监护埋下极大隐患。

## 二、法律孤儿救助的服务输送体系有待完善

目前从中央到地方已经建立了较为完备的救助工作行政管理体系,相应地,对法律孤儿的服务输送也主要采用了政府行政部门直接输送的方式。这种方式的优点是能确保法律孤儿的基本生活费、助学金等救助款项层层落实到位,非常适用于经济性救助。但关于救助经费是如何使用的、达到的效果如何、受助者有无新的需求等问题,却是行政管理部门无法回答的,需要通过个性化的服务才能解决。虽然政府也通过项目资助的方式支持社会组织和社工、志愿者为法律孤儿提供更个性化的服务,但这种方式没有全面推广,也没有形成长效机制。

### (一) 法律孤儿救助服务项目数量少且不稳定

以民政部“中央财政支持社会组织参与社会服务示范项目”为例,2017年,该项目面向全国范围内的社会组织招标,共有3个法律孤儿救助项目获得立项;2018年,法律孤儿救助项目立项数只有一项;到2019年,该示范项目的资助对象调整为在西藏、四省藏区、南疆四地州和四川凉山州、云南怒江州、甘肃临夏州等深度贫困地区开展社会服务的社会组织,结果法律孤儿救助项目无一获得立项。可见,由于政府购买社会组织服务还未制度化、常态化,项目设置容易随政策变化而发生变动,社会组织获得经费支持有很大不确定性,也就难以向法律孤儿提供长期、稳定的服务。

### (二) 承接法律孤儿救助服务的社会组织力量不足

和世界发达国家及地区相比,我国的社会组织服务还处于起步发展阶段,服务儿童的社会组织数量不多,从事法律孤儿服务的社会组织更少。以上海市承接政府购买服务社会组织推荐目录中的社会组织为例,在250家社会组织中,妇女儿童服务领域的社会组织共有19家,其中6家涉及困境儿童关爱服务,只有1家专门为法律孤儿提供服务。各区县社会组织的发展极不均衡,很多区县还没有专门服务于儿童的社会组织,更谈不上针对困

境儿童、法律孤儿的服务。[①]社会组织力量不足，导致法律孤儿获得的服务参差不齐，严重影响社会救助的可及性。

## 三、法律孤儿救助政策内容中缺乏对家庭的支持

当前法律孤儿救助政策高度重视家庭在抚养、教育和保护儿童方面的重要作用，国务院《关于加强困境儿童保障工作的意见》更是强调家庭是促进儿童发展的第一责任主体，要大力支持家庭提高抚养监护能力。但从政策内容上看，目前我国对法律孤儿的救助主要集中于生活费补贴、学校教育、医疗保险等方面，基本都是针对儿童个体开展，没有关注儿童背后的家庭需求，缺乏对抚育法律孤儿的家庭的有效支持。

### (一) 难以满足家庭差异化的需求

每个家庭的经济状况、抚育能力、委托监护人与儿童的亲缘关系都可能不同程度地影响儿童的生活，因此也会产生不同的问题和需求。我们所访谈的家庭几乎都为不同的问题所困扰，有的需要申请廉租房，有的没能力辅导孩子学习，有的想寻找孩子失联的父/母，有的急于解决重病老人的看护问题，等等。这些需求显然无法通过整齐划一的经济补助或帮扶活动来予以解决。现有的救助政策忽视了法律孤儿的家庭也是困境家庭的可能性，没有设置为家庭提供支持的内容，因此难以应对各个家庭差异化、个性化的需求。在福利机构数量较为有限的现实下，大多数法律孤儿都是和祖辈或其他亲属生活在一起，依靠家庭来保障其生存和发展。因此，如果家庭的需求无法得到适当满足，同样可能使家庭陷入困境，进而对法律孤儿的成长产生负面影响。

### (二) 祖辈抚养人自身的需求和风险未得到足够重视

现有救助政策将法律孤儿的祖父母、外祖父母作为首要的委托监护人，

---

① 参见上海社会组织公共服务平台：《上海市承接政府购买服务社会组织推荐目录(2018 版)》，http://shzz.mzj.sh.gov.cn/TuiJianMuLu/TJML.aspx?kw=&qhid=11&ywid=3&yw2=。

但并没有考虑祖辈的抚养能力,对祖辈抚养给予必要支持。就儿童身心发展而言,祖辈为失去父母的儿童提供替代性养护通常比机构照料要好(尚晓援、伍晓明,2006:33)。但正如本书第六章所发现的,法律孤儿的祖辈往往年龄偏大、身体健康状况不佳,缺乏家庭教育的知识和技巧,还承受着一定程度的照料压力和心理压力,这些因素都影响了他们的抚育能力。对于这部分祖辈抚养人,现有政策只明确了他们的监护责任,却没有为他们提供诸如健康随访、家庭教育指导、心理疏导等相应的支持和帮助,由此带来的风险是双重的:一方面,祖辈承受巨大的抚养压力,容易发生风险;另一方面,一旦祖辈出现突发疾病、丧失抚养能力、去世等情况,法律孤儿就会重新面临失去监护的风险。

本章从法律孤儿及其家庭的主观经验和评价出发,分析了法律孤儿救助政策取得的成效与存在的主要问题。研究发现,在家庭尽责、政府主导、社会参与的政策目标下,家庭、政府、社区、学校以不同形式发挥了对法律孤儿的救助保护作用,缓解了法律孤儿的成长风险和压力。但现有救助政策还在法制建设、服务输送、家庭支持等方面存在不足。主要的研究发现包括:

针对法律孤儿现象的存在,我国政府实施了家庭为主要载体、以经济支持和监护安置为主的保障性救助政策,主要做法是优先安置法律孤儿在家庭中生活,并将法律孤儿纳入困境儿童保障范围,使他们有资格享受基本生活保障、基本医疗保障和教育保障。这一救助政策在法律孤儿救助中发挥了托底作用,其成效十分显著,法律孤儿的基本生存权和受保护权得到充分保障。在政府和家庭提供的救助之外,部分法律孤儿还得到了以社区为基础的帮扶和捐助,以及学校和同辈群体的支持,令他们的困境得到一定程度的缓解。但相较于制度性救助,这些非正式救助具有一定的自发性、随意性和个人性，其惠及范围有限，亦无法发挥稳定的、长效的保护作用。

现有法律孤儿救助政策在实践中的运行遭遇了一些问题，主要包括：(1)政策法律存在不清晰和空白之处。一是法律孤儿发现强制报告制度中缺乏对义务主体的追责条款，导致强制报告制度得不到有效落实；二是缺乏法律孤儿风险调查评估制度，导致相关部门在接到发现法律孤儿的报告后，难以开展专业的调查和有针对性的救助；三是现行法律体系未对服刑人员和戒毒人员不适宜担任监护人的情形做出明确界定，且缺乏对刑释人员和戒毒期满人员的监护评估、监护监督和监护支持制度。(2)服务输送体系尚不完善。法律孤儿救助服务项目数量较少，服务周期较短，从事法律孤儿救助服务的社会组织更是极为缺乏。(3)政策内容忽视了对抚养法律孤儿的家庭的支持。现有政策内容主要是针对法律孤儿个体的同质化的救助，无法满足不同家庭差异化的需求，尤其是缺乏对祖辈抚养人的支持，容易导致法律孤儿家庭中的老人和儿童都成为高风险人群。

# 第十章 研究结论与对策建议

本章首先回答导论中提出的三个问题:法律孤儿的生存状况如何?他们有什么样的现实需求?全社会各个部门又是如何回应法律孤儿的困境和需求的?其中,本章着重讨论本研究的两个主题。第一,与过去有关法律孤儿的研究不同,本研究特别强调儿童生活的连续性和动态性,并据此分析法律孤儿成长与发展过程中存在的多重风险和困境。第二,本研究讨论了政府、家庭、社区、学校等社会不同部门在法律孤儿生活中发挥的作用,并指出,自2013年以来,国家在法律孤儿的救助中起了关键的作用,使法律孤儿的生存权和受保护权得到保障。但受制于国家对法律孤儿救助的"托底"目标,当前对法律孤儿的制度性救助在应对法律孤儿复杂的、多元的需求时存在不足。据此,本章提出相关建议,最后阐述了本研究的局限性和未来研究方向。

## 第一节 结论与讨论

本研究采用质性研究方法,考察了当前法律孤儿面临的生活困境、存在的现实需求和获得的社会救助。这一领域的已有研究主要基于父母服刑/戒毒与子女生活困境的因果关系假设之上,即认为因父母服刑/戒毒而产生的监护缺失是导致法律孤儿生活困境的主要原因。与这种因果论述相一致，我国对于法律孤儿的救助也以儿童监护缺失的身份认定为基础，儿童只能在父母服刑或戒毒期间才能得到相应的监护安排和经济保障。这种因果论述忽略了儿童的成长和发展具有连续性这一基本事实，因为在父母服刑或戒毒事件发生之前，他们的违法犯罪行为就已经存在，其子女已经生活在高风险家庭之中，且父母刑满释放或戒毒期满并不必然终结法律孤儿的生活困境，反而有可能带来新的风险。

本研究认为，父母的服刑或戒毒事件是儿童生活困境的原因之一，而非唯一原因。法律孤儿的成长和发展是一个连续的动态过程，在其父母服刑/戒毒之前、父母服刑/戒毒期间、父母回归家庭以后的各阶段，他们在日常生活、心理调适、家庭支持、亲子关系、学业发展等方面都面临着诸多风险。对此，现有的制度性救助和非制度性救助虽在一定程度上发挥了对法律孤儿的保护作用，但尚难以满足法律孤儿及其家庭复杂的、多元化的救助需求。

## 一、法律孤儿面临多重风险

法律孤儿在成长和发展的过程中持续地面对多重风险。这些风险主要分布在个体、家庭、社会制度和法律、社会文化和社会观念四个层面，其中家庭层面是最常出现的风险来源，具体体现在家庭结构、经济能力和家庭教养能力三个方面。这些风险因素不单是因受法律孤儿的父母服刑/戒毒的冲击而产生，也可能在法律孤儿的父母离开前就已经存在，或是在其父母回归后才会发生(表 10.1)。法律孤儿生活中的多重风险特征增加了他们生活的不确定性，部分儿童随时可能陷入生活困境或生活困境进一步恶化。

**表 10.1 法律孤儿面临的多重风险**

| | 父母离开前 | 父母离开期间 | 父母返家后 |
|---|---|---|---|
| 个体 | ◆ 父母违法犯罪<br>◆ 监护缺失 | ◆ 祖辈高龄、疾病 | ◆ 父母为屡犯、惯犯 |

（续表）

| | | 父母离开前 | 父母离开期间 | 父母返家后 |
|---|---|---|---|---|
| 家庭 | 经济能力 | ◆ 父母无正当职业<br>◆ 父母无稳定住所 | ◆ 抚养人收入低 | ◆ 父母不就业<br>◆ 居住条件恶化 |
| | 家庭结构 | ◆ 父母非婚生育<br>◆ 单亲家庭<br>◆ 扩展亲属网络薄弱 | ◆ 家庭破裂<br>◆ 隔代抚养<br>◆ 扩展亲属网络支持不足 | ◆ 祖辈退出抚养<br>◆ 扩展亲属网络支持不足 |
| | 教养能力 | ◆ 父母养育意识淡薄<br>◆ 遗弃风险 | ◆ 祖辈缺乏家庭教育能力和技巧 | ◆ 父母提供的照料质量低下<br>◆ 亲子关系疏离 |
| 社会制度、政策与法律 | | ◆ 缺乏儿童风险的预警和干预 | ◆ 不友好的探视制度 | ◆ 低保政策的“负激励”效应<br>◆ 缺乏对父母监护能力的评估和监督 |
| 社会文化与社会观念 | | ◆ 家庭承担养育儿童的责任、国家不干涉家事的观念 | ◆ 社会歧视 | ◆ 父母是儿童的最佳监护人的观念 |

### （一）父母离开前的风险因素

在父母离开之前，法律孤儿首先面对的是父母违法犯罪行为带来的各种风险。一些父母从事的违法犯罪活动会对子女和家庭产生附带的消极影响。例如母亲在怀孕和哺乳期间吸毒，导致子女早产、出生后发病、发育不良等情况发生；还有人因欠毒资而被人追债，导致子女和其他家庭成员的人身安全遭到极大威胁。其次，父母的违法犯罪行为一旦暴露，儿童就随时要面对失去监护人的风险。

即使父母没有离开，法律孤儿生活的家庭也处于多重风险之中。他们的父母大多没有正当职业，没有稳定收入，受教育程度极低，难以为子女提供经济保障。同时，由于他们在社会上游荡，结交不良伙伴，个人生活混乱，非婚生育的比例极高，导致子女从一出生就被迫接受单亲家庭的事实，部分孩子还遭遇上不了户口的难题。法律孤儿的父母既有的种种恶习，使得家庭面临扩展亲属网络断裂的局面。一些父母自身就是在不健全的家庭环境下长大,在成长过程中缺乏父母的关爱和照顾,这种结构性的家庭风险又传递给了下一代。他们养育孩子的意识和责任感极为淡薄,如果没有祖辈或其他成人的保护,儿童就有被遗弃的风险。

在社会文化和社会观念中,养育子女是家庭内部事务,只有当儿童人身安全受到严重损害时,国家和社会才有责任进行干涉。因此,对于法律孤儿在其父母离开前所面对的各种风险,在没有发生严重后果的情况下,社会制度和法律中都没有设置相应的预警、防范和干预机制。可见,宏观系统对于法律孤儿在父母离开前风险的忽视,其本身也成为法律孤儿不得不面对的风险因素之一。

### (二) 父母离开期间的风险因素

父母服刑/戒毒事件而导致家庭结构的改变,家庭成员的角色分工随之发生变化,法律孤儿被迫面对家庭破裂和抚养人变更的风险。无论是父母双方入狱,还是一方入狱后另一方与之离婚,或是一方入狱另一方逃亡在外,法律孤儿的核心家庭都会彻底破裂。大多数情况下,法律孤儿的祖辈承接了孩子的抚养责任。隔代抚养家庭可能存在祖辈的高龄、疾病、经济状况不佳、教育能力不足等不同风险。一些祖辈还要处理子女的寻找律师、上诉、辩护、重审等法律事务,支付律师费和子女监狱生活费用等。所有这些额外的负担都会不同程度地影响隔代抚养的风险。

由于社会文化和法律制度对犯罪分子的打击和排斥,整个家庭还可能会遭受情感上的巨大冲击,祖辈们同样会产生羞耻、内疚和痛苦的心理。他们通常会向法律孤儿保守其父母服刑/戒毒的秘密,或是教导法律孤儿向外界隐瞒自己的家庭情况。就算是那些知情的法律孤儿,因为探视程序带来的心理压力、探视时间和地点的不便等原因,也极易中断与狱中父母的联系。此外,一些旨在帮助法律孤儿的帮扶活动也有将法律孤儿"标签化"的风险,唤起法律孤儿的身份焦虑。

(三) 父母回归后的风险因素

现代社会普遍认为,原生家庭是最适合儿童成长的环境,父母是抚养儿童的最佳人选。相应地,父母天然地拥有对子女的监护权。在目前的法律制度框架下,父母的监护权并不受服刑、戒毒等因素的影响。法律孤儿的父母一旦刑满释放或戒毒期满,无须通过任何评估、考察或过渡阶段,就能自然获得监护和抚养子女的权利。如果父母是屡犯、惯犯,那么他们再次入狱或进戒毒所的几率极高,这有可能使法律孤儿生活变得动荡不安。如果和这样的父母长期生活,他们错误的价值观念和行为示范对法律孤儿产生的负面影响更是难以估量。

即使法律孤儿的父母回到正轨,他们在家庭中也并不一定能发挥积极作用。由于有犯罪前科,又缺乏工作经验和技能,他们的就业选择十分有限。在低保救助政策的"负激励"效应下,他们大都不愿就业,因而无法提升家庭收入水平。他们的回归通常会带来两种后果:一是祖辈继续承担抚养责任,经济压力和住房压力急剧上升;二是祖辈不再承担抚养责任,儿童得到的经济支持、情感支持和日常生活照顾的质量都明显下降。

(四) 风险的累积性

上述分析表明,要理解法律孤儿的生活困境,必须观察其生命历程不同阶段的各种文化、制度、经济、家庭和个体的影响因素。通常情况下,这些风险因素都共同存在、相互关联,形成累积性的风险。例如,父母长期处于无业状态,使得他们违法犯罪的可能性剧增;父母缺乏经济能力和有过违法犯罪经历,可能影响照顾质量和亲子关系;社会文化中对违法犯罪分子的排斥可能导致祖辈的心理压力,祖辈在日常教养过程中又将压力传递给法律孤儿,等等。当然,不是所有法律孤儿都会同时面临上述所有风险,每个儿童的情况会有所不同,形成独特的风险因素组合。一般来说,风险因素越多,法律孤儿面临的风险就越大。

## 二、法律孤儿个体需求与家庭需求的一体性

上述分析表明，家庭是法律孤儿最主要的风险源。家庭成员角色缺失、家庭养育功能不足、家庭的社会支持薄弱、家庭社会经济地位低下等多种因素都会对法律孤儿的生活产生消极影响。可以说，法律孤儿的生活困境正是其家庭困境的具体表现。同时，作为家庭成员，法律孤儿本身的问题又会反作用于家庭，引发新的家庭问题。因此，法律孤儿的需求与其所生活的家庭的需求密切关联。要解决法律孤儿的困难，不能仅仅关注法律孤儿个体的需求，还应从儿童与家庭一体的角度来看待家庭整体需求。

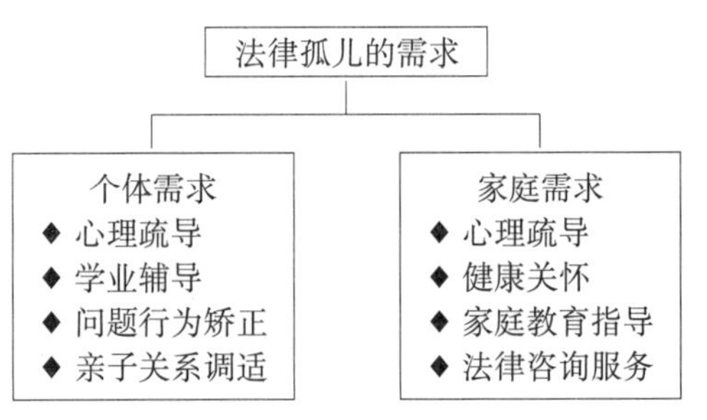


**图 10.1　法律孤儿的个体需求与家庭需求**

### (一) 儿童个体需求与家庭需求

法律孤儿个体的需求主要包括：(1)对因父母服刑带来的心理压力、高龄抚养人离世或重病带来的心理创伤等进行疏导；(2)学习辅导和课外兴趣培训；(3)对部分存在网络游戏成瘾、网络交友风险的儿童进行问题行为矫正；(4)对儿童与抚养人之间的沟通不良、与父母之间的亲情淡漠等问题进行亲子关系调适。

家庭的需求主要包括：(1)对部分祖辈抚养人因子女服刑/戒毒产生的自卑、耻辱、封闭等心理进行疏导；(2)对高龄抚养人和长期患病的抚养人的健康关怀；(3)替代抚养人和返家后的父母需要得到家庭教育指导；(4)与法

律孤儿监护权、户籍、住房相关的法律咨询服务。

### （二）法律孤儿需求及其家庭需求向专业型与服务型转变

法律孤儿及其家庭的需求已经从生存型需求向专业型、服务型需求转变。我国自 2013 年以来针对包括法律孤儿在内的困境儿童制定实施了一系列救助政策，尤其是 2016 年《关于加强困境儿童保障工作的意见》出台以来取得了重大成就。从我们的调查来看，法律孤儿及其家庭已经得到了基本的生活保障，他们大都对政府给予的经济支持表示满意，没有提出进一步的资助要求。他们目前的主要需求具有明显的专业型和服务型特征。对于这些需求，单纯的经济补贴无济于事，需要社会工作者、心理咨询师、法律从业者等相关专业人员通过专业服务的形式才能做出有效的应对。

## 三、多元主体参与法律孤儿的社会救助

从第八章的分析可见，政府、家庭、学校、社区街道和居委会、社会组织、企业、慈善爱心人士等主体以不同形式参与了对法律孤儿的救助，但其救助内容和功能有所不同，见图 10.2。

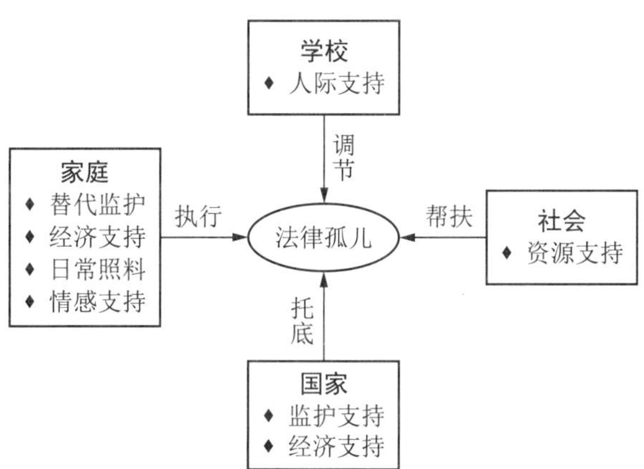


**图 10.2　多元主体在法律孤儿社会救助中的功能**

### （一）作为托底者的政府

政府在对法律孤儿的救助中发挥了“托底”作用。首先，政府落实了法

律孤儿的监护安置制度，保证每个法律孤儿在父母缺位时都有替代抚养人予以照料；其次，法律孤儿可以得到最低生活保障，政府为法律孤儿的基本生活资料、医疗和教育提供一定经济资助。这种“托底”式的救助政策对法律孤儿提供了有效的保护和支持，避免了法律孤儿陷入无人照料、流离失所的境地。不过，这种“托底”式救助虽然为法律孤儿的生存权和受保护权提供了保障，但尚难以应对法律孤儿及其家庭面临的多重风险和多元化需求。

（二）作为执行者的家庭

对于法律孤儿而言，制度层面的救助固然重要，但他们真正面对的是具体的、私人的日常生活。从这个角度来说，家庭发挥了最为重要的作用。无论是由祖辈担任抚养人的家庭，还是由其他亲属或父母的朋友、邻居担任抚养人的家庭，都为法律孤儿提供了长期的安全稳定的居所、与家人朝夕相处的生活环境和充分的日常生活照料，法律孤儿也因此不必进入制度化的福利机构。如果法律孤儿生活在扩展家庭之中，那么他/她有可能会得到更强有力的监护、更充分的经济支持和情感支持。不过，在家庭规模小型化趋势明显的当下，生活在扩展家庭中的法律孤儿相当有限；加上不少法律孤儿的原生家庭本就存在扩展亲属网络薄弱的问题，这更降低了他们从亲属网络中获取抚养资源的可能性。

（三）作为调节者的学校

理论上，学校并非社会救助系统的一员，但却发挥了实质性的救助功能。与专门的救济机构和矫正机构不同，公立学校面向全体儿童，是一种普遍的福利措施（何芳，2013：98）。虽然我们阐述了法律孤儿生活中的种种风险，但当我们真正进入法律孤儿的生活世界时，就会感受到他们的生活其实和其他一般儿童没有太大差别，他们自己并未时时刻刻受到“法律孤儿”这一身份的困扰（事实上这一名称本来就是外界给他们贴上的一个标签），也没有总是处于极度紧张和焦虑的心绪之中。学校提供了一个让他们脱离“法律孤儿”身份的场所。由于抚养人对其身份严格保密，在学校，他们和其他儿童一样学习、游戏和社交，有可能通过课程学习和课外活动树立自信，获得认同和成就感，融入同辈群体，建立积极的人际关系。所有这些都有助于他们的社会化发展，调节和缓解他们生活中消极因素的影响。相反，如果学校没有为法律孤儿提供积极的支持，甚至让他们觉得充满敌意，那么就会增加法律孤儿生活中的风险。

（四）作为帮扶者的社会

在政府、家庭和学校之外，企业、社会组织、志愿者、爱心人士等社会力量也为法律孤儿提供了各种资源支持。其中，社区成为社会力量参与救助法律孤儿的重要基础。一方面，街道和居委会是法律孤儿救助事务的实际经办人，掌握着较为完备的法律孤儿信息资料；另一方面，法律孤儿家庭对社区工作人员的信任度较高，对社区活动的参与度也相应较高。因此，街道和居委会通过整合社区帮扶资源、发动社区中社会组织、企事业单位的参与支持等方式，开展了各种各样的帮扶活动和志愿捐助。这些社会力量的帮扶支持在一定程度上减轻了法律孤儿抚养人的养育压力，但这些帮扶具有零散性、临时性和随机性，未能形成普遍的、制度化的、程序化的长效机制。法律孤儿能否得到来自社会的救助，往往受街道的经济实力、资源动员能力、社区工作人员的责任心等因素的制约，进而破坏了法律孤儿受助的公平性。

## 第二节　以专业服务支持法律孤儿成长发展的建议

法律孤儿的成长和发展过程中存在诸多风险，他们面临的困境往往是家庭整体困境的反映。法律孤儿及其家庭的需求已经从生存型向服务型转变，仅靠政府的经济支持和社会其他部门的零散帮扶已经无法满足，建立和发展一个制度化的、组织化的服务体系十分必要。

本研究认为,法律孤儿并非"问题"儿童。即使他们身上存在着一些问题,这些问题也不尽是因其父母是服刑或戒毒人员所致。因此,对法律孤儿开展救助服务,应尽量不要专门针对法律孤儿这一群体,以免助长社会对法律孤儿的"标签化",使得法律孤儿在同龄人中被"隔离"出来,这不利于他们的健康成长。[①]基于这一观点,本研究提出一个以家庭整体为服务对象的三重服务体系。第一重服务体系是面向所有家庭,但以法律孤儿、贫困儿童、残疾儿童等困境儿童家庭为重点的家庭支持服务;第二重服务体系是旨在确保法律孤儿监护安全的儿童保护服务;第三重服务体系是旨在协助服刑人员和戒毒人员承担监护职责的重返家庭服务(见图 10.3)。在这个服务体系中,家庭支持服务可以为法律孤儿在父母离家的前、中、后三个阶段的不同需求提供帮助,儿童保护服务可以确保法律孤儿在父母被逮捕或带离时得到妥善安置,重返家庭服务则旨在帮助服刑人员和戒毒人员学习和发展重新承担儿童监护职责的能力。

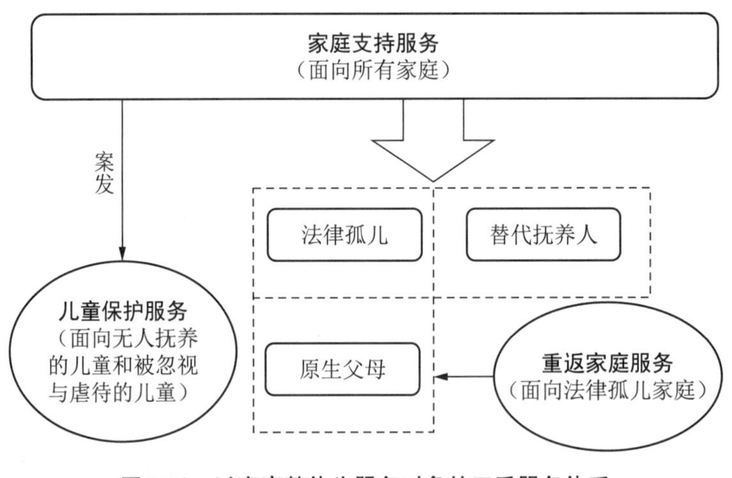


**图 10.3 以家庭整体为服务对象的三重服务体系**

① 近年来,我国学界已经开始对"留守儿童"标签化问题进行反思,批评过去一段时期内留守儿童救助帮扶政策和举措实质上强化了留守儿童的身份标签,使留守儿童被当作"问题儿童"对待。在设计和发展法律孤儿的救助服务时,更应避免陷入"标签化"的误区。

## 一、家庭支持服务

家庭支持服务采取一种以早期预防为重点的模式，即在问题发生之前就为家庭提供支持，通过提高家长的育儿能力来确保儿童的健康成长。在这个意义上，家庭支持与其说是一种“服务”，不如说是一种帮助家庭的方法，它试图从根本上提升家庭处理问题、应对风险的能力，而不仅仅是一个可供家庭依赖的系统(何芳，2016)。

从政策环境和体制机制来看，在我国开展家庭支持服务具有一定的现实基础和可行性。近年来，我国政府高度重视家庭建设工作，出台了一系列旨在为家庭提供支持的政策性文本。例如，国务院妇儿工委制定的《中国儿童发展纲要(2011—2020年)》中提出了基本建成适应城乡发展的家庭教育指导服务体系的目标，并制定了每个街道和乡(镇)至少配备1名专职或兼职儿童社会工作者、90%的城市社区和80%的行政村建立家长学校或家庭教育指导服务点、确保儿童家长每年至少接受2次家庭教育指导服务和参加2次家庭教育实践活动等具体的策略措施。全国妇联联合相关部门制定的《关于指导推进家庭教育的五年规划(2016—2020年)》提出，要继续巩固发展学校、家庭、社区相衔接的指导服务网络，目标是城市社区、学校建立家庭教育指导服务站点或家长学校的比率达到90%，农村社区(村)、学校建立家庭教育指导服务站点或家长学校的比率达到80%。2015年教育部出台的《教育部关于加强家庭教育工作的指导意见》也提出，要构建家庭教育社区支持体系，尤其强调加快形成家庭教育社会支持网络，构建家庭教育社区支持体系，教育部门要和相关部门密切配合，推动建立社区家庭教育的指导机构，把家庭教育的指导服务纳入社区体系中去，提供公益性的家庭教育指导服务。在这些政策的推动下，承担家庭支持功能的家庭教育指导服务站点和家长学校在全国各地广泛建立起来。截至2018年，全国共有城乡社区家长学校和家庭教育指导服务站点近35.9万个，网上家长学校1.7万余个、家庭教育短信微信服务平台6.4万余个。[①]

在现有家庭教育指导服务网络的基础上,我国可以从以下三个方面进一步建立完善家庭支持服务体系,:

### (一)管理主体从“多头管理”转向“下沉管理”

我们的研究发现,法律孤儿家庭从现有的家庭教育指导服务机构中得到的专业支持和服务非常有限。目前,家庭教育指导工作的开展主要依托两类机构:社区家庭教育指导中心和家长学校。基层社区家庭教育指导中心大多建在社区(街道、村)内,由妇联主管,协调相关部门开展家庭教育指导工作。家长学校主要建在中小学校内,由教育行政部门主管,中小学校具体执行家庭教育指导工作。这种多头管理容易造成家庭教育指导机构有些功能重复而有些功能不足、有些信息冗余而有些信息空白、有些人群重复接受教育而有些人群却被忽视的状况。例如,社区家庭教育指导中心和家长学校最常见的工作就是通过知识讲座、经验分享等方式来传播普及优秀的家庭教育理念,这些工作是以一般家庭为对象,内容较为单一,针对性和吸引力不强,一般家庭参与的积极性不高。实际上,对家庭支持需求最强烈的往往不是一般家庭,而是法律孤儿、贫困儿童、残疾儿童等困境儿童家庭。妇联、教育行政部门、学校与这些困境儿童家庭缺乏近距离的接触,难以了解不同类型家庭的独特需求。针对这种状况,可以考虑将家庭指导服务机构的资源进行整合,由街道办事处、乡镇政府进行统一管理,以社区为基础开展相关工作。作为儿童和家庭直接接触的微系统,社区不仅在支持家庭、服务家庭时具有更高的可及性,同时也最熟悉家庭情况、最了解家庭需求,因此最有可能设计出适合于不同类型家庭的家庭支持服务;同时,社区还可以充分发挥其信息和资源优势,开发利用辖区内学校、医院、企业、社会组织等不同单位的服务资源,用于支持和服务家庭的工作。

---

① 详细报道可参见杨昊:《汇聚巾帼力量,书写绚丽篇章——中国妇女十一大以来妇女工作综述》,《人民日报》2018年10月30日。

### (二) 工作形式从"面上教育指导"转向"个别支持服务"

当前的家庭教育指导服务主要通过讲座、报告、活动等形式对家长进行家庭教育理念、知识和经验的宣传和讲授，虽然能够在一定程度上起到积极作用，但却难以真正解决家庭具体的、复杂多样的现实问题。为了让家庭困境得到有针对性的、有实际效果的改善，有必要将工作形式从"指导"转向"服务"。所谓"服务"，也不仅仅是指组织几次亲子活动、提供家庭教育资料、设置家庭教育信息交流平台等，而是要从"面上教育指导"向"个别支持服务"发展，通过引入专业的社会组织和社工，以个案辅导为主要形式，针对家庭差异、家长需求和儿童特点，提供有针对性的支持和服务。目前已有一些城市开始了对家庭支持服务的探索，并积累了一些有益的经验。如广州市发展出"政府出资购买、社会组织承办、全程跟踪评估"的服务模式，即以街(镇)为单位建立家庭综合服务中心，开展以青少年、长者和家庭为重点、面向全体社区居民的社会工作专业服务(李卫湘，2014)。在借鉴先进经验的基础上，各地可以探索发展符合本地经济发展状况和社区特点的家庭支持服务模式，帮助法律孤儿家庭获得个性化的服务。

### (三) 工作内容从"儿童中心"转向"家庭中心"

当前家庭教育指导服务的内容具有明显的"儿童中心"特征，关注重点集中在儿童学习和行为问题、不同年龄阶段儿童的心理发展特点、亲子沟通的方式方法等方面，最终目的是帮助家长解决在教养孩子的过程中出现的各种问题，却忽视了家长和家庭本身的服务需求。就法律孤儿而言，在他们成长过程的不同阶段(父母离家的前、中、后期)，其生活的家庭都面临着不同的风险和困境，如父母非婚生育、祖父母健康危机、父母出狱后的就业难问题等，都对儿童的成长发展带来负面影响。因此，家庭支持服务应将家庭整体作为服务对象，基本内容包括：(1)儿童心理和亲子关系的教育培训；(2)隔代抚养家庭中老人的健康访视；(3)儿童的临时看护与照料；(4)就业培训与介绍。此外，还应充分发动志愿者资源，开发法律咨询与援助、中小学生学业辅导、心理咨询等内容。更重要的是，家庭支持服务应该成为联结社区内各个家庭的平台，加强家庭之间的分享和交流，促进家庭互助网络的生成，最终形成社区互帮互助的文化氛围。

## 二、儿童保护服务

与家庭支持服务面向所有家庭不同，儿童保护服务是一种危机处理服务，主要面向两类对象：一是无人抚养的困境儿童（法律孤儿属于这一类型）；二是遭受忽视与虐待的儿童。

2017 年 10 月 1 日起实施的《民法总则》规定，没有合适监护人的儿童主要由民政部门兜底监护。2019 年 1 月 1 日，首部关于儿童福利机构的管理规章——《儿童福利机构管理办法》正式实施。该办法明确扩大了儿童福利机构收留抚养儿童的范围，除传统上的孤儿外，还可以接受未成年人救助保护机构委托，收留抚养由民政部门承担临时监护责任的儿童。这些规定实际上建立了国家监护制度和儿童长期安置办法，使所有无法获得适当照料的儿童都成为国家临时监护的对象，从政策和法律层面解决了长期以来困扰儿童保护工作的儿童监护和安置难题。2019 年，民政部新设立儿童福利司，其职能为负责拟订儿童福利、孤弃儿童保障、儿童收养、儿童救助保护政策、标准，健全农村留守儿童关爱服务体系和困境儿童保障制度，指导儿童福利、收养登记、救助保护机构管理工作。这是民政部首次单独就儿童福利和儿童保护工作设立相关司局，能独立行使行政管理职责，儿童福利和儿童保护工作的机构建制显著加强。

在当前儿童保护的法律基础和政府职能都取得重大发展的基础上，未来可以在服务输送环节做进一步的探索：

### （一）建议在《未成年人保护法》中增加儿童伤害强制报告条款

2014 年，最高人民法院、最高人民检察院、公安部、民政部等部门出台的《关于依法处理监护人侵害未成年人权益行为若干问题的意见》中已规定，学校、医院、村民委员会等单位及其工作人员，发现未成年人受到监护侵害的，应当及时向公安机关报案或者举报。部分省市也陆续制定出台了旨在保护儿童的强制报告措施。但强制报告制度在实践中并未严格落实，其主要原因就是缺乏相应的责任追究的法律依据。因此，有必要在《未成年人保护法》中增加儿童伤害强制报告条款，明确违反报告义务的法律责任，细化追责处罚措施。法律条文中应规定公民在发现儿童存在监护缺失、监护不当或受到伤害的情况时有举报的义务。尤其是教师、医护人员、执法人员、社工等在日常工作中容易接触儿童的个人或部门，必须向公安部门或民政部门报告。掌握儿童缺乏监护或受伤害的信息却不报告者，应当承担法律责任。对因民政部门、福利机构等未尽到妥善监护和照料职责、因公安和其他执法部门在执法过程中疏忽或处置不当等原因造成儿童伤害，相应责任人应当承担法律责任。

### （二）制定贯穿逮捕、量刑、服刑、刑释全程的儿童保护办法

父母服刑不是一个孤立存在的事件，它涉及逮捕、入狱、释放等诸环节和不同执行部门，每个环节的处置都关系到儿童的利益，有必要制定明确具体的儿童保护办法，为相关部门提供操作指引。例如，在儿童在场时逮捕其父母可能会对儿童造成极大的心理创伤，对于这种情况，公安执法部门应制定详细的处置规程，以尽量减轻逮捕对儿童的影响。此外，公安机关应询问被捕者是否需要对其未成年子女提供安置，确保其子女不会因父母被捕而失去监护。在入狱阶段，鉴于儿童探视服刑父母的主要障碍之一是监狱距儿童居住地太远，故监狱管理局在分配监狱时可对有未成年子女的罪犯就近安排监狱，便于儿童探视。在刑释阶段，服刑人员在出狱前应接受监护能力评估，在出狱后也应继续接受监护监督和监护支持服务，避免因其监护能力不足而导致儿童利益受到损害。

### （三）建立儿童风险评估制度

可由民政部门牵头，联合相关领域的专业人士，研究制定儿童风险分级标准和具体的评估指标体系。儿童风险评估应综合考虑儿童的监护状态、

身心需求、安全保障、生活环境等因素，为儿童分类救助保护工作提供依据。对处于无人监护或生命安全遭受威胁状态的高风险儿童，在接到举报后，公安部门和民政部门应立即联合开展调查，确保儿童能够及时脱离危险环境，并被安置到安全、有益于其成长的环境。对中等风险儿童和低风险的儿童，可视情况紧迫性确定不同的反应时间，但原则上应在接到举报后的 24 小时之内进行调查。就法律孤儿而言，因父母被捕而即刻失去监护的儿童应被判定为高风险儿童，父母被捕后仍有祖辈或其他亲属监护的儿童可依调查结果划分为中等风险或低风险儿童。根据不同的风险等级，民政部门和社会福利机构对法律孤儿开展不同程度的干预和救助。

（四）在各级民政部门设立专门的儿童保护事务专员

有条件的地区可在市、县、区民政局设立专司儿童福利和儿童保护工作的儿童服务科。每个镇(街道)应有一位专门的儿童保护事务协调员，具体负责对法律孤儿的家庭监护情况的随访、监督和支持工作，安排开展儿童风险的调查、核实和评估，为儿童或家庭提供必要的服务转介等。

（五）政府与社会组织合力提供服务项目

各地政府可视情况将流浪儿童救助保护中心、儿童看护中心等机构整合更改为儿童保护服务中心，面向法律孤儿、事实无人抚养儿童、受虐待或被忽视的儿童、贫困儿童、流浪儿童等一切有需要的困境儿童，为他们提供临时食宿、基本医疗、心理咨询、法律援助等服务；聘用受过社工专业教育、具备社工从业资格的工作人员，确保儿童得到专业的服务。政府在兴办儿童保护服务中心的同时，还应鼓励社会组织参与保护儿童，通过简化设立程序、专项资金、政策优惠、购买服务等形式来予以扶持，从而形成政府与社会组织共同保护儿童的强大合力。

## 三、重返家庭服务

重返家庭服务是专门针对法律孤儿家庭的一种服务，旨在帮助服刑人员和戒毒人员维系稳定的家庭关系、树立正确的养育态度和价值观、学习掌握必要的育儿知识和技能，促进他们在刑满释放和戒毒期满后承担监护责任。目前，我国一些地区的监狱已经开始探索对服刑人员开展教育改造的新途径。例如，上海开放大学和上海监狱合作办学，通过面授辅导与网络远程教学相结合的教学方式对服刑人员进行教育改造，创出了一条监狱教育社会化的新途径，5 500 余名罪犯接受教育，累计 1 550 人获得学历证书。① 这种办学模式较为成功地将远程开放教育的理念和资源引入上海监狱，形成了稳定的教育模式、教育内容和教学形式。不过，当前面向服刑人员的课程主要集中在学历教育和兴趣技能类非学历教育的普及培训方面，对服刑人员家庭角色实践的重视不够，有待进一步的设计与开发。

针对法律孤儿家庭的重返家庭服务应涵盖如下四项内容：

### (一) 建立服刑/戒毒人员的家庭资料档案

司法机关和戒毒机构通常只登记服刑/戒毒人员的年龄、教育程度、婚姻状况、刑期、犯罪次数等信息，对于他们的家庭特征、亲子状态、婚姻关系等资料则缺乏系统的收集和统计，政府部门和社会福利机构也无法根据相关资料对其家庭提供有针对性的帮助。因此，监狱和戒毒所应建立家庭资料的详细档案，详细记录服刑/戒毒人员之前的工作、经济状况、家庭生活史、家庭犯罪史、家庭互动和家庭关系、扩大家庭的支持状况、子女数、子女年龄资料，为重返家庭服务提供参考。

### (二) 在监狱和戒毒所开展家庭教育课程

监狱可与教育机构、社工机构开展合作，研究设计针对服刑/戒毒人员的家庭教育课程。美国犯罪矫治协会在其出版的《服刑人员家庭教育工作手册》中将家庭教育课程分为三个部分：(1)如何在服刑期间维持良好的家庭关系；(2)如何在服刑期满后重返家园和社会；(3)应该如何对待服刑人

---

① 详细报道可参见上海监狱：《上海监狱与上海开放大学举行深化合作战略协议签约仪式》，https://jyj.sh.gov.cn/jyw/node3/u1ai5895.html，2017-9-19。

员。前两个部分针对服刑人员，第三部分则邀请服刑人员的子女和家属一起参与（江振亨，2003：276）。具体而言，针对服刑/戒毒人员的家庭教育课程应该包括对养育观念与态度、育儿知识与技能、亲子关系、婚姻情感、情绪管理、人际交往等方面的指导和咨询。课程学习方式也可以多样化，采用讲座、讨论、亲子活动等多种形式，既讲授相关知识，也提供实践机会。

### （三）建设对儿童友善的探视制度和探视环境

法律孤儿大多不愿意或很少去探视父母，其原因与目前探视制度和探视环境所形成的障碍有关。尽管《监狱法》规定罪犯在监狱服刑期间可以会见亲属，监狱每个月也都设有接见日，但接见日通常都在工作日而非法定节假日，这一日期设定与学龄儿童的上学时间及抚养人的工作时间相冲突，导致探视难以实现。对此，监狱可考虑对有未成年子女的服刑人员予以特殊照顾，将儿童探视父母的时间安排在周末和其他节假日期间，并可适当延长儿童探视父母的时间。此外，监狱内应开辟对儿童友善的探视区，尽量让儿童在柔性的环境中与父母见面，减轻儿童的恐惧和心理压力。

### （四）对刑释人员和戒毒期满人员进行监护能力评估和监护支持服务

为了避免法律孤儿的父母因反复入狱或戒毒造成儿童生活动荡，民政部门应联合专业机构和专业人士设计制定监护能力评估标准和办法。监狱和戒毒所在释放服刑人员和戒毒人员之前，应通知民政部门委派相关专人对其进行未成年子女监护能力评估。不能通过该项评估者，民政部门应当为其未成年子女寻找替代监护方案；通过评估的刑释人员和戒毒期满人员在回家后，还要继续接受相应的监护监督和监护支持服务。在美国，一些州专门立法制定协助刑释人员回归家庭的措施，并为刑释人员提供为期一年的育儿支持服务（Christian，2009：12）。我国虽有帮助刑释人员过渡的政策措施，但大都着眼于刑释人员“回归社会”而非“回归家庭”，尤其是对为人父母的刑释人员所要重新承担起未成年子女的监护人角色缺乏政策关注和支持。对于这些有未成年子女的刑释人员和戒毒人员，街道（镇）儿童保护事务协调员应进行随访和监督，并帮助和督促他们接受社区家庭支持服务。

## 第三节　本研究的局限与未来研究方向

作为一项质性研究，本研究为人们了解法律孤儿这一“隐秘”人群的真实生活状况提供了深度资料。然而，使用质性研究方法去探讨法律孤儿的生活也有其自身的局限性。

首先，由于寻找研究对象的难度较大，本研究最终能够接触的法律孤儿数量和类型都非常有限。本研究中所访谈的法律孤儿都生活在上海，其父母的犯罪类型以非暴力犯罪为主，且无一人被判死刑。因此，本研究对法律孤儿生存状况的结论不适合推论到其他法律孤儿身上。尤其是那些生活在农村地区的法律孤儿和父母严重暴力犯罪（如故意杀人、强奸、抢劫等）的法律孤儿，他们有可能会面临比本研究所陈述的情况更严峻的生存现实，他们的救助需求也可能有所不同。

其次，本研究主要关注法律孤儿在家庭中的生活状况，对法律孤儿学校生活的分析相对较少，有关学校生活的资料都来自法律孤儿自己或其家人的叙述。研究者原本打算寻找法律孤儿的老师和同学访谈，但由于所有的抚养人都表示不希望学校的同学知悉法律孤儿的家庭情况，出于尊重和保护受访者隐私的考虑，我们放弃了到学校中开展观察和访谈的想法。

再次，研究者用于调查的时间较为有限。虽然我们在每个法律孤儿家庭都进行了 2—3 小时的深度访谈，但法律孤儿及其抚养人对自身经历的认知与他们真实具体的日常生活之间必定还存在差距。正如一位受访者说“最怕人家要我讲故事”，我们担心反复询问会勾起受访者的伤痛记忆，因此，在访谈结束后，除了部分受访者主动提出外，我们不要求再次访谈或保持联系。要更深入地了解法律孤儿的生活，需要更专业的社会工作者的加入，并能为其提供帮助和服务。

从学术探讨的角度，本研究分析了法律孤儿的生活困境和社会救助的相关问题。但从社会救助实务的角度来看，理解法律孤儿问题的最终目的是为了解决问题，帮助儿童更好地成长和发展。我们发现，法律孤儿的生活经历虽然具有共性，但是他们的家庭背景、个人特质、成长环境等因素都在不同程度地影响他们，使他们成为一个具有高度异质性和复杂性的人群。其中，一些儿童因为保护性因素的薄弱而面临严重的生活困境，表现出较多的心理和行为问题；而另一些儿童则成长得较为顺利，遭遇的问题较少。这说明，在法律孤儿人群内部，也存在着“分层次、分类型、分标准”的必要。为了更好地帮助社会救助实务工作的开展，未来应进一步开展儿童风险评估研究，建立法律孤儿风险指标体系，对法律孤儿风险进行预防、分类、分级，为相关部门有针对性地开展工作提供参考。

# 参考文献

## 一、中文文献

[1] 艾思明、曲超.吉林省服刑和刑满释放人员未成年子女关爱帮扶工作调研报告[J].中国司法,2015(4):36—41.

[2] 北京市民政局.北京市民政局关于开展未成年人社会保护试点工作的通知[A].京民救助发(2013)265 号.

[3] 陈芳.我国“单亲家庭”研究述评[J].西北人口,2008(5):114—119.

[4] 陈伙平.福建省家长服刑的子女家庭教育调查研究[J].福建师范大学学报(哲学社会科学版)[J].2005(2):136—140.

[5] 陈向明.质的研究方法与社会科学研究[M].北京:教育科学出版社,2000.

[6] 陈一筠.道德危机、婚姻衰败与“美国梦”的幻灭——当前美国中等人群的婚姻现状[N].中国社会科学报,2012-01-18:B03.

[7] 程福财.家庭、国家与儿童福利供给[J].青年研究,2012(1):53.

[8] 杜静,范召全.服刑人员未成年子女民间救助机构的现状研究:基于西安儿童村的调查报告[J].社会工作(学术版),2007(1):26—29.

[9] 段飞燕、李静.近十年国内外隔代教养研究综述[J].上海教育科研,2012(4):13—16.

[10] 范斌、童雪红.服刑人员未成年子女的社会救助——基于儿童权利的视角[J].学习与实践,2017(8):106—112.

[11] 范斌、童雪红.慈善法制化背景下服刑人员未成年子女的合作救助研究[J].贵

州大学学报(社会科学版),2017(5):115—119.

[12] 方晨晨、薛海平.课外补习对义务教育阶段学生成绩影响的实证研究[J].上海教育科研,2014(12):5—9.

[13] 费孝通.乡土中国、生育制度、乡土重建[M].北京:商务印书馆,2011.

[14] 冯艳."法律孤儿"心理创伤研究——以X市个案为例[J].青年与社会,2013(10):84—85.

[15] 高丽茹、彭华民.中国困境儿童研究轨迹:概念、政策和主题[J].江海学刊,2015(4):111—117.

[16] 国务院.九十年代中国儿童发展规划纲要[A].1992年2月16日国务院国发(1992)9号文下达.

[17] 国务院办公厅.国务院办公厅关于加强孤儿保障工作的意见[A].国办发(2010)54号.

[18] 国务院.国务院关于加强困境儿童保障工作的意见[A].国发(2016)36号.

[19] 何芳.流浪儿在美国:社会救助的制度、实践与启示[M].上海:上海人民出版社,2013.

[20] 何芳.美国家庭支持服务育儿模式之审视[J].比较教育研究,2016(7):7—13.

[21] 何瑞.服刑人员未成年子女的困境与社会工作的介入[J].北方民族大学学报(哲学社会科学版).2017(6):111—114.

[22] 贺新春、黄梅珍."法律孤儿"的人权保障现状及其对策[J].赣南师范学院学报,2015(2):88—92.

[23] 黄洁.城市服刑人员未成年子女的需要及其社会保护[D].天津:南开大学,2008.

[24] 黄越.上海公益性劳动组织的性质与发展研究[D].上海:华东师范大学,2008.

[25] 江雅筑.受刑人家庭服务实务经验探讨——以中华民国红心字会为例[J].社区发展季刊,2009(128):190—202.

[26] 江振亨.从"受刑人家庭支持方案"模式谈社会工作理念在矫治机构之运用[J].社区发展季刊,2003(103):276.

[27] 杰克·瑞启曼,(美)马克·弗瑞瑟.青少年暴力理论:抗逆力,危险和保护

[M],穆光宗等,译.北京:中国人口出版社,2007.

[28] 李春玲.社会政治变迁与教育机会不平等——家庭背景及制度因素对教育获得的影响(1940—2001)[J].中国社会科学,2003(3).

[29] 李卉.T机构服刑人员未成年子女的需求调查及救助模式的探索[D].北京:中国社会科学院研究生院,2012.

[30] 李培林.社会治理与社会体制改革[J].国家行政学院学报,2014(4).

[31] 李卫湘.广东:政府购买,在社区设置社工岗位[J].中国社会工作,2014(9月上).

[32] 李想.服刑人员未成年子女困境的社会工作介入研究——以南京市西善花苑社区为例[D].南京:南京航空航天大学,2016.

[33] 李忠路、邱泽奇.家庭背景如何影响儿童学业成就?——义务教育阶段家庭社会经济地位影响差异分析[J].社会学研究,2016(4).

[34] 林建鸿、王真真.服刑在教人员未成年子女群体状态与应对思考——基于闽东N市的调查分析[J].预防青少年犯罪研究,2015(3):22—29.

[35] 刘红霞.在押服刑人员未成年子女救助体系的构建与完善[J].法学杂志,2016(4):125—132.

[36] 刘继同.中国社会结构转型、家庭结构功能变迁与儿童福利政策议题[J].青少年犯罪问题,2007(6):9—13.

[37] 刘新玲、张金霞、杨优君.中美服刑人员未成年子女救助的理论与实践比较[J].福建行政学院学报,2009(1):39—45.

[38] 刘新玲、杨优君.我国服刑人员未成年子女的救助考察——以北京"太阳村"为个案[J].福建行政学院福建经济管理干部学院学报,2007(5):55—60.

[39] 陆杰华、汤澄.人口转变背景下风险家庭表现形式、成因及公共政策再建构[J].河北学刊,2016(3):145—151.

[40] 陆士桢、陈丽英.论当前我国儿童的生存与发展——盘点2015年一系列重大恶性儿童事件[J].中国青年社会科学,2016(2):1—8.

[41] 露丝·贝哈.动情的观察者:伤心人类学[M].韩成艳、向星,译.北京:北京大学出版社,2012.

[42] 马庆钰、马福云.社会救助政策及其执行缺陷的矫正[J].行政管理改革,2016

(12):42.

[43] 马歇尔、罗斯曼.设计质性研究:有效研究计划的全程指导[M].何江穗,译.重庆:重庆大学出版社,2015.

[44] 民政部.民政部关于开展适度普惠型儿童福利制度建设试点工作的通知[A].民函(2013)206 号.

[45] 民政部.民政部关于开展第二批全国未成年人社会保护试点工作的通知[A].民函(2014)240 号.

[46] 民政部、最高人民法院、最高人民检察院等.关于进一步加强事实无人抚养儿童保障工作的意见[A].民发(2019)62 号.

[47] 莫瑞丽.刑释人员回归社会中的社会排斥研究[M].北京:中国社会科学出版社,2010.

[48] 欧渊华、黄坚、黄发杰、林明敏.福建省在押服刑人员未成年子女基本情况调查研究[J].犯罪与改造研究,2018(9):42—48.

[49] 潘雪姣.服刑人员未成年子女的社会保护问题研究[D].西安:西北大学,2017.

[50] 乔东平.虐待儿童:全球性问题的中国式阐释[M].北京:社会科学文献出版社,2012.

[51] 全国妇联儿童部.倾听儿童的心声——首届中国儿童论坛综述[J].中国妇运,2001(6).

[52] 人民网.全国第二批适度普惠型儿童福利制度建设试点工作视频会议在京召开[EB/OL].http://ccn.people.com.cn/n/2014/0526/c366510-25063392.html

[53] 上海市人民政府.上海市人民政府关于加强本市困境儿童保障工作的实施意见[A].沪府发(2017)32 号.

[54] 上海市人民政府.关于对《上海市人民政府关于加强本市困境儿童保障工作的实施意见的解读》[EB/OL]. http://www. shanghai. gov. cn/nw2/nw2314/nw2319/nw41893/u21aw1231293.html, 2017-5-23.

[55] 尚晓援.从国家福利到多元福利——南京市和兰州市社会福利服务的案例研究[J].清华大学学报(哲学社会科学版),2001(4):16—23.

[56] 尚晓援.解析东亚福利模式之谜——父系扩展家庭在儿童保护中的作用[J].青

少年犯罪问题，2006(5)：4—11.

[57] 尚晓援、伍晓明.中国农村孤儿保护体制的个案研究[J].中国青年研究，2006(12)：29—35.

[58] 塔尔科特·帕森斯.作为一种社会体系的班级：在美国社会中的某些功能[M].赵明，译.//张人杰.国外教育社会学基本文选.华东师范大学出版社，2009：419—438.

[59] 同春芬、张越.福利多元主义理论研究综述[J].社会福利（理论版），2018(5)：8—13.

[60] 佟丽华.五项机制推进困境儿童保障工作[N].中国妇女报，2016-6-24，A03.

[61] 王健、李长江、彭云龙、王玲、孙路静.服刑人员未成年子女的心理问题和社会支持度的关系[J].中国儿童保健杂志，2012(7)：622—624.

[62] 王刚义、李媛、王秀岩.服刑人员未成年子女救助的可持续发展研究[J].人力资源理，2015(2)：223—225.

[63] 王君健.社会控制理论视角下“法律孤儿”机构救助问题探究[J].中国青年研究，2016(3)：70—75.

[64] 王君健、寇薇.承认理论视角下“法律孤儿”生存现状的个案研究[J].青年研究，2013(5)：44—52.

[65] 王强.刑满释放人员的就业援助政策效果评估与改进建议——以上海市为例[D].上海：上海师范大学，2016.

[66] 王向贤.两孩政策、非婚生育和生育观的变革[J].山西师大学报（社会科学版），2017(1)：8.

[67] 王晓真.德学者解析欧洲未婚生育趋势[N].中国社会科学报，2016-4-25.

[68] 王兴彬.社会组织改革发展迈入新时代[N].中国社会报，2019-4-1.

[69] 王以仁.受刑人家属心理需求之研究[J].长荣大学学报，2003(1)：101—127.

[70] 王跃生.中国城乡家庭结构变动分析[J].中国社会科学，2013(12)：60—77.

[71] 王志祥.遗弃罪构成要件的新思考[J].法治研究，2009(7)：3.

[72] 文丽华.法律孤儿的社交心理障碍与社会工作介入研究[D].兰州：兰州大学，2017.

[73] 夏禹波、姜志荣.青岛市服刑人员未成年子女教育现状调查及对策研究[J].青

岛大学师范学院学报,2010(3):117—122.

[74] 徐汇区人民政府办公室.关于转发区民政局制订的《关于加强徐汇区困境儿童保障工作的实施方案》的通知[A].徐府办发〔2018〕8 号.

[75] 许玉镇、孙超群.论烙印群体及其就业帮扶政策困境——以我国刑满释放人员为例[J].社会科学研究,2018(4):46—53.

[76] 徐浙宁、冯萍.服刑家庭子女生活状况及发展需求调查[J].青年研究,2005(6):41—48.

[77] 薛海平、宋海生.课外补习时间对中学生成绩影响的实证研究——基于PISA2012上海的数据[J].教育科学研究,2018(4):55—60.

[78] 严浩仁、陈鹏忠、殷导忠.服刑人员未成年子女生存状况与社会救助研究——对浙江常山县、开化县和平湖市的调查[J].法治研究,2009(3):67—72.

[79] 闫红丽.服刑人员未成年子女社会救助政策研究[D].杨凌:西北农林科技大学,2015.

[80] 杨舸.社会转型视角下的家庭结构和代际居住模式——以上海、浙江、福建的调查为例[J].人口学刊,2017(2):5—17.

[81] 杨美荣、郭鑫、张聪颖、孙才智、苑杰.服刑人员未成年子女心理健康状况[J].中国学校卫生,2013(7):866—867.

[82] 杨雄、陶希东等.上海民生民意报告(2018)[M].上海:上海人民出版社,2018.

[83] 姚建龙.未成年人法的困境与出路——论《未成年人保护法》与《预防未成年人犯罪法》的修改[J].青年研究,2019(1):8.

[84] 翟同祖.中国法律与中国社会[M].北京:商务印书馆,2016.

[85] 张丽君.国家亲权理念下服刑人员未成年子女监护干预浅析[J].预防青少年犯罪研究,2015(5):103—109.

[86] 张明锁、张瑞红、李倩影、谢小卫、李飞跃、刘文静.我们想融入"社会"这个家——关于服刑人员未成年子女的形势分析和需求评估调查[J].预防青少年犯罪研究,2012(7):47—56.

[87] 张淑琴.服刑人员未成年子女心理特点及形成原因[C].全国首届服刑人员未成年子女心理辅导研讨会,2005.

［88］张卫英，陈琰.国家机关在法律孤儿社会救助中的作用［J］.中国青年政治学院学报，2008(4)：34—37.

［89］张铮、段志远.多中心治理视角下社会弱势群体救助模式研究——以服刑人员未成年子女为例［J］.管理世界，2015(7)：176—177.

［90］郑霞泽.服刑人员未成年子女现状调查［M］.法律出版社，2006.

［91］中央综治委特殊人群专项组办公室.中央综治委特殊人群专项组办公室下发《关于深入开展服刑在教人员未成年子女排查帮扶工作的通知》［J］.人民调解，2013(11)：4.

［92］周涛.谈服刑人员子女的社会保护［J］.辽宁警专学报，2005(7)：67—69.

［93］朱华燕、朱华军.服刑人员未成年子女生存状况实地调查——以浙江宁波某县为例［J］.青年研究，2008(4)：7—13.

［94］朱丽叶·M.科宾、安塞尔姆·L.施特劳斯.质性研究的基础.形成扎根理论的程序与方法［M］.朱光明译，重庆：重庆大学出版社，2015.

## 二、英文文献

［1］Annie E. Casey Foundation, 2011, *When a parent is incarcerated: A primer for social workers*. http://www.aecf.org/m/resourcedoc/aecf-WhenAParentIsIncarceratedPrimer-2011.pdf

［2］Ayre, L., Philbrick, K. & Reiss, M., 2006, *Children of imprisoned parents: European Perspectives on Good Practice*. Paris: EUROCHIPS.

［3］Besemer, S., 2014, "The impact of timing and frequency of parental criminal behavior and risk factors on offspring offending," *Psychology, Crime & Law*, 20(1) 78—99.

［4］Besemer, S., & Farrington, D., 2012, "Intergenerational transmission of criminal behavior: Conviction trajectories of fathers and their children," *European Journal of Criminology*. 9(2), 120—141.

［5］Besemer, S., Geest, V., Murray, J., Bijleveld, C., & Farrington, D., 2011, "The relationship between parental imprisonment and offspring offending in England and

The Netherlands," *British Journal of Criminology*, 51(2), 413—437.

[6] Boswell, G., 2002, "Imprisoned fathers: The children's View,"*The Howard Journal*, 41(1):14—26.

[7] Bowlby, J., 1980, *Attachment and loss. Vol. 3: Loss: Sadness and depression*. London: Hogarth Press.

[8] Bronfenbrenner, U., 1979, *The ecology of human development*. Cambridge: Harvard University Press.

[9] Brooks, S., 2008, *Out of the shadows: What child welfare workers can do to help children and their incarcerated parents*. http://humanservices.ucdavis.edu/news/pdf/074_140.pdf

[10] Bruce, W., Lopoo, L., & eonard, and McLanahan, S., 2004, "Incarceration and the bond between parents in fragile families," in M. Pattillo, D. Weiman & B. Western (eds.), *Imprisoning America: The social effects of mass incarceration*, pp. 21—45, New York: Russell Sage Foundation.

[11] Burton, L., 1992, "Black grandparents rearing children of drug-addicted parents: Stressors, outcomes, and social service needs," The Gerontologist, 32(6), 744—751.

[12] Catalano, R., Berglund, M., Ryan, J., Lonczak, H., & Hawkins, J., 2004, "Positive youth development in the United States: Research findings on evaluations of positive youth development programs," *The Annals of the American Academy of Political and Social Science*, 591, 98—124.

[13] Christian, S., 2009, *Children of Incarcerated Parents*. Washington: National Conference of State Legislatures. http://www.cga.ct.gov/coc/PDFs/fatherhood/NCSL_ChildrenOfIncarceratedParents_0309.pdf

[14] Coleman, J., Camp bell, E. & Hobson, C., 1966, *Equality of educational opportunity*. Washington, DC: National Center for Educational Statistics.

[15] Comfort, M., 2007, "Punishment beyond the legal offender," *Annual Review of Law and Social Science*, (3):271—296.

[16] Connealy, M. & DeRoos, Y., 2000, "Grandparenting and family preservation," in. B. Hayslip, & R. Golberg-Glen(eds.), *Grandparents raising grand-children: Theoretical, empirical, and clinical perspectives*, pp.23—34, New York: Springer.

[17] Cuba, E., & Lincoln, Y., 1994, "Competing paradigms in qualitative Research," in N. K. Denzin & Y. S. Lincoln (eds.), *Handbook of qualitative research*. Thousand Oaks, California: Sage.

[18] Dallaire, D., 2007, "Children with incarcerated mothers: Developmental outcomes, special challenges, and recommendations,"*Journal of Applied Developmental Psychology*, 28(1), 15.

[19] Dallaire, D., Ciccone, A. & Wilson, L., 2010, "Teachers' experiences with and expectations of children with incarcerated parents," *Journal of Applied Developmental Psychology*. 31, 281—290.

[20] Domenici, C., Cuttano, A., Nardini, V., Varese, L., Ghirri, L. & Boldrini A., 2009, "Drug addiction during pregnancy: Correlations between the placental health and the newborn's outcome-Elaboration of a predictive score," *Gynecological Endocrinology*, 25(12), 786—792.

[21] Elder, G. H., 1998, "The Life Course as Developmental Theory,"*Child Development*, 69(1), 1—12.

[22] Elder, G. H., Johnson, M. K., & Crosnoe, R., 2003, "The emergence and development of life course theory," in J. T. Mortimer & M. J. Shanahan(eds.), *Handbook of the life course*, pp.3—19, New York: Kluwer.

[23] Fritach, T., & Burkhead, J., 1981, "Behavioral reactions of children to parental absence due to imprisonment," *Family Relations*, 30(1), 83—88.

[24] Geller, A., Garfinkel, I., Cooper, C.E., & Mincy, R.B., 2009, "Parental incarceration and child well-Being: Implications for urban families,"*Social Science Quarterly*, 90(5):1186—1202.

[25] Glaze, L., & Maruschak, L., 2008, *Parents in prison and their minor children*. Washington, DC: U. S. Department of Justice Bureau of Justice Statistics. http://

bjs.ojp.usdoj.gov/content/pub/pdf/pptmc.pdf

[26] Glover, J., 2009, *Every night you cry: the realities of having a parent in prison*. Essex: Barnardos.

[27] Guggenheim, M., 1995, "The effects of recent trends to accelerate the termination of parental rights of children in foster care—an empirical analysis in two states;" *Family Law Quarterly*, 29(1), 121—140.

[28] Hairston, C.F. , 2007, *Focus on children with incarcerated parents: An overview of the research literature*. http://www.f2f.ca.gov/res/pdf/FocusOnChildrenWith.pdf

[29] Howes, C., & Hamilton, C. E., 1993, "The changing experience of child care: Changes in teachers and in teacher-child relationships and children's social competence with peers," *Early Childhood Research Quarterly*, 8(1), 15—32.

[30] Johnson, C., 2009, "Ever-Increasing Levels of Parental Incarceration and the Consequences for Children," in S. Raphael & M. Stoll(eds.), *Do prisons make us safer? The benefits and costs of the prison boom*, pp.177—206, New York: Russell Sage Foundation.

[31] Johnston, D., 1995, "Effects of parental incarceration," in K. Gabel & D. Johnston, (eds.), *Children of incarcerated parents*, pp.59—88, New York: Lexington Books.

[32] Johnson, E. I., & Easterling, B., 2012, "Understanding unique effects of parental incarceration on children: Challenges, progress, and recommendations," *Journal of Marriage and Family*, 74, 342—356.

[33] Kampfner, C. J., 1995, "Post-traumatic stress reactions in children of imprisoned mothers," in K. Gabel & D. Johnston(eds.), *Children of incarcerated parents*, pp.89—100, New York: Lexington Books.

[34] Marshall, K., 2008, Not Seen. *Not Heard. Not Guilty: The rights and status of the children of prisoners in Scotland*. Edinburgh: Scotland's Commissioner for Children and Young People.

[35] Mills, A. & Codd, H., 2008, "Prisoners' families and offender management:

Mobilizing social capital," *The Journal of Community and Criminal Justice*, 55(1), 9—24.

[36] Murray, J. & Farrington, D., 2006, "Evidence-based programs for children of prisoners," *Criminology & Public Policy*, 5(4), 721—735.

[37] Murray, J., Janson, C. & Farrington, D., 2007, "Crime in adult offspring of prisoners: A cross-national comparison of two longitudinal samples," *Criminal Justice and Behavior*, 34(1), 133—149.

[38] Myers, B, Smarsh, T., Amlund-Hagen, K., 1999, "Children of incarcerated mothers," *Journal of Child and Family Studies*, 8(1), 11—25.

[39] Nesmith, A. & Ruhland, E., 2008, "Children of incarcerated parents: challenges and resiliency in their own words," *Children and Youth Services Review*, 30(10), 1119—1130.

[40] Lapadat, J. C., & Lindsay, A. C., 1999, "Transcription in research and practice: From standardization of technique to interpretive positionings," *Qualitative Inquiry*, 5(1), 64—86.

[41] Lopoo, L. & Western, B., 2005, "Incarceration and the formation and stability of marital unions," *Journal of Marriage and the Family*, 67, 721—734.

[42] Loureiro, T., 2010, *Perspectives of children and young people with a parent in prison*. Edinburgh: Scotland's Commissioner for Children and Young People.

[43] Luthar, S. Cicchetti, D., 2000, "The construct of resilience: implications for interventions and social policies," *Development and psychopathology*, 12(4), 857—885.

[44] Luthar, S. S., Cicchetti, D., & Becker, B., 2000, "The construct of resilience: A critical evaluation and guidelines for future work," *Child Development*, 71, 543—562.

[45] Mears, D. P., & Siennick, S. E., 2016, "Young adult outcomes and the life-course penalties of parental incarceration," *Journal of Research in Crime and Delinquency*, 53(1), 3—35.

[46] Meredith, L., Sherbourne, C., Gaillot, S., Hansell, L., Ritschard, Hans., Parker, A. & Wrenn, G., 2011, *Promoting psychological resilience in the U.S. military*. RAND Corporation.

[47] Ming, M. D., 2011, *The impact of family, community, and resilience on African-American young adults who had parents incarcerated during childhood. Dissertations* 583. https://digitalcommons.andrews.edu/dissertations/583

[48] Murphey, D. & Cooper, M., 2015, *Parents behind bars: What happens to their children?* Childtrends, https://www.childtrends.org/wp-content/uploads/2015/10/2015-42ParentsBehindBars.pdf

[49] Murray, J., Farrington, D. P., & Sekol, I., 2012, "Children's antisocial behavior, mental health, drug use, and educational performance after parental incarceration: A systematic review and meta-analysis," *Psychological Bulletin*, 138 (2), 175—210.

[50] Murray, J., Farrington, D. P. and Sekol, I. & Olsen, R., 2009, *Effects of parental imprisonment on child antisocial behavior and mental health: a systematic review*. Norway: The Campbell Collaboration.

[51] Phillips, S. & Zhao, J., 2010, "The relationship between witnessing arrests and elevated symptoms of posttraumatic stress: Findings from a national study of children involved in the child welfare system," *Children and Youth Services Review*, 32 (10):1246—1254.

[52] Poehlmann, J., 2005b, "Representations of attachment relationships in children of incarcerated mothers," *Child Development*. 76, 679—696.

[53] Poehlmann, J., Park, J., Bouffiou, L., Abrahams, J., Shlafer, R., Hahn, E., 2008, "Representations of family relationships in children living with custodial grandparents," *Attachment and Human Development*. 10(2),165—188.

[54] Prout, A. & James, A., 1997, *A New paradigm for the sociology of childhood? provenance, promise and problems constructing and reconstructing childhood contemporary issues in the sociological study of childhood*. London: Falmer Press.

[55] Robertson, O., 2007, *The impact of parental imprisonment on children*, Geneva: Quaker United Nations Office.

[56] Robertson, O., 2012, *Collateral convicts: Children of incarcerated parents*, Geneva: Quaker United Nations Office. http://www.quno.org/sites/default/files/resources/ENGLISH_Collateral%20Convicts_Recommendations%20and%20good%20practice.pdf

[57] Robillard, A.G., Holliday, R.C., DeHart, D.D., Lewis, K., Rutherford, Y., & Amutah, N., 2016, "An exploratory study examining risk communication among adolescent children, their incarcerated mothers, and their caregivers," *Journal of Health Care for the Poor and Underserved*, 27(2), 101—119.

[58] Rosenberg, J., 2009, *Children needs dads too: Children with fathers in prison*, Geneva: Quaker United Nations Office.

[59] Rutter, M., 1979, "Protective factors in children's responses to stress and disadvantage," in M. W. Kent & J. E. Rolf (eds.), *Primary prevention of psychopathology (Vol. 3): Social competence in children*, pp.49—74, Hanover, NH: University Press of New England.

[60] Rutter, M., 1993, "Resilience: Some Conceptual Considerations,"*Journal of Adolescent Health*, 14, 626—631.

[61] Sack, W., Seidler, T. & Thomas, S., 1976, "Children of imprisoned parents: A psychosocial exploration," *American Journal of Orthopsychiatry*, 46, 618—628.

[62] Sameroff, A., Bartko, W., Baldwin, A., Baldwin, C., & Seifer, R., 1998, "Family and social influences on the development of child competence," in M. Lewis & C. Feiring(eds.), *Families, risk, and competence*, pp.161—186, Hillsdale, NJ: Lawrence Erlbaum Associates.

[63] Sameroff, A., Seifer, R., Barocas, R., Zax, M. & Greenspan, S., 1987, "Intelligence quotient scores of 4-year-old children: Social environmental risk factors," *Pediatrics*, 79, 343—350.

［64］Sheehan，R. & Levine，G.，2006，*Parents as prisoners*：*Maintaining the parent-child relationship*. Canberra：Criminology Research Council.

［65］Shafer，R.，Gerrity，E.，Ruhland，E.，& Wheeler，M.，2013，*Children with incarcerated parents—considering children's outcomes in the context of family experiences*. St. Paul，MN：Children，Youth & Family Consortium. https://extension.umn.edu/family/cyfc/our-programs/ereview/docs/June2013ereview.pdf

［66］Smith，P. & Gampell，L.，2011，*Children of imprisoned parents*. Copenhagen：The Danish Institute for Human Rights.

［67］Smith，R.，Grimshaw，R.，Romeo. R，& Knapp，M.，2007，*Poverty and disadvantage among prisoner's families*. York：Joseph Rowntree Foundation.

［68］Social Exclusion Unit，2002，*Reducing re-offending by ex-Prisoners*. London：Social Exclusion Unit.

［69］The Rebecca Project for Human Rights and National Women's Law Centre，2010，*Mothers behind bars*：*A state-by-state report card and analysis of federal policies on conditions of confinement for pregnant and parenting women and the effect on their children*. Washington：National Women's Law Centre.

［70］Trice，D. & Brewster，J.，2004，"The effects of maternal incarceration on adolescent children，" *Journal of Police and Criminal Psychology*，19(1):27—35.

［71］Tudball，N.，2000，"*DOING IT HARD*"—*A study of the needs of children and families of prisoners in Victoria*. Melbourne：VACRO.

［72］Tuerk，E.，& Loper，A.，2006，"Contact between incarcerated mothers and their children：Assessing parenting stress，" *Journal of Offender Rehabilitation*，43(1)，23—43.

［73］Turney，K.，2014，"Stress proliferation across generations? Examining the relationship between parental incarceration and childhood health，" *Journal of Health and Social Behavior*，55(3)，302—319.

［74］Turney，K.，2017，"The unequal consequences of mass incarceration for children，"*Demography*，54(1)，361—389.

[75] Visher, C. A., Travis, J., 2003, "Transitions from Prison to Community: Understanding Individual Pathways," *Annual Review of Sociology*, 29(1), 89—113.

[76] Wakefield, S., Lee, H., & Wildeman, C., 2016, "Tough on crime, tough on families? Criminal justice and family life in America," *The Annals of the American Academy of Political and Social Science*, 665(1), 8—21.

[77] Western, B., Wildeman, C., 2009, "The Black family and mass incarceration," *The Annals of the American Academy of Political and Social Science*, 621(1), 221—242.

[78] Zeman, J.L., Dallaire, D.H., Folk, J.B., & Thrash, T.M., 2018, "Maternal incarceration, children's psychological adjustment, and the mediating role of emotion regulation,"*Journal of Abnormal Child Psychology*, 46(2), 223—236.

# 附录一：
# 访谈提纲

（一）儿童：

1. 生活状况

（1）目前和谁生活在一起？主要由谁照顾？

（2）是否能吃饱穿暖？身体健康状况如何？

（3）对自己的生活状况是否满意？对抚养人是否满意？

2. 受教育状况

（1）在学还是辍学？

（2）学习成绩如何？学习兴趣如何？认为学习是否有意义？

3. 家庭关系

（1）你和你的父母、实际抚养人关系怎样？他们对你好吗？其最大的缺点是什么？你喜欢他们吗？为什么？

（2）说一件你和抚养人之间发生的最让你觉得高兴的事情。

（3）说一件你和抚养人之间发生的最让你觉得生气的事情。

（4）亲戚、家人中，你最喜欢谁？最讨厌谁？为什么？说一件你和他之间让你印象最深刻的事情。

4. 同伴关系

（1）你最好的朋友是谁？你们经常在一起吗？在一起，一般做什么？说一件你和他一起做过的最让你印象深刻的事？朋友对你的影响怎样？

(2) 跟同学的关系如何？说一件你和同学之间发生的让你印象最深刻的事情。

5. 自我认知

(1) 你觉得自己是个什么样的人？用几个词来形容。

(2) 和其他孩子比，你最大的优点、缺点分别是什么？你如何认识这些优缺点？

6. 社会认知

(1) 邻居、老师对你态度如何？你觉得周围的人对你友好吗？

(2) 在学习和生活中，遇到过哪些困难？愿意寻求帮助吗？会向谁寻求帮助？最希望得到什么帮助？

(3) 当别人遇到困难，你愿意提供帮助吗？举例。

7. 未来发展

(1) 你最想做什么工作？你的理想是什么？你觉得能实现自己的理想吗？

8. 对父母服刑/戒毒的态度

(1) 你多久见父/母一次？你印象中父/母是什么样的人？

(2) 怎么看待父/母的情况，心理上有负担吗？会觉得自己不如别人或低人一等吗？

(3) 希望和父/母团聚吗？最想对他/她说什么？

**(二) 成人(实际抚养人)：**

1. 抚养人的年龄、文化程度、身体情况、经济能力、育儿技能如何？养育意愿如何？

2. 谈谈对法律孤儿的评价：性格、学习、亲子关系等。说说相处中印象最深的一件事。

3. 在照顾孩子的过程中遇到过什么困难？

4. 寻求过谁(个人、居村委与街道等政府机构、社会热心人士与慈善组织等)的什么帮助？得到什么样的帮助与回应？如何看待这些帮助与回应等(及时、有效、足够吗)？

5. 您觉得自己和孩子最需要得到什么帮助？

(三) 成人(救助工作人员)：

1. 您所在机构针对法律孤儿的救助有哪些举措？

2. 您在法律孤儿救助工作中遇到的主要困难是什么？

# 附录二：受访者列表

## （一）儿童受访者

| | 儿童 | 性别 | 年龄 | 父亲情况 | 母亲情况 | 实际抚养人 | 代号 | 访谈时间 |
|---|---|---|---|---|---|---|---|---|
| 1 | 小洁 | 女 | 10 | 服刑 | 服刑 | 外祖父母 | XJC | 2017.7.12 |
| 2 | 阳阳 | 男 | 14 | 戒毒期满 | 去向不明 | 父亲 | YYC | 2017.7.13 |
| 3 | 君君 | 男 | 11 | 去向不明 | 服刑 | 外祖母、表哥 | XJC | 2017.7.13 |
| 4 | 昊昊 | 男 | 10 | 刑释 | 去向不明 | 父亲 | HHC | 2017.7.18 |
| 5 | 萱萱 | 女 | 7 | 服刑 | 服刑 | 表舅、姨奶奶 | XXC | 2017.7.19 |
| 6 | 小允 | 男 | 13 | 刑释 | 服刑 | 祖父母 | XYC | 2017.7.21 |
| 7 | 小华 | 女 | 12 | 去向不明 | 服刑 | 母亲的朋友 | XHC | 2017.7.17 |
| 8 | 嘉余 | 男 | 8 | 服刑 | 戒毒期满 | 外祖母 | JYC | 2017.10.14 |
| 9 | 嘉欢 | 女 | 11 | 服刑 | 戒毒期满 | 外祖母 | JHC | 2017.10.14 |
| 10 | 智浩 | 男 | 12 | 服刑 | 去向不明 | 祖父母 | ZHC | 2017.10.15 |
| 11 | 娜娜 | 女 | 17 | 去世 | 服刑 | 外祖父母 | NNC | 2017.10.14 |
| 12 | 婷婷 | 女 | 12 | 刑释 | 去向不明 | 祖父母 | TTC | 2017.10.14 |
| 13 | 燕子 | 女 | 8 | 服刑 | 去向不明 | 祖父母 | YZC | 2017.8.12 |
| 14 | 萌萌 | 女 | 14 | 去向不明 | 服刑 | 母亲的朋友 | MMC | 2017.8.12 |

## (二) 成人受访者(法律孤儿家庭成员)

| | 成　人 | 性别 | 职业 | 代号 | 访谈时间 |
|---|---|---|---|---|---|
| 1 | 小洁外婆 | 女 | 退休 | XJF1 | 2017.7.12 |
| 2 | 小洁外公 | 男 | 退休 | XJF2 | 2017.7.12 |
| 3 | 阳阳爸 | 男 | 无业 | YYF1 | 2017.7.13 |
| 4 | 君君表哥阿杰 | 男 | 自主创业 | XJF1 | 2017.7.13 |
| 5 | 昊昊爸 | 男 | 无业 | HHF1 | 2017.7.18 |
| 6 | 萱萱表舅 | 男 | 公司职员 | XXF1 | 2017.7.19 |
| 7 | 萱萱姨奶奶 | 女 | 退休 | XXF2 | 2017.7.19 |
| 8 | 小允爷爷 | 男 | 退休 | XYF1 | 2017.7.21 |
| 9 | 小允奶奶 | 女 | 退休 | XYF2 | 2017.7.21 |
| 10 | 小华抚养人沈阿姨 | 女 | 无业 | XHF1 | 2017.7.17 |
| 11 | 沈阿姨的侄女 | 女 | 大学生 | XHF2 | 2017.7.17 |
| 12 | 嘉余外婆 | 女 | 退休 | JYF1 | 2017.10.14 |
| 13 | 嘉余妈 | 女 | 无业 | JYF2 | 2017.10.14 |
| 14 | 智浩外婆 | 女 | 退休 | ZHF1 | 2017.10.15 |
| 15 | 娜娜舅舅 | 男 | 公司职员 | NNF1 | 2017.10.14 |
| 16 | 娜娜外婆 | 女 | 农民 | NNF2 | 2017.10.14 |
| 17 | 婷婷爷爷 | 男 | 农民 | TTF1 | 2017.10.14 |
| 18 | 燕子外公 | 男 | 退休 | YZF1 | 2017.8.12 |
| 19 | 燕子外婆 | 女 | 医院护工 | YZF2 | 2017.8.12 |
| 20 | 萌萌抚养人张阿姨 | 女 | 退休 | MMF1 | 2017.8.12 |

## (三) 成人受访者(救助工作人员)

| | 成　人 | 性别 | 职　　业 | 访谈编号 | 访谈时间 |
|---|---|---|---|---|---|
| 1 | 王科长 | 男 | 民政局干部 | AS1 | 2017.10.23 |
| 2 | 小李 | 女 | 民政局工作人员 | AS2 | 2017.10.23 |
| 3 | 林主任 | 女 | 街道办干部 | YYS1 | 2017.7.13 |
| 4 | 小蔡 | 男 | 街道办工作人员 | ZHS1 | 2017.10.15 |
| 5 | 韩老师 | 女 | 居委会工作人员 | XJS1 | 2017.7.13 |

# 附录三：受访儿童背景

1. 小洁(XJC)

小洁的母亲原本在邮局工作，认识了小洁父亲后非婚生下小洁。小洁父亲当时已有家室、有孩子，并未离婚。据小洁外祖父说，因为小洁父亲吸毒贩毒，小洁母亲随后也就染上了毒瘾，后来入狱。目前，小洁父亲下落不明，但小洁外祖父推测他很可能也正在服刑。

2. 阳阳(YYC)

阳阳的母亲是外地户籍已婚人员，生下阳阳后离开上海，目前下落不明。阳阳父亲曾被强制隔离戒毒两年，现戒毒期满已回家。

3. 君君(XJC)

君君是父母未婚生子，其母亲因诈骗入狱，其父亲不详。母亲入狱后，君君由其外祖母抚养，后外祖母中风住院，改由其表哥代为照料。君君表哥阿杰现已成年，但原本也是法律孤儿，其母亲现在狱中，其继父在狱中病逝。

4. 昊昊(HHC)

昊昊父母已离婚，其母亲下落不明，其父亲因酒后伤人入狱，现已出狱回家。因昊昊祖母已去世，昊昊父亲服刑期间，昊昊由其祖父独自照顾。

5. 萱萱(XXC)

萱萱父母均在服刑，母亲被判 15 年有期徒刑，父亲被判无期徒刑。萱萱的祖父是出租车司机，多年前被抢劫杀害，至今未破案。萱萱父母入狱后，萱萱由其祖母独自抚养。2016 年，萱萱祖母中风去世。目前，萱萱由其姨奶奶（祖母的妹妹）照顾，委托监护人则为其表舅（姨奶奶之子）。据萱萱姨奶奶说，萱萱父亲是无辜的，他入狱都是被其母亲所骗，而她的外祖父一家也都是惯犯。

6. 小允（XYC）

小允父母都是吸毒人员，两人是在戒毒所认识的。小允父亲因吸毒抢劫入狱，现已出狱；小允母亲已经入狱两次，现仍在服刑。小允自生下来就由祖父母抚养，目前和祖父母、大伯（无业）、父亲（无业）一起居住。

7. 小华（XHC）

小华是母亲未婚所生，父亲不详，其母亲入狱两次，第一次因吸毒入狱，第二次因诈骗入狱。母亲第一次入狱后，小华被送到儿童福利院生活了 8 年，直到母亲出狱。母亲第二次入狱后，将小华委托给自己的朋友沈阿姨。沈阿姨长期在外地工作，就把小华寄放在自己的哥哥家，由沈阿姨的母亲照顾生活起居。目前，沈阿姨已经回到上海，暂时无业。

8. 嘉余（JYC）、嘉欢（JHC）

嘉余和嘉欢的父母都因吸毒入狱，现母亲已出狱，父亲仍在服刑。由于外祖父母早年离婚，故在父母服刑期间，嘉余和嘉欢由外祖母独自照料生活。

9. 智浩（ZHC）

智浩父母已离婚，母亲去向不明，父亲为无期徒刑，现在新疆某监狱服刑中。智浩自小就由祖父母抚养。目前，其祖父生病需长期卧床，基本丧失生活自理能力，故智浩主要由祖母照顾。

10. 娜娜（NNC）

娜娜的母亲因诈骗罪入狱，其父亲因肺癌去世。目前，娜娜的委托监护人为其舅舅（母亲的弟弟），生活起居主要由其外祖父母照料。

11. 婷婷（TTC）

婷婷是本研究中唯一的农村孩子。她是父母未婚所生，现母亲下落不明，父亲被强制隔离戒毒，现已期满。自出生以来，婷婷一直和曾祖母、祖父母、两位姑姑居住在一起。

12. 燕子（YZC）

燕子是父母未婚所生，母亲生育时才 19 岁，目前下落不明。燕子父亲为吸毒人员，两次入狱，现仍在服刑。自出生以来，燕子就与祖父母生活在一起。

13. 萌萌（MMC）

萌萌母亲因诈骗入狱，父亲诈骗在逃，下落不明，萌萌还有个同母异父的哥哥，目前也在逃。萌萌目前的抚养人张阿姨曾做过萌萌家的育儿保姆，照料过萌萌一段时间，和萌萌家人感情很好。萌萌母亲入狱后，便将萌萌委托给张阿姨。

# 附录四：美国家庭支持服务育儿模式之审视[①]

[摘要]20 世纪 70 年代以来，家庭支持日益成为美国应对家庭育儿功能弱化的重要工具，形成了一种以预防为重点、以社区为基础、强调家庭优势的育儿模式，在促进儿童发展与提升家庭育儿能力方面发挥了极大作用。当前我国家庭育儿仍以自身保障为主，缺乏政府和社会的支持。面对由家庭育儿功能弱化而引发的社会问题，政府有必要借鉴美国经验，通过制度化的家庭政策和社会化的家庭支持服务来分担育儿责任，以弥补家庭的功能缺失，促进儿童发展。

[关键词]家庭支持；育儿模式；社会服务；美国家庭政策

家庭育儿功能的弱化是现代社会所面临的共同问题。在许多发达国家，支持家庭的良性运转、提高家庭抚育儿童的能力，进而增进家庭福利、促进儿童发展，已经成为一项国家发展战略。在中国传统社会文化规范中，养育孩子一直是家庭的责任。然而随着经济社会的快速发展和转型，传统的以家庭为主的育儿模式逐渐难以适应现实，一些家庭无法有效地承担育儿责任。随迁子女、隔代抚养、单亲家庭等各种新的育儿形态渐趋普遍，由此引发了不少社会问题。面对家庭育儿功能的弱化，如何拓展政府与社会在

---

① 本文系 2014 年度国家社科基金青年项目"'法律孤儿'的社会救助问题研究"（批准号：14CSH050）的阶段性成果，发表于《比较教育研究》2016 年第 7 期。

家庭领域的支持和服务功能，分担家庭的育儿责任，已经成为不容回避的重要议题。

美国在20世纪70年代也经历了社会经济与家庭生活模式的剧变。当时，迫于巨大的生活压力，许多抚育孩子的女性不得不进入职场；离婚率和青少年怀孕率的急剧上升，导致单亲家庭大量出现；家庭的流动日趋频繁，逐渐丧失了与亲属、社区邻里的社会联系。种种变化都为抚育孩子的家庭带来严峻的挑战。对此，美国社会自下而上地出现了一种名为“家庭支持”的服务，以每个家庭所在的社区为基础，通过各种形式为家庭提供帮助。到20世纪90年代，家庭支持服务遍布全美，且已从民间自发组织的志愿服务演变为由联邦、州与地方政府共同推动的国家福利。由于家庭支持服务强调家庭的能力和优势，而非家庭的弱势与缺陷，因此它有别于美国儿童福利制度长期以来的“残补”模式（即只有身处危机中的家庭或儿童才能获得帮助），转而采用一种注重早期预防的模式。本文以审视美国的家庭支持服务育儿模式为核心，希望归纳出一些具有应用价值的启示，为我国建立和发展家庭支持政策与服务提供参考。

## 一、美国家庭支持服务的发展历程

### （一）社会背景

家庭支持服务萌芽于20世纪70年代，当时美国遭遇了极大的社会动荡和变革，对儿童和家庭产生了诸多负面影响。首先是经济的衰退使儿童的生活条件恶化。儿童贫困率在70年代显著增加，达到全美贫困人口的25%。[1]另一方面，家庭结构和形态也出现了不利于儿童发展的特征。随着离婚率的上升和非婚生育数量的增加，单亲家庭的数量急剧增长。从1970年到1979年，与离婚家长生活的儿童数量增加了两倍，与未婚家长生活的儿童数量则增加了6倍。从1960年到1979年，青少年的婚外生育率增加了3倍。[2]与此同时，家庭的流动性愈发明显。在整个70年代，41%的家庭有过搬家到另一个地区的经历。[3] 此外，儿童受虐待的报案数量显著增加。1974 年，虐待儿童报案数为 6 万件，1980 年的报案数已超过了 100 万件。[4]

面对社会经济的衰退与家庭生活的变革，人们普遍感到养育孩子成为一件艰难的事，希望得到更多的社会支持，而传统的社会服务却难以满足他们的需求。全美儿童委员会(National Commission on Children)的一项调查发现，88%的美国人认为养育孩子比以往任何时候都更艰难，86%的父母承认自己不懂得什么是正确的育儿方法。绝大多数父母认为自己的生活充满了各种各样的压力：家庭与工作的不平衡、与社会的隔离、经济压力、不安全的社区环境，等等。[5]传统的社会服务一般只针对个体而非家庭，只提供单个问题的干预而非整体状况的改善。这种碎片化的服务在面对承受多元压力的家庭时显得力有不逮，人们迫切需要一个针对家庭整体的、综合性的社会服务。

### (二) 发展进程

20 世纪 70 年代末，全美各地陆续出现了一些"家庭资源项目"(family resource program)，它们是家庭支持服务的雏形。这些项目通常以社区为基础，由与儿童身心发展相关的专业人士、社工、教师等共同参与，为社区内的所有家庭提供育儿知识、社会支持、服务转介等帮助。例如，新奥尔良的"家庭教育中心"(Parenting Center)，由当地儿童医院提供场地，开展家庭教育课程、咨询、保姆培训等服务；旧金山的"父母天地"(Parents Place)，不仅面向所有 0—6 岁孩子的家庭，还为单亲母亲、离异父母、养父母和双胞胎的父母提供特别服务；芝加哥的"家庭聚焦"(Family Focus)，根据不同社区的文化设计个性化的项目，尤其关注怀孕和养育孩子的青少年，等等。

家庭支持服务在 20 世纪 80 年代开始向组织化、专业化发展。1981 年，在联邦儿童与家庭署(Administration on Children and Families)的资助下，由芝加哥的"家庭聚焦"项目牵头，全美 200 多个家庭资源项目首次齐聚，成立了家庭资源联盟(Family Resource Coalition，后更名为 Family Support America)。此后几十年中，家庭资源联盟逐渐成为家庭支持服务的理念、研究、信息和技术的交流中心。它的活动内容包括召开全国性会议，提供技术协助和培训，与政策制定者进行问题与信息的交流，出版理论和实践成果，建立合作网络等。一些相关专业领域的知识分子也参与到家庭资源项目的咨询和设计中，他们收集整理各个项目中得出的独特经验，并将其编辑出版。1983 年，耶鲁大学儿童发展研究中心与家庭资源联盟联合出版了第一份家庭资源项目名单。1987 年，耶鲁大学的几位学者又共同编撰了《美国的家庭支持项目》(*America's Family Support Programs*)一书，其内容涵盖家庭的文化多样性、家庭支持的新理念、家庭支持与学校、早期教育、儿童保护、社会组织的关系等，是第一部系统阐述家庭支持的著作，对家庭支持服务的后续发展起到了指导作用。[6]

20 世纪 90 年代以来，家庭支持服务的经费来源渠道日益拓展，促使项目的规模与影响力不断扩大。1990 年，联邦政府出资成立了全国家庭支持项目资源中心(National Resource Center on Family Support Programs)，由家庭资源联盟负责运行。3 年后，国会又通过了《家庭维系和家庭支持服务计划》(*Family Preservation and Family Support Services Program*)，其中规定划拨 10 亿美元，用于扩张家庭维系服务和以社区为基础的家庭支持项目。这是联邦政府首次对全国的家庭支持服务提供公共经费资助，在它的鼓励下，一批新的家庭支持项目成长起来。与此同时，越来越多的州、县以经费资助、技术协助和人员培训等方式扶持家庭支持项目的发展。西雅图率先建立了全市的家庭资源项目网络，明尼苏达、密苏里、肯塔基等州紧随其后，建立了覆盖全州的家庭支持服务。家庭支持项目的遍地开花也吸引了知名企业和慈善基金会的资助。著名的安妮·凯西基金会与威斯康星州合作，围绕儿童与家庭支持事务投入了大笔经费；包括埃克森石油、宝洁等跨国公司在内的数百家企业也联合做出承诺，要以家庭支持项目、家庭访视、亲子中心等形式来帮助处于教育不利地位的儿童。[7]

到20世纪末，家庭支持服务已经遍布全美各州，人们认可其在育儿指导、亲子关系、儿童保护等方面的作用后，又开始探索将家庭支持的理念应用于父母领导力发展、机构改革、社区规划、学校教育等领域的可能性。一些州尝试将儿童与家庭服务的管理权下移到社区层面，鼓励父母们参与决策过程。1997年出版的《留出一席之地》(*Making Room at the Table*)就是一部关于如何促进父母参与儿童和家庭服务决策的指导读物，至今还在全美各地广泛使用。家庭支持服务中使用的工具也被应用到其他领域，最常见的是1995年出版的《认识你的社区》(*Know Your Community*)，它用以评估社区需求和资源的工具被美国的早期教育项目"领先计划"(Head Start)所采用。在学校教育领域，通过学校与家庭支持服务的联结来缩小学生成绩的种族差异，是美国20世纪90年代教育改革关注的重点。到21世纪初，家庭支持的理念已为服务于儿童和家庭的大多数领域所吸收，家庭支持项目不仅成为社区为儿童和家庭提供的重要资源，也成为儿童保护、育儿指导、早期教育、学校教育等相关领域的重要支撑。

## 二、美国家庭支持服务的模式评析

美国的家庭支持服务采取了一种以早期预防为重点的模式，即在问题发生之前就为家庭提供支持，通过提高家长的育儿能力来确保儿童的健康成长。在这个意义上，家庭支持与其说是一种"服务"，不如说是一种帮助家庭的方法，它试图从根本上提升家庭处理问题、应对风险的能力，而不仅仅是一个可供家庭依赖的系统。

### (一) 家庭支持服务的基本理念

在传统的社会服务中，服务的对象一般是儿童或成人个体，作为一个整体存在的家庭往往被遗忘了。家庭支持则认为，家庭对于儿童来说是最重要、最有效的资源，是改善儿童福利的基石。家庭支持的目的，就是要通过培养家庭的自足感(self-sufficiency)和赋能感(empowerment),促使家庭更有效地发挥其养育儿童的功能。要实现这一目标,还必须让儿童生活中的其他资源,如学校、社会机构等与家庭相互合作。家庭资源联盟发表的《家庭支持实践指导方针》(*Guidelines for Family Support Practice*)对这一理念作了具体的阐述,它指出家庭支持服务项目应该遵循以下九条原则:(1)与家庭在平等和尊重的基础上合作;(2)以提升所有家庭成员成长和发展的能力为目标;(3)将家庭视为其成员、其他家庭、服务项目及社区的资源;(4)尊重家庭的种族、语言等文化身份;(5)融入在社区之中并对社区建设作出贡献;(6)服务系统公平、有效、可问责;(7)努力吸纳一切能支持家庭发展的资源;(8)灵活地回应家庭和社区中出现的不同问题;(9)项目的设计、管理、实施等每个环节都应体现上述原则。[8]

家庭支持秉持如下基本观点:(1)家庭支持的目标是所有儿童的最优发展。由于现代社会中的风险因素太多,每个家庭都有可能在某一时刻陷入困境,因此预防服务必须面向所有家庭和所有儿童,即不论儿童的身体是健康或有障碍,也不论他们属于什么种族和社会阶层,都能拥有一个良好的人生起点。(2)家庭支持的对象是儿童发展的生态系统。生态系统理论强调个体与其所处的生态系统之间的相互作用,这一理论对家庭支持服务的影响有两方面:一是强调儿童所处的生态系统对于服务的重要性,例如,儿童养育模式受到家庭、社会习俗与传统的制约,故家庭支持服务必须对家庭文化和社会传统保持敏感;二是强调家庭支持服务也会对儿童所处的生态系统产生作用。例如,社区中人们通过参加服务项目加强了彼此之间的联系,最终使得社区关系变得更为融洽。(3)家庭支持的核心是父母的自我成长。在养育孩子的过程中,父母们既从自己的童年经历中汲取经验,又在现实生活中寻求知识,育儿能力不断提高。从这个角度而言,父母与孩子同步成长。家庭支持正是建立在父母具有自我成长潜力的基础之上,其服务的核心就是父母能力的发展和提升。[9]

### (二) 家庭支持服务与传统社会服务的区别

与传统的社会服务相比，家庭支持服务在理念、内容、形式、过程等方面都有所不同。它强调家庭的能力而非缺陷，提供综合服务而非单一服务，鼓励家庭参与决策，致力于发展平等合作的关系。

#### 1. 家庭支持服务是能力取向而非缺陷取向

传统的社会服务中普遍存在一种迷思，即只有"问题"家庭才需要寻求帮助，"健康"家庭是不需要帮助的。家庭支持服务认为，寻求帮助并不等同于家庭有缺陷或无能，相反，面对困惑时主动寻求帮助正是家庭有能力的表现。家庭支持服务的作用不是简单的解决问题，而是提升家庭解决问题的能力。

#### 2. 家庭支持服务具有综合性而非单一性

传统的社会服务项目通常局限于某一特定领域，当家庭有多种需求时，只能到不同的机构去寻求帮助；家庭支持服务的内容涵盖多个领域，人们只要到同一机构就可以获得一系列的服务，这不但省去了一些重复的程序，避免了不必要的时间浪费，还使得服务接受者与提供者的接触更加频繁，有助于建立更为紧密的关系。

#### 3. 家庭支持服务具有灵活性而非结构性

传统的社会服务有其固定的内容和形式，而家庭支持服务则鼓励寻求帮助的人们参与项目内容、形式乃至周期的设计，以满足不同家庭和个体的需求。

#### 4. 家庭支持服务强调合作关系而非授受关系

在传统社会服务的输送过程中，服务提供者占主导地位，他们与服务接受者的关系像是教师与学生、医生与患者的关系；而家庭支持服务则提倡在服务过程中建立起一种平等、尊重、共享的合作关系，人们的需求通过双方知识和信息的共享来得到满足。

### (三) 家庭支持服务的运作实践

家庭支持服务在社区中的运作依靠家庭资源中心（Family Resources

Center)进行。家庭资源中心是一个供父母和孩子游戏玩耍的地方,也是父母们相互交流的场所。在这里他们可以学到育儿技能,可以从照顾孩子的繁杂事务中得到临时的解脱,可以得到如何解决问题的帮助,还可以分享物品和服务。[10]对很多没有亲戚网络的家庭来说,家庭资源中心承担起社会支持网络的角色。最初,各个社区中的家庭资源中心是相互独立的,如今,一些地区已经建立起这些中心的联系网,尝试把它们整合进更广泛的社会服务系统中。

大多数家庭资源中心的服务包括十大要素:(1)教育培训,内容包括读写能力教育、职业培训、个人生活技能指导等;(2)信息课程和支持小组,开设关于儿童发展、养育和家庭生活的课程,也是父母们分享经验和烦恼的平台;(3)亲子活动,让父母与孩子共度时光;(4)家庭访视,由项目工作人员对家庭进行定期或不定期的探访;(5)儿童看护,在父母参与项目活动时代为照顾儿童;(6)转介服务,为有需要的家庭联系相应的社区机构;(7)代理服务,代表一个家庭或一组家庭向相关部门表达意愿;(8)简报,刊印育儿知识以及当地活动和资源的信息;(9)咨询与危机干预,针对家庭问题提供专业咨询和干预;(10)其他辅助服务,如应急的衣物、食品、交通工具等。[11]

家庭资源中心通常由民间创办,但政府会给予一定经费补助。例如,为推动各项以强化家庭功能及增进社区联系的服务措施,让社区内所有家庭都有机会通过多元、便捷的渠道获得服务,旧金山市政府自 2000 年起设置“儿童基金”,每年投入约 7 亿美元,用以补助民间单位开展家庭支持服务。旧金山市中国城的“聚乐”家庭资源中心就是在这项基金的补助下建立起来的。该中心租用中国城社区内一幢大楼的地下室,占地约 1 000 平方米,设有图书室、托育室、游乐室及上课教室数间。中心提供社区居民家庭支持服务方案、育儿指导、家庭教育、临时托育、亲子游戏班、父母支持团体、玩具和书籍出租、儿童福利工作人员教育培训等服务。为了培育家庭资源中心,旧金山市政府还资助成立“家庭支持网络协会”(San Francisco Family

Support Network)，由各地家庭资源中心及家庭支持服务机构以会员制方式组成，致力于建立资源协调及合作网络，以提升家庭服务质量。[12]

(四) 家庭支持服务的成效评估

作为一项新兴的育儿服务模式，家庭支持服务的实际效果究竟如何，是政策制定者、儿童福利倡导者、服务的提供者与接受者等各利益相关方都非常关注的问题。从目前对家庭支持服务项目的评估来看，这种模式在促进儿童发展和提升父母育儿能力两个方面都取得了积极的效果。

对一些学前教育项目的纵向追踪发现，参与家庭支持服务项目有助于儿童的认知发展、学业成就乃至社会经济地位的提升，表现为参与者的识字率、就业率和高等教育入学率上升，而辍学率、犯罪率和福利依赖率下降。[13]另一项对旨在帮助家长参与子女教育的项目评估发现，接受服务的家长更多地参与了孩子的教育活动，与没有接受服务的孩子相比，他们的孩子在阅读和数学的标准化测试中获得了更高的分数。[14]许多证据表明，接受家庭支持服务的家长在育儿态度、知识和行为方面都有了明显进步。家长认识到父母是孩子的老师这一角色，他们学会了在照料孩子时采用较为积极的控制和训练技巧，能够为孩子营造正面的、鼓励性的生活环境；他们的自尊、责任感和问题解决能力都通过家庭支持服务而得到了增强。[15]家庭支持服务对家长育儿能力的改进，又进一步改善了亲子关系，使父母们对子女的照料参与度更高，儿童虐待和忽视的情况大为减少。[16]

联邦政府的儿童、青少年及家庭管理局(Administration on Children, Youth and Families)对全美家庭支持服务的总体评估也基本支持上述结果。这项评估以针对 260 个家庭支持项目的 665 项研究报告为对象，通过元分析(meta-analysis)，得出的结论是，家庭支持项目在如下七个领域产生了积极作用：(1)儿童认知发展；(2)儿童的社会性发展；(3)儿童的身体健康与发展；(4)儿童安全；(5)父母的育儿态度、知识、行为和家庭育儿功能的发挥；(6)父母的精神健康或风险行为的降低；(7)家庭经济自足能力的提升。[17]

虽然家庭支持服务在实践中已经取得可喜的成效，但它也存在一些不足，有待于进一步的探索和完善。例如，全美有成百上千个家庭服务项目，它们所取得的成效并不均衡，许多服务没能达到预期的目标。又如，家庭支持服务的本地化特征决定了它只对特定社区及其居民发挥作用，因此很难对某项服务的成功经验进行复制和推广。不过，鉴于联邦政府的资助仍在持续，家庭支持服务的覆盖范围也在不断扩张，可见这一服务模式的发展前景相当乐观。

## 三、美国家庭支持服务对我国的启示

上文的回顾表明，家庭支持不仅是美国社会广泛参与的一项志愿服务，也是美国政府用以增强家庭能力、解决社会问题的一种政策工具。不只美国如此，伴随着现代化的进程，以前被视为私领域范畴的家庭问题，在许多国家，尤其是西方发达国家早已成为公共议题。一些发达国家意识到家庭政策具有广泛的社会效应，率先实行了家庭政策，旨在弥补家庭的功能缺失、解决社会问题和改善公民福利。政府不仅出台家庭政策保障家庭福利，还要根据家庭结构功能的变迁不断对其做出调整。2014 年联合国"纪念国际家庭年 20 周年"会议就指出，世界家庭政策的价值取向发生了两个重要变化：一是由家庭的自我保障转变为由社会与政府共同支持；二是家庭政策从支持型转为发展型的导向，即从满足家庭最基本的生存需求转向建构家庭的功能，进而提升家庭的能力；三是家庭政策向普惠型转变，即政策对象开始从一部分贫困家庭扩大到一般家庭。[18]

中国目前尚未建立以家庭为基本对象的长期家庭政策和制度安排。随着家庭规模的缩小、老龄化程度的提高、人口的持续流动，家庭的自我保障能力被严重削弱，面临着比以往更加严峻的问题和挑战，对政府和社会支持的需求也更为迫切。有学者指出，当前我国的社会政策正处于两难境地：一方面是计划经济体制下的福利供给和保障体系瓦解，新的体系尚在建构，人们对家庭的保障功能寄予厚望，但另一方面人口和家庭变迁又使家庭保障的基础遭受破坏，家庭保障能力自生性不断减弱。[19]为应对家庭结构和功能变化带来的挑战，国家不断加大对家庭的政策支持和经济援助，迄今已颁布了57项涉及家庭的社会政策，覆盖领域包括低收入家庭的财政支持、就业扶助、儿童支持、计划生育家庭奖励扶助和其他方面等5个领域。不过，这些政策大多散见于各项法律、法规、条例中，既缺乏专门以家庭为基本单位的家庭政策，也缺乏操作性较强的政策内容和社会行动项目。[20]留守儿童、隔代抚养等现象的普遍存在，正说明目前我国城乡家庭在育儿方面仍以自身保障为主，来自政府和社会的支持依旧匮乏。

借鉴美国经验，我国发展家庭支持政策与服务可从以下两个方面入手：

1. 设计以家庭为单位的家庭政策

首先，家庭政策要以家庭整体为福利对象。政府出台家庭政策的目的不是简单地给予家庭经济和物质援助，也不是只针对家庭的某个或某些成员，而是要以家庭整体作为政策实施对象，旨在帮助家庭提升保护儿童成长、承担家庭责任、抵御家庭风险、获得积极发展等方面的能力。因此，在设计家庭政策时，要充分考虑家庭需求，从家庭整体利益出发，以家庭为单位来进行设计。其次，家庭政策要面向全体家庭。除对弱势家庭的救助以外，未来家庭政策的设计要向覆盖全体家庭的方向迈进，即由“补缺型”向“普惠型”转变。这是经济社会发展到一定程度后福利政策设计的必然趋势，也是我国全面建成小康社会的重要标志。再次，家庭政策要回应家庭生活的多种需求。前已述及，目前我国家庭福利的各项供给分散在不同的福利供给制度中，既容易造成多头管理和政策真空的现象，也不便于家庭寻求帮助。今后在制定家庭政策时，应当根据家庭的多元需求，设计出行政主体、政策对象及政策内容清楚明晰的综合性的家庭政策体系。

2. 推动社会力量参与家庭支持服务

首先，要营造关心支持家庭的社会氛围和社区环境。充分发挥广播电视、报刊杂志、网络及新媒体的作用,力求“支持家庭是社会责任”的观念深入人心;以社区文化活动和公益活动的形式营造“邻里一家亲”和睦氛围。其次,鼓励和扶持社会组织开展家庭支持服务。在城乡街道(镇)设立家庭支持中心,具体负责家庭支持服务项目的管理和评估,通过购买服务的形式,鼓励和帮助一批社会组织开展与家庭支持相关的服务。再次,倡导全社会各个部门以各种形式支持家庭。通过政策激励、税收减免、国家补贴等形式,倡导学校、医院、文化机构、企业等各个社会部门制定有利于家庭发展、提升家庭能力的办法措施,让支持家庭成为全社会共同参与的事业。

自 2016 年起,我国全面实施一对夫妇可生育两个孩子的政策,更加凸显出发展家庭支持的相关政策和服务的紧迫性与必要性。对一部分有生育二孩意愿的家庭而言,这不仅意味着经济压力的加大和养育责任的加重,还牵涉到孩子入园、入学、妇女就业等一连串的问题。这些问题如果不能得到重视,可能会成为新的社会不稳定因素。因此,政府应尽快出台强有力的家庭支持政策,并会同社会力量,让国家、社会与家庭共同分担育儿责任和成本,这既能保障家庭与儿童的福利,又能避免社会问题的滋生,不仅正逢其时,也是刻不容缓。

**参考文献:**

[1] Robert Halpern. Key social and demographic trends affecting young families: Implications for early childhood care and education. Young Children, 1987, 42(6): 34—40.

[2] 徐再荣.当代美国的福利困境与福利改革[J].史学月刊,2001(6):141.

[3] Edward Zigler and Kathryn Black. America's family support movement: Strengths and limitations. American Journal of Orthopsychiatry, 1989, 59(1):9.

[4] John Myers. A short history of child protection in America. Family Law Quarterly, 2008, 42(3):456.

[5] National Commission on Children. Speaking of kids：A national survey of children and parents. Washington，DC：Author，1991:14—20.

[6] Bernice Weissbourd. A brief history of family support programs. In：Sharon Kagan and Douglas Powell，Bernice Weissbourd and Edward Zigler(eds). America's Family Support Programs. New Haven，CT：Yale University Press. 1987:53.

[7] Owen Butler. Investing in the very young. The G. A. O Journal. 1988，3：35—39.

[8] Family Resource Coalition. Guidelines for Family Support Practice. Chicago，IL：Family Resource Coalition. 1996.

[9] Bernice Weissbourd and Sharon Kagan. Family support programs：Catalysts for Change. American Journal of Orthopsychiatry，1989，59(1):21—23.

[10] Robert Chamberlin. Preventing low birth weight，child abuse，and school failure：the need for comprehensive，community-wide approaches. Pediatrics in Review，1992，13(2):64—1.

[11] Kathy Goetz and Shelly Peck. The basics of family support：A guide for state planners(and others). Chicago，IL：The Family Resource Coalition of America. 1994:2.

[12] Official website of San Francisco Family Network[EB/OL]. http://www.sffsn.org/，2016-3-26.

[13] David Weikart and Lawrence Schweinhart. Good preschools for poor children are cost effective. Ypsilanti，MI：High/Scope Press. 1991.

[14] Harvard Family Research Project. Pioneering states：Innovative family support and education programs. Cambridge，MA：Author. 1992.

[15] Douglas Powell. Evaluating family support programs：Are we making progress? In：Sharon Kagan and Bernice Weissbourd(eds.). Putting families first：America's family support movement and the challenge of change. San Francisco，CA：Jossey-Bass. 1994. 441—470.

[16] Monica Sweet and Mark Appelbaum. Is home visiting and effective strategy? A meta-analytic review of home visiting programs for families with young children. Child

Development, 2004, 75(5), 1435—1456.

[17] Jean Layzer, Barbara Goodson, Lawrence Bernstein, and Cristofer Price. National Evaluation of Family Support Programs. Final Report Volume A: The Meta-Analysis[EB/OL]. http://www.acf.dhhs.gov/programs/core/pubs_reports/famsup/fa m_sup_vol_a.pdf. 2016-3-27.

[18] 李晓宏.家庭政策出现价值取向变化[EB/OL]. http://world.people.com.cn/n/2014/1204/c1002-26143818.html, 2014-12-4.

[19] 陈卫民.社会政策中的家庭[J].学术研究,2012,(9):61.

[20] 吴帆.我国家庭政策体系现状及发展路径[N].中国人口报,2012-1-23(3).

# 附录五：
# 美国的儿童保护体系及其对我国的启示[①]

[**摘要**]美国以国家亲权为法律基础，出台了预防和应对儿童虐待的相关法律，在联邦、州、地方政府成立了儿童保护职能部门，制定了服务于儿童与家庭的工作流程。当前我国的儿童保护工作存在着强制举报制度缺乏、监护权法律不健全、儿童长期安置渠道不畅的困境，借鉴美国经验，我国应通过健全法律法规、建立专门政府机构、建设社区儿童服务中心等措施来发展儿童保护服务。

[**关键词**]儿童保护；虐待；强制举报；家庭维系

近年来，儿童受到伤害的事件频繁发生。“南京养母虐童”“黑龙江女婴被父亲扎钢针”等骇人听闻的事件一次次地冲击人们的心理底线。尽管我国政府已不断加强对儿童的保护力度，但案件的屡屡发生说明儿童保护仍存在诸多困难和不足。政府力量和社会力量如何及时有效地开展儿童保护服务，已成为当前我国儿童保护领域亟需研究的重点内容。本文旨在通过分析介绍美国在儿童保护领域的法律基础、政府职能和具体工作流程，结合当前我国儿童保护工作面临的困境与挑战，进一步提出在我国发展儿童保护服务的对策建议。

---

① 本文系2014年度国家社科基金青年项目“‘法律孤儿’的社会救助问题研究”（批准号：14CSH050）的阶段性成果，发表于《当代青年研究》2015年第6期。

## 一、美国的儿童保护体系

美国是一个联邦制国家。根据美国宪法,联邦政府与各州政府作为互不相关的独立实体并存,各自具有自己的权限范围。因此,美国没有全国统一的儿童保护体系。不过,联邦政府就儿童保护设置了法律标准,各州都必须以此为基础建立自己的儿童保护系统,只是在具体的政策、立法和实践上有所差异。

### (一) 法律基础

美国的儿童保护体系建基于一个法律概念——国家亲权(parens patriae),即以国家公权利代替失职的父母亲或法定监护人,扮演父母的角色以保护未成年人。长期以来,美国社会有着浓厚的个人主义文化传统,主张个人须为自己的人生负起最大责任,父母有权决定如何抚育自己的孩子。然而在1874年,一名9岁女童玛丽·埃伦(Mary Ellen)遭受其养父母长期虐待的事件被公之于众,不但唤起了人们对处于弱势的儿童的极大同情心,也把儿童的脆弱性和依赖性鲜明地凸显出来。[1]社会大众开始逐步接受国家力量介入曾经被认为是私密不可侵犯的家庭事务,以确保儿童得到适当的支持与保护。不过,此时美国还没有保护受虐儿童的相关法律,法庭不得不以动物保护法来解释人是动物界的一员,才将玛丽·艾伦从家庭中带离,使她免于继续受到养父母的虐待。

20世纪60年代,全美各州陆续建立了针对疑似受虐儿童的强制举报制度。1962年,《美国医学会杂志》发表了一篇有关"受虐儿童综合征"(the battered child syndrome)的文章,揭示了受虐儿童的大量存在,并建议强制某些职业群体报告虐待儿童的事件。同年,联邦政府儿童局召开会议讨论如何解决虐待儿童问题。会议达成的决议是,建议各州出台举报虐待儿童行为的制度。1963—1967年间,全美各州先后颁布实施了受虐儿童举报制度。最初,强制举报制度仅规定医务人员具有报告儿童受虐的责任,后来逐渐发展到规定所有与儿童有密切接触的人员都有报告的义务，特别是一些与儿童密切接触的人员，如医生和护士、教师、社会工作者、警察、儿童摄影师等；而被报告的对象则是对儿童有责任的人或机构，如父母、其他家庭成员、保姆、托儿所、学校、寄养家庭等。随着强制举报制度的施行，原先鲜为人知的虐童事件开始大量进入公众视野。仅 1974 年，全美就约有 6 万个举报虐待儿童的报案。[2]

社会对虐童问题的关注直接推动了美国关于儿童保护的第一项联邦立法，即 1974 年通过的《儿童虐待防治法案》(*Child Abuse Prevention and Treatment Act*)。该法案授权联邦政府为各州提供经费，用于改善和加强各州应对儿童遭受身体虐待、性虐待和忽视等问题的措施。同时，它还为儿童虐待问题的调查研究、救助受虐儿童社工的培训、建设地区性的受虐儿童救助中心以及开展救助受虐儿童示范项目提供经费支持。此外，该法案还要求社工定期访问、监督和评估那些有虐待和忽视记录的家庭，以保证虐待儿童事件不再发生。[3]《儿童虐待防治法案》中最重要的一点，还是要求各州建立儿童虐待或疑似虐待的强制举报制度，否则不能获得联邦资助。

在《儿童虐待与防治法案》的关照下，每年都有大量儿童被带离家庭，进入寄养照料体系。然而，美国政府很快发现，接受寄养照料的儿童人数始终居高不下，这说明国家强力介入的做法未能从源头上避免虐待案件的发生，反而可能对儿童成长产生不利影响。为了改变儿童安置的现状，自 20 世纪 80 年代起，美国政府开始大力提倡家庭对儿童的意义，主张以家庭的维系来弥补寄养照料的不足。1980 年《收养援助与儿童福利法》(*Adoption Assistance and Child Welfare Act*)的出台体现了联邦政府在儿童保护观念上的转变。最初的寄养安置旨在割断儿童与原来家庭的联系，而现在的寄养安置则以重组家庭为目标，寄养观念从破坏原有家庭转向家庭的维系，政策重心从救助转为预防，并寻求寄养照料的替代方式。按照《收养援助与儿童福利法》的思想，儿童保护机构的主要任务不再是把儿童带离家庭，而是对家庭需求进行评估，并为其提供深度服务，以避免儿童被带离家庭。即使出于安全考虑必须将儿童带离，儿童保护机构仍应积极帮助家庭解决造成孩子被带离的根本问题，尽可能快地让家庭重新团聚。[4]

家庭维系服务在20世纪90年代持续扩张，许多高风险家庭的孩子因此免受寄养安置，但过分强调家庭维系却牺牲儿童安全的事件也时有发生。[5]为此，美国国会在1997年通过了《联邦收养与家庭安全法案》(*Federal Adoption and Safe Families Act*)。与之前的《收养援助与儿童福利法案》相比，《联邦收养与家庭安全法案》在政策取向上有明显转变：它减少了对家庭维系的强调，要求儿童福利的一切决策应以保护儿童安全为首要原则。虽然这一法案规定，在将儿童安排到寄养体系之前，相关机构必须做出"合理努力"(Reasonable effort)，以降低将儿童从家庭转走的必要性。但它同时也强调，如果儿童留在家里可能会受到伤害，相关机构则无需再做出维系家庭的努力。[6]这意味着，一旦父母被认定为不适合照顾自己的孩子，那么不论孩子年龄大小或亲子关系的好坏，他们的监护权都会被终止。

（二）机构职能

儿童保护工作是一项公共事业，它是一系列计划、决策、制度和行动的结合，涉及一个国家中各级政府及各种社会部门的协同合作。在美国，联邦、州、县的相关政府部门，以及各种社会组织在儿童保护工作中扮演着不同的重要角色。

美国联邦政府的许多部门都在不同领域和不同程度上承担了保护儿童的任务，例如住房与城市发展部有为儿童及其家庭提供住房补助的项目，教育部有保障儿童就学的项目，但主要承担儿童保护工作的是卫生与公众服务部(Department of Health and Human Services，HHS)。HHS下设11个部门，儿童保护工作集中在儿童与家庭署(Administration for Children and Families，ACF)。ACF是一个综合性的儿童工作部门，其主要职责是增进家庭、儿童、个人和社会福利。它并不直接面向个体或家庭提供服务，而是为那些负责直接提供服务的州和地方政府及社会组织提供资助。目前,ACF 将全美划分为 10 个地区,在每个地区挑选一个城市设立地区办公室,总部则设在华盛顿,由此构建出全国联系网络,确保工作流程的畅通。ACF 下辖 19 个部门,其中一个是儿童、青少年及家庭管理局(The Administration on Children, Youth and Families),该局下设儿童处(Children's Bureau),其主要职责就是儿童安全与儿童保护。[7]

因美国各州行政相对独立,故各州所设负责儿童保护事务的机构名称和工作范畴并不一致。一般而言,州和地方各级政府都设有儿童保护工作部门,通常称为儿童保护服务部(Child Protective Services, CPS)。CPS 负责受理疑似虐待儿童的举报并做出反应,包括开展调查或评估、安置儿童、提起诉讼等。CPS 的核心任务是:(1)对儿童的安全状况进行评估;(2)实施干预,使儿童免受伤害;(3)增强家庭保护儿童的能力;(4)帮助儿童与家庭团聚,或为儿童提供替代性的、安全的家庭环境。[8] 当然,CPS 的工作还涉及与各个相关领域的机构和人士进行合作,包括司法、医疗和教育机构、宗教团体、反家庭暴力团体,以及儿童的亲属等。CPS 需要发挥协调作用,促使各种社会力量协同合作,共同保护儿童免受伤害。

除了政府部门和公立机构以外,全美还遍布着大大小小的儿童服务社会组织。它们通常是非营利性质,依靠政府资助和社会捐赠,向儿童及其家庭提供免费服务。政府对社会组织的资助采取一套规划、立项、实施、评价的项目化运作模式,即由从联邦到地方的各级各类政府机构发布和资助特定的项目,由社会组织对这些项目提出申请,获得批准的社会组织得到经费,按照项目要求提供服务。例如,联邦政府的 ACF 根据有关法律研究开发出针对儿童的项目,并将其纳入政府财年预算,经国会通过并拨款。发布项目公告后,符合条件的州和地方各级政府相关部门、社会组织等都可以进行申报。对于一些非竞争性项目,各州都能按照一定公式计算得到相应比例的拨款,而另一些项目则采用竞争性的差额立项。立项后,联邦政府下拨项目经费,获得资助的部门和机构开展项目所要求的工作。州与地方政府在这一过程中扮演双重角色,一方面,既能以项目执行者的身份向联邦政府提出项目申请,另一方面,又要对本地所有受资助的社会组织进行监督、管理和指导。从这个角度来看,美国的儿童保护体系就是各种项目的组合体,各级政府的相关部门和全国的公立、私立保护机构都是依托项目发挥作用,形成一个多层次运作的综合保护体系。[9]

(三) CPS 的工作流程

CPS 是开展儿童保护工作的核心部门。它负责受理本地区的虐童举报,评估儿童的安全和风险状况。对那些得到证实的报告,CPS 要为儿童提供服务或安排相关的社会组织提供服务,帮助儿童获得稳定、安全的生活环境。如果父母或监护人不具备提供安全生活环境的能力或意愿,CPS 还可以代表儿童向法院提出起诉,依据法院判决对儿童进行适当的长期安置。CPS 的工作流程大致分为六个阶段:受理报告、初步调查、家庭评估、安置儿童、提供服务、评估结案。

1. 受理报告

CPS 通常有专门的 24 小时免费热线电话,用于受理举报。在这个阶段,接线员要从举报者那里获得一些关键信息,包括:儿童和父母的姓名、住址等基本信息;儿童受到虐待的类型、严重程度、发生地;目前儿童的状态;父母或照料者的身体和精神状态等。总之,接线员要尽可能收集充分的信息,以便做出相应的判断,如该举报的情况是否达到了虐待的标准?儿童目前是否面临紧迫的危险?[10]一旦受理该报告,接线员还要决定对此做出反应的时间。根据儿童面临危险的紧迫性,反应时间一般分为三种:立即反应、24 小时内反应、24 小时以外反应。

2. 初步调查

受理举报之后,CPS 会派出调查员对案件开展初步调查。调查对象包括所有与案件有关的人员和机构,如儿童本人、父母、家人、警察、社工、学校、医院等。在调查阶段,CPS的工作人员应完成五项任务:一是判断该举报是否属实,即是否有充足的证据证实这一举报;二是评估儿童面临的风险因素;三是评估儿童当前的安全状况;四是评估家庭的应急需求,为有需求的家庭安排相应的医疗、食物、住所等;五是决定该案件是在CPS的服务范畴,还是应该转介到其他机构。[11]

3. 家庭评估

开展家庭评估的目的,是帮助父母或儿童的照料者认识到问题所在并加以弥补,使儿童能继续留在自己的家庭中生活。在家庭评估阶段,CPS的社工要尽量激发家庭参与评估过程,发掘家庭所具有的优势、需求和资源。如果说初步调查阶段的重点是辨别家庭中不利于儿童生活的消极因素,那么家庭评估阶段的重点就是辨别积极的方面;初步调查的目的是发现问题,而家庭评估的目的是加深对问题的认识,理解问题形成的原因,以及解决问题需要做出的改变。社工在评估过程中必须注意保持"文化敏感性"(culturally sensitive),[12]即尊重不同种族、地区、文化中的家庭结构和养育习俗。

4. 安置儿童

如果调查发现儿童已不适合在原来的家庭生活,CPS就会启动替代家庭的安置服务。CPS一般需要得到法院命令才能带走儿童,但如果儿童的生命、身体受到极为紧迫的威胁时,也有权直接将儿童带走。被带离家庭的儿童一般有几种临时安置选择,最理想的安置是和亲属居住在一起,因为它对儿童生活的干扰是最小的。其他的选择还有寄养家庭、青少年独立生活机构(independent living facility)等。如果法院裁决终止原有监护人的监护权,则由CPS暂代其监护权,并负责寻找一个最适合该儿童的长期安置途径。[13]

5. 提供服务

CPS的工作并不仅仅限于将儿童移出家庭,它更重要的职责是提供服务。自家庭进入CPS系统起,就会有专业的社工为其制定个案计划,并帮助它们完成设定目标。全美公共儿童福利管理者协会(National Association of Public Child Welfare Administrators)将家庭分为高、中、低三个风险等级。高风险家庭存在严重的儿童虐待行为，CPS需要与司法机构合作，服务内容主要是收养、寄养以及刑事诉讼等；中等风险家庭存在的问题多是由疏忽照顾、不恰当的教育方式引起，CPS需要与社区相关机构合作，提供一些支持家庭的服务；低风险家庭一般不存在虐待行为，CPS会将其转介给社区相关机构，由它们提供早期干预、家庭支持、家长教育等各种正式或非正式的服务。[14]

6. 评估结案

在提供服务的过程中，有必要对家庭的进展做出评估。社工与家庭的每次接触，实质上都是一次对既定目标完成情况的评估。此外，社工每隔3—6个月应该做一次正式评估，其结论将成为结案依据。结案有两种可能：一是家庭达到了CPS制定的各项目标，重新获得儿童的监护权，儿童回家团聚；二是家长不愿意或无法完成CPS的要求，家庭环境被认定为不适合儿童居住，那么家长的监护权被永久剥夺。显然，家庭团聚是CPS最理想的结案状态。[15]

## 二、当前我国儿童保护工作面临的困境

经过多年的改革与发展，我国政府在儿童保护方面采取了多种多样的积极措施，也取得了一定的成效。但毋庸讳言，当前我国的儿童保护还面临着不少困境，需要寻求进一步的解决之道。亟待研究与应对的问题主要有：

### (一) 缺乏受虐儿童的强制举报制度

长期以来，我国在儿童保护方面处于“被动应对”而非“主动发现”的状态。其原因在于，儿童保护系统中缺乏一个迅速发现举报的机制。对于父母或其他成人侵害儿童的行为，谁有举报义务，不举报会承担哪些后果，如何举报，举报给谁，接受举报的人或机构应该在多长时间内做出反馈等，对

于这些问题，都没有可具体实施的规定。例如，一些民众在发现家长虐待儿童后并不举报，这固然与人们普遍缺乏干预家庭的意识和习惯有关，但更多的情况是，人们在感情上不能接受虐待，却不知道应该做出什么反应。我们常常看到，许多网民在发现受虐儿童后会义愤填膺地将其拍照上传到互联网，但除此之外却不知道应该采取什么行动来使儿童免受伤害，也不知道在第一时间应与哪个部门联系。可见，没有对受虐儿童的强制举报制度，儿童保护就缺少必备的基础。

### （二）有关儿童监护责任及监护权的法律尚不健全

随着近年来流浪儿童、留守儿童现象的增加，由于父母监护失职而导致的儿童伤害案件越来越多，过去传统的以家庭为主的监护模式已不足以应对当前的严峻形势。按照我国刑法，如果因父母疏于监护而造成儿童受到严重伤害或者死亡，父母有可能被追究刑事责任。但在实际的司法操作中，常常要考虑到儿童受伤害或死亡对其家庭是非常沉重的打击，以及儿童受伤需要照料、社会文化对父母的同情等因素，很少有真正剥夺父母的监护权或将父母判刑的判决。

尽管《民法通则》与《未成年人保护法》都规定在监护人不履行监护职责时或者侵害被监护人的合法权益时，人民法院可以根据有关人员或者有关单位的申请，撤销监护人资格，依法另行指定监护人。但遗憾的是，这一规定没有对“有关人员”和“有关单位”进行明确界定。按照目前法律，法院只能在接到申请之后才能做出撤销和转移监护权的判决，但儿童基本上无法自己提起监护权撤销申请。儿童的近亲属、父母或者其他监护人所在的单位、村（居）民委员会有权代表儿童提起撤销监护人的申请，但现实情况是，因为担心监护责任会落到自己的头上，这些个人和单位并不愿意提起申请。显然，目前法律难以回答的问题是：谁有义务提起撤销儿童监护人的申请？不履行该义务将会承担什么责任？监护人资格撤销后，如何指定新的监护人？上述问题不得到解释，那些不适合继续养育子女的，甚至已对子女造成严重伤害的父母就仍然拥有监护权,儿童受到伤害的事件就会继续发生。

(三) 儿童保护的长期安置渠道不畅

儿童监护权转移的真正难题,在于撤销监护权后无人“接手”,这是司法遭遇现实困境的重要原因。在我国,目前只有父母双亡的儿童或者弃婴才能进入体现国家监护制度的儿童福利院,其他那些受虐儿童、流浪儿童和事实无人抚养儿童等还无法接受国家监护,也没有家庭以外的长期替代性安置的制度安排。同样,家庭寄养、收养等救助保护方式目前在法律上也只针对孤残儿童和被遗弃的儿童,且其覆盖面也相对较窄。在这样的制度框架下,即使与父母共同居住已经严重危害儿童的身心甚至是生命安全,国家也没有专门的组织机构以及合法的制度来进行长期安置。

## 三、发展儿童保护服务的对策建议

上述种种困境表明,我国在儿童保护领域还有很长的路要走。在这一过程中,有必要认真学习其他国家的有益经验,美国的儿童保护体系正是这样一个参照物。借鉴美国经验,我国可以从如下方面构建完善儿童保护体系:

(一) 在各级政府中设立儿童保护职能部门

美国的各级政府中都设有专门的儿童保护职能部门,如联邦政府的儿童与家庭署,州与地方政府的儿童保护服务部等,这些政府部门承担着调查、起诉、咨询、干预等许多保护儿童权益的职能。实际上,这也是发达国家的普遍做法,德国、日本等国家的政府也有相似的部门。因此,我国也可在各级政府中设置专司儿童保护事务的职能部门,中央主管单位可设为民政部,主要负责儿童保护的政策设计、项目发布、经费管理和成效评估。各省、直辖市、自治区在民政局(厅)成立地方儿童保护机构,接受民政部的领导,但在具体事务运作上享有自主权,负责监管中央关于儿童保护项目的实施和执行,以及制定本省、直辖市、自治区的儿童保护政策和保护服务计划,并通过拨款、政策指导、信息服务，提供培训和技术支持，开展项目评估等工作，帮助市(县)地方机构履行服务职责。市(县)级政府民政局设立儿童保护服务办公室，负责有关的具体事务性工作，包括：当发现儿童需要家庭干预时，及时进行干预；当儿童需要紧急庇护时，将儿童带离家庭并做出适当的安置；当儿童受到严重伤害时，对案件进行调查；认为需要撤销监护人资格时，向法院提起撤销监护人资格的诉讼。

### (二) 建立儿童伤害强制举报制度

首先，建议国务院出台《儿童伤害强制举报办法》，规定公民在发现儿童受到伤害的情况时有举报的义务。尤其是教师、医护人员、执法人员、社工等在日常工作中容易接触和发现儿童被忽视、虐待、遗弃等情况的个人或部门，必须向公安部门或民政部门举报。掌握儿童受伤害的信息却不举报者，应当承担法律责任。全国应设立统一的儿童保护热线电话，也可在 110 报警系统或其他公共服务热线中增加儿童伤害举报服务。

其次，要建立对举报的回应机制，以鼓励公民参与举报。民政部门应研究制定儿童风险分级标准。对高风险儿童，在接到举报后应立即通知公安部门，联合开展调查，以确保儿童能够及时脱离危险环境，并被安置到安全、有益于其成长的环境。对中等风险儿童和低风险的儿童，可视情况紧迫性确定不同的反应时间，但原则上应在接到举报后的 72 个小时之内进行调查。

### (三) 建立国家临时监护制度与长期安置办法

建议出台专门法规政策，明确提出国家临时监护制度和儿童长期安置办法。首先，所有无法获得家庭适当照料的儿童，都应成为国家临时监护的对象，民政部门承担临时监护职能，负责对儿童选择最适当的临时生活场所和照料者。其次，明确规定代表儿童提起撤销监护人资格诉讼的主体为民政部门。对于不具备养育儿童能力、对儿童造成严重伤害的监护人，民政部门应依法对其提起诉讼，申请终止其监护权。再次，如果原监护人的监护权被终止,应立即启动长期安置程序。民政部门应在征求儿童本人及儿童亲属意见的前提下,会同居民委员会、村民委员会、妇联、团委等其他部门和单位协商,选择符合儿童最大利益的长期安置办法。

(四) 设立社区儿童服务中心

在儿童福利院、流浪儿童救助保护中心之外,设立社区儿童服务中心,面向受虐待或忽视的儿童、困难家庭子女、农村留守儿童、失学辍学儿童、事实无人抚养儿童等一切有需要的困境儿童。社区儿童服务中心的职责应包括临时食宿、基本医疗、心理咨询、法律援助等;应聘用受过社工专业教育、具备社工从业资格的工作人员,确保儿童得到专业的服务。此外,在政府兴办社区儿童服务中心的同时,还应鼓励社会组织参与保护儿童。政府可简化从事儿童保护工作的社会组织的设立程序,并通过专项资金、政策优惠、购买服务等形式来进行扶持,从而形成政府与社会组织共同保护儿童的强大合力。

**参考文献:**

[1] Eric, S and Lazoritz, S.. Out of the darkness: The Story of Mary Ellen Wilson [M]. Cape Coral, FL: Dolphin Moon Publishing, 1998.

[2] Myers, J.. A short history of child protection in America[J]. Family Law Quarterly, 2008, 42(3):449—463.

[3] Schene, P.. Past, present, and future roles of child protective services[J]. The Future of Children: Protecting Children from Abuse and Neglect, 1998, 8(1):23—38.

[4] Adoption Assistance and Child Welfare Act[Z]. P. L. 96—272, 1980.

[5] McGowan, B., and Walsh, E.. Policy challenges for child welfare in the new century[J]. Child Welfare, 2000, 79 (1):11—27.

[6] Adoption and Safe Families Act[Z]. P. L. 105—89, 1997.

[7][9] 何芳."流浪儿在美国":社会救助的制度、实践与启示[M].上海:上海人民出版社,2013:271—273.

[8] National Association of Public Child Welfare Administrators. Guidelines for a model system of protective serices for abused and neglected children and their families [R]. Washington, DC: American Public Human Services Association, 1999:35—42.

[10] Wells, S.. How do I decide whether to accept a report for a child protective services investigation? In H. Dubowitz & D. Depanfilis(Eds.), Handbook for child protection practice[C]. Thousand Oaks, CA: Sage, 2000a:3—6.

[11][12][14][15] DePanfilis, D. and Salus, M.. Child protective services: A guide for caseworkers [R]. Washington, DC: U. S. Department of Health and Human Services, 2003:39—49, 69, 83—85, 99—100.

[13] The Texas Association for the Protection of Children. Understanding Texas' child protection service system[EB/OL]. http://texprotects.org/media/uploads/10_7_14_combined_cps_systems_flowchart_final.pdf, 2015-3-2.

# 附录六：美国儿童福利立法的历史演进及对我国的启示[①]

[**摘要**]美国自20世纪30年代以来颁布了多项涉及儿童福利的法律，内容主要涵盖经济援助和儿童保护两大领域。早期立法目标是为贫困家庭的儿童提供补贴，20世纪70年代以来的重点是防范儿童受虐风险，20世纪末开始走向服务于儿童的长期、稳定、幸福生活的目标。借鉴美国儿童福利立法的历史经验，我国应该加快儿童福利立法进程以回应社会现实问题，重点研究法律如何确定和落实儿童最大利益，并在立法时注意妥善处理国家与家庭的关系。

[**关键词**]儿童福利；立法；经济援助；儿童保护

美国的儿童福利立法始于20世纪30年代。1935年，为应对经济大萧条带来的社会危机，罗斯福政府颁布了《社会保障法》(*Social Security Act*)，其中的《失依儿童补助方案》(*Aid to Dependent Children*)明文规定联邦政府对失去父亲的贫困儿童提供经济资助，成为美国儿童福利立法的开端。此后近一个世纪，因应着社会经济的发展、政策理念的转变和现实问题的涌现，美国的儿童福利法律不断增加和修正。这一过程并非一帆风顺，

① 本文系2014年国家社科基金青年项目"'法律孤儿'的社会救助问题研究"(批准号：14CSH050)的阶段性成果，发表于《青年发展论坛》2018年第3期。

其中充满了理念的交锋、政策的反复和实践中的不尽如人意。

在我国,尽管儿童关爱和保护工作一直得到政府重视,但迄今尚无一部专门的儿童福利法,相关内容散见于各类法律或文件中。近年来,在我国社会急剧转型、人口快速流动和家庭育儿功能弱化的现实下,由于儿童忽视、虐待、贫困造成的恶性事件频发,儿童安全风险成为社会关注的焦点,通过儿童福利立法来化解风险已成为基本态势。本文从政策变迁的角度,回顾美国自 1935 年以来所颁布的主要儿童福利法律,分析其立法的主要特征、现实困境和发展趋势,这对我国研究制定儿童福利相关法律制度具有一定的启示和借鉴意义。

## 一、经济援助领域立法:个人与国家责任的再分配

美国社会长期以来强调个人责任,对孤儿、贫困儿童等处境不利儿童的救助也主要通过民间救济的方式进行,联邦政府不涉入社会福利领域。然而进入 20 世纪,特别是经济大萧条对美国社会的福利观念产生巨大冲击,人们发现失业、贫困并非个人原因所致,而是制度因素造成。社会舆论因此强烈要求联邦政府介入福利事业,承担起保障公民基本生活需求的责任。在随后的一个世纪中,美国的儿童福利立法围绕着个人与国家责任的分配进行了多次调整。

### (一) 从《失依儿童补助方案》到《失依儿童家庭补助方案》:国家责任的建立

20 世纪 30 年代,经济大萧条席卷美国,将美国社会福利制度的不足充分暴露出来。1935 年,罗斯福政府颁布了《社会保障法》,为美国儿童福利事业提供了联邦法律基础,而《社会保障法》中与儿童关系最为密切的一项措施就是《失依儿童补助方案》。

《失依儿童补助方案》的目标是为陷入贫穷的单亲家庭提供无条件的现金救助。其规定主要包括:(1)联邦政府为各州提供失依儿童补助款,并为

没有父亲的家庭提供联邦对等资金(federal matching funds)；(2)要求各州成立专门机构来管理福利项目和福利分支部门；(3)允许州政府在设置福利项目的资格标准(eligibility standards)、决定支付水平、设计管理及操作程序方面具有自主权；(4)联邦政府与州立公共福利机构合作建立、扩大和加强各地的公共福利，重点保护那些无家可归的、被忽视的、可能犯罪的儿童。[1]《失依儿童补助方案》颁布实施后的成效显著，美国的儿童福利领域在此后20余年间稳步发展。接受寄养家庭和机构照料的儿童总数下降，而儿童在自己家中接受服务的比例、儿童福利的公共总支出，以及公共儿童福利专业人员的总数都明显上升。[2]

1961年肯尼迪政府上台后，美国又进入了极大的动荡和变革时期，虽然国家经济持续繁荣，但许多美国人却深陷结构致贫的深渊，引发了反贫穷浪潮的兴起。在这一背景下，肯尼迪政府组建了由顶尖社会福利专家和政策制定者组成的咨询委员会和专责小组，专门研究公共福利政策，考虑公共补助计划和社会服务计划中所需要的变革。将《失依儿童补助方案》修正为《失依儿童家庭补助方案》(*Aid to Families with Dependent Children*)正是这一改革的具体反映。与《失依儿童补助方案》相比，《失依儿童家庭补助方案》扩大了服务对象范围，尤其强调维持健全家庭的重要性。在新方案中，各州政府应向所有失依儿童提供保护，即不仅在他们的父母死亡、离家出走或失去劳动能力时给予救助，而且当他们的父母失业时也有资格获取救助。

不过，无论是《失依儿童补助方案》，还是《失依儿童家庭补助方案》，都被定位为一种应享权益(entitlement)方案，即充分肯定受助者的福利权，没有受助时间限制和工作要求，贫穷家庭只要符合条件就可以持续申领。这就使得受助家庭数量持续上升，《失依儿童家庭补助方案》从而成为所有公共援助项目中规模最大、花费最多的项目，而其效果却不如人意，不少人还指责它对工作伦理、家庭结构和社会秩序造成了负面影响，如削弱了成人工作的积极性、助长了婚外生育现象以及贫困地区的犯罪率上升等。

(二)《贫困家庭临时补助计划》:重新强调个人责任

为了应对上述质疑,美国政府从 20 世纪 60 年代后期起进行了一系列的福利项目改革,主要目标是通过帮助低收入者就业来减轻他们对社会救助系统的依赖。但这些项目的成效并不显著,美国的社会福利制度陷入新的危机:社会福利投入持续扩大,福利依赖现象日益显现。许多家庭甚至认为抚养未成年子女是政府的责任,以不结婚或假离婚来骗取补助金的现象屡见不鲜。种种乱象迫使政府对社会福利制度进行改革,深受诟病的《失依儿童家庭补助方案》首当其冲遭到废止。

1996 年 7 月,克林顿总统签署了《个人责任与工作机会调和法》(*Personal Responsibility and Work Opportunity Reconciliation Act*)。这一法案被认为是自《社会保障法》以来美国福利立法领域发生的最重大的变革,是美国联邦政府对穷人实施救助的目标和方式的根本转变。根据这一法案,美国于 1997 年 7 月开始实施《贫困家庭临时补助计划》(*Temporary Assistance for Needy Families*),取代了包括《失依儿童家庭补助方案》在内的 4 个项目。

《贫困家庭临时补助计划》与《失依儿童家庭补助方案》不同,它重新强调了父母在保障儿童生活和维持家庭完整方面的责任。该项计划的主要目标是:(1)向贫穷家庭提供补助,以便孩子能够在自己或者亲戚的家中受到照料;(2)通过促进就业准备、工作和婚姻,结束贫困家庭对福利的依赖;(3)防止非婚怀孕现象的发生,并确立每年防止和减少这类事件的数量目标;(4)鼓励成立并维持双亲家庭。[3]

为了实现这些目标,《贫困家庭临时补助计划》做了一些根本性的变革。首先,总拨款封顶。联邦向各州定额拨款,不足部分由各州承担。各州福利支出越多,自己要承担的费用就越多。其次,限定受益时间。要求成年受助者在两年内须积极工作,而领受期限也限定为 60 个月。这使救助从原先的无限制的终身福利转变为一种有限制的临时福利。再次,资格限定。规定了一些不能享受福利的情况(如无法确认孩子父亲身份的家庭、离家出走或辍学的少女母亲、吸毒者等),其他受益资格可由各州自行决定。这些条款都清楚地传达出一种信息,即福利不是“应享”的,而是“有限”的,国家只为尽责任的个人提供福利。

《贫困家庭临时补助计划》在最初几年取得了巨大的成功。它有效地提高了低收入单亲母亲的就业率,从而既大幅减少了领取补助金的人数,又降低了儿童贫困率。但这一项目也引来不少争议。例如,这个项目中严格的受领期限和工作要求、禁止吸毒者接受补助等规定,都有可能对高风险的贫困家庭中的儿童安全造成威胁。有研究者对它的实施评论道:“这是美国历史上第一次不为儿童提供基本经济支持却又要求对儿童提供保护的联邦立法。”[4]

## 二、儿童保护领域立法:儿童安全与家庭维系的论争

在美国儿童福利立法的最初几十年,国家承担的主要责任是保障儿童的基本生活需求,政府基于儿童需要对家庭进行干预的主要方式是经济援助。及至 20 世纪 60 年代,随着儿童虐待造成伤害的事件引发大众关注,儿童安全的重要性、忽视和虐待对儿童发展的消极影响等议题才进入政府视野,成为儿童立法的重点。

### (一) 1974 年《儿童虐待防治法》:拯救儿童

20 世纪 60 年代,在医学界的推动下,儿童虐待问题在美国社会得到了前所未有的关注。1962 年,亨利·肯普(Henry Kempe)医生及其同事在美国医学协会杂志上发表了一篇引起轰动的论文——《受虐儿童综合征》(Battered Child Syndrome),阐述了虐待儿童致死的案例,建立了辨识受虐儿童的医学和心理模型。随后,美国联邦政府儿童局召开会议讨论如何解决虐待儿童问题。1963—1967 年间,全美各州先后颁布实施了受虐儿童举

报法，规定公民有责任报告可疑的虐待儿童案。

1974年，美国国会通过了《儿童虐待防治法》（*Child Abuse Prevention and Treatment Act*）。这一法案的目的是"为那些致力于预防、发现和治疗受到忽视和虐待的儿童的项目提供经济支持"。其内容主要包括：(1)协助各州建立发现和预防儿童虐待与忽视问题的项目；(2)支持政府开展儿童虐待的预防和治疗研究；(3)建立全国儿童虐待与忽视问题中心（National Center on Child Abuse and Neglect），对项目进行统筹管理；(4)建立全国儿童虐待与忽视问题信息交换中心（National Clearinghouse on Child Abuse and Neglect Information）；(5)为救助受虐儿童示范项目以及救助受虐儿童的社工培训提供经费支持。[5]

《儿童虐待防治法》的意义是显而易见的：按照法案的强制报告和调查条款，国家可以强制性地监控和干预个人行为和家庭生活，这在美国历史上可谓前所未有。因为这种干预带来的社会利益（即保护儿童不受伤害）大于干预造成的损失（隐私权和自主权的受限），它打破了美国社会对于家庭隐私和父母育儿自主权的尊崇，使国家干预家庭具有了合法性和正当性。

不过，正由于保护儿童是建立在干预家庭的基础上，《儿童虐待防治法》的实施成效也饱受争议。普通民众对于什么是虐待、什么是忽视并没有清晰的认识，因此往往出现虚假报案。在法案颁布后的10年中，尽管报案率持续上升，但经过调查证实的立案率却下降了。另一方面，造成儿童受伤害的原因日益复杂多元，很难用法律尺度作统一衡量。父母施虐和忽视可能并非有意为之，而是缺乏正确教养观念或缺乏支持资源所致。在某些家庭中，体罚甚至是一种养育的文化习惯。上述种种问题都使得《儿童虐待防治法》的实施成效很不明朗。[6]

### （二）1980年《收养援助与儿童福利法》：维系家庭

在《儿童虐待防治法》的严格把控下，大批孩子被带离家庭。到20世纪70年代末，对此的批评声音越来越多。批评者认为，很多孩子被带离家庭都是基于错误的判定，并且部分孩子被寄养或在机构中滞留时间过长，没有得到很好的安置。针对此类批评，美国国会于 1980 年通过了《收养援助与儿童福利法》(*Adoption Assistance and Child Welfare Act*)，提出将“永续规划”(permanency planning)作为儿童福利政策的主要目标，来解决儿童离开原生家庭带来的种种弊病。

《收养援助与儿童福利法》重新强调了家庭对于儿童成长的重要意义，它要求尽量将儿童留在原生家庭，或是尽快将他们安置到收养家庭中。总之，要减少临时安置儿童的人数和安置时间，并维系家庭的完整。为此，它设置了如下主要条款：(1)为预防服务提供资金；(2)为寄养照料的资助额度设定上限；(3)要求各州对所有接受安置时间超过 6 个月的儿童编制记录；(4)要求州政府制定寄养照料和领养服务的计划，常规性地收集儿童总体数据和个案资料；(5)对接受安置时间超过 6 个月的儿童进行个案复查，对安置时间超过 18 个月的儿童进行司法复审；(6)为难以安置的儿童提供开放式的领养补助金。

《收养援助与儿童福利法》的出台，体现了联邦政府在儿童福利观念上的转变，并要求儿童保护工作实务模式也随之改变。原来的《儿童虐待防治法》秉持“拯救儿童”的理念，在儿童保护实务中体现为将儿童带离原生家庭，予以寄养或机构安置服务。而《收养援助与儿童福利法》则采用了“维系家庭”的理念，要求从破坏原生家庭转向维护家庭的完整性，政策重心从救助转为预防。基于对家庭的重视，政府不再将虐待或疏忽案件中的儿童直接送入儿童保护系统，而是改以提供更多预防性、支持性的服务来帮助这些家庭，使儿童有机会留在或回到原生家庭与父母重聚。

**(三) 1997 年《收养与家庭安全法》与 2008 年《成功抚养与增进收养法》：重建“儿童优先”原则**

尽管《收养援助与儿童福利法》提出了为儿童进行“永续规划”的目标，但由于它在实践中过分强调维系家庭，反而导致儿童再次受害的事件时有发生。为应对此类问题,美国国会在1997年通过了《收养与家庭安全法》(*Adoption and Safe Families Act*),在2008年通过了《成功抚养与增进收养法》(*Fostering Connections to Success and Increasing Adoptions Act*),这两项法案继续强调"永续规划",但又重新建立了"儿童优先"的原则。

1997年《收养与家庭安全法》明确提出,如果原生家庭可能致使儿童再次受到伤害,福利机构就无须再为维系家庭而努力。例如,当父母有虐待、遗弃、忽视及其他严重恶劣行为时,法院和儿童福利局可以立即终止其监护权,并讨论实施对该儿童的长期安置计划。其他可以直接终止父母监护权的情况还包括:有被终止监护权的前科、自愿签署放弃监护权的文书等。相较于《收养援助与儿童福利法》,《收养和家庭安全法》明显减轻了对家庭维系的强调,要求儿童福利的一切决策应以保护儿童安全、提升儿童福利为首要原则。据美国卫生及公共服务部的调查评估,该法案实施后,儿童在半年内受到二次伤害的比例从1999年的8.5%下降到2005年的6.6%;儿童在寄养期间受虐待的比例从1998年的0.8%下降到2005年的0.4%。[7]

2008年《成功抚养及增进收养法》在建立"永续规划"方面更进一步,其主要目标是让接受寄养的儿童更快地获得长期、稳定的家庭生活。"永续规划"包括两条路径:一是保持儿童与原生家庭亲属之间的联系。在亲戚愿意承担监护责任的情况下,尽量为其提供便利,并尽可能将儿童与自己的兄弟姐妹安置在一起;二是通过收养来为儿童提供稳定生活。联邦政府扩大对收养的资助,简化收养要求,对收养儿童者实行税收抵免等鼓励措施。此外,该法案还将接受寄养的年限延长到21岁,为每个即将离开寄养系统的孩子制订过渡计划,向已经离开寄养系统但却没有被收养的超龄青少年继续提供资助,以帮助他们尽快适应独立生活。

总体而言,1997年《收养与家庭安全法》与2008年《成功抚养与增进收养法》体现出如下特征:一是将儿童安全摆在首要位置;二是提倡尽快为儿童找到长期、稳定的家庭进行安置;三是重视儿童向成年过渡阶段的福利。

这两部法律是美国近20年来最重要的两部儿童立法,当前美国的儿童福利和儿童保护工作,正是在它们确立的“儿童优先”原则和“永续规划”目标下开展的。

## 三、结论与启示

美国儿童福利立法的演进历程显示,试图以国家法律手段来矫正家庭问题的努力是一条既漫长又曲折的道路。福利立法的难题不仅来自美国民众对国家干预抱持着自相矛盾的心态,还来自美国社会的异质化和每个家庭所具有的独特性。因此,一项立法必须要能寻求各方利益的平衡点,并探求最符合儿童利益的策略,才可能疏解国家干预与家庭自主、家庭完整与儿童安全之间错综复杂的纠葛,最终实现保护儿童安全、提升儿童福利的目标。纵观美国儿童福利立法演进史,可为我国提供如下启示:

### (一) 儿童福利立法应该回应现实问题并不断修正

立法是协调社会关系、消除社会矛盾的重要手段。当一些社会问题对社会关系造成严重的负面影响,引起巨大的社会矛盾时,人们通常会求助于立法,即动用公权力出面制定公共的行为准则,以统一大家的认识和行动。正因为立法的需要通常源自社会问题,所以立法也必须回应社会问题,并随着社会问题的发展变化而不断修正。在美国儿童福利立法的发展历程中,每一次法律的建立、废止、修正都受到社会现实的推动。20世纪30年代的经济大萧条所造成的失业和贫困问题推动了《社会保障法》及《失依儿童补助方案》的出台;人们对儿童受虐待问题的普遍关注推动了《儿童虐待防治法》的出台;《贫穷家庭临时补助计划》的出台则是为了解决福利依赖问题。

当然,面对错综复杂的社会问题和社会矛盾,法律并不一定能达到积极的效果,甚至法律本身可能会带来新的社会问题,这就要求立法者不断检视、评估现有法律,根据现实情况对法律做出调整。美国的每部儿童福利法律出台后都会接受来自政府、学界和社会各方对其实施成效进行的调查评估，就现有文献来看，儿童福利立法所带来的现实影响并非总是积极的：《失依儿童补助方案》虽为单亲家庭的儿童提供了经济保障，但却造成福利依赖、假离婚等现象；《儿童虐待防治法》虽将儿童置于国家的严密保护之下，但却不得不面对儿童与原生家庭分离所带来的种种问题；《收养援助与儿童福利法》虽着力为儿童维系完整的家庭，但却没有提出避免儿童遭受二次伤害的方法。美国儿童福利立法的历史充分表明，法律在作用于儿童及家庭时，其范围、方式、效果以及实施等方面都存在着一定的局限性，因此有必要对它进行反复的调整和修正。

当前，有关儿童生存与发展的各种问题在我国频频发生，其中许多问题受到民众的极大关注并逐渐成为热点，对儿童福利和保护进行立法规范的呼声也日益高涨。在大众法律观念与意识不断增强的今天，立法机关应该对此做出回应，积极研究推动儿童福利立法，以缓和社会矛盾、促进社会稳定。目前我国专门针对儿童的法律主要有《未成年人保护法》《预防未成年人犯罪法》和《义务教育法》，都属于实体法，操作性不强；而其他对儿童保护适用的法律如《刑法》《治安管理处罚法》等，虽然具有一定的操作性，但在面对当下的各种儿童安全事件时还存在很多法律盲点，难以为儿童提供真正有效的法律保障。①

因此，国家有必要从儿童福利的视角出发，对儿童立法进行总体规划，建构完善的儿童福利和保护法律体系，为儿童提供强有力的法律保障。可采取实体法与程序法合一的方式，首先制定一部综合性的《儿童福利法》，对儿童福利的相关主体及其责任、儿童福利的内容、经费来源、财政投入比例与执行标准、管理和监督体制等相关事宜做出明确规定。其次，逐步制定分门别类的儿童福利法律，如《儿童虐待与忽视防治法》《困境儿童救助法》《儿童食品安全法》等，增强儿童福利和保护的效力刚性和可操作性，使之成为

① 例如，未成年人对未成年人的伤害，由于伤害者不到法定责任年龄，往往没有任何法律措施加以约束，这对被害的未成年人来说基本没有法律保护。

能具体适用于社会服务、行政管理和司法案件的法律。当然,对儿童福利和保护问题进行立法,首先要确定其中是否存在法律适用的空间,还是更适合用道德、纪律、公约、教育等其他方式来解决。对不适宜用法律解决的问题强行立法,不但法律难以落实,甚至可能产生新的社会问题。

(二)儿童福利立法的重点是如何确定和落实儿童的最大利益

1989年联合国《儿童权利公约》第三条第一款规定:“关于儿童的一切行为,不论是公私社会福利机构、法院、行政当局或立法机构执行,均应以儿童的最大利益为一种首要考虑。”自此,“儿童最大利益”成为各缔约国儿童立法的最高原则。但什么是“儿童最大利益”?迄今尚未有一致指标,因此具有不同表达的空间。美国虽非《儿童权利公约》缔约国,但在其近一个世纪的儿童福利立法史中,对这个问题的探索不曾间断。早期,政府对儿童利益的认识停留在儿童的生存需求上,因此其立法主要集中在经济援助领域;当儿童受到忽视、虐待、性侵害等事件得到社会关注,儿童保护才逐渐成为立法的重点;随着实践的不断发展和社会观念的不断进步,儿童立法走向了服务于儿童的长期、稳定、幸福生活的目标。可见,如何确定“儿童最大利益”,实际上反映出整个社会儿童观的变化,有着明显的时代烙印。

在确定了“儿童最大利益”后,如何将其落实是更为关键的问题。在美国儿童福利立法中,有三点经验值得参考:(1)立法解释清晰。法律中的概念、术语、定义以及法律条文有可能较为模糊抽象,从而造成执行过程中的困难和偏差。如1974年《儿童虐待防治法》中没有对儿童虐待做出清晰的定义,这就使得各州在界定“虐待”时各不相同,造成大量虚假和错误报案,给儿童家庭、社会工作者及法院带来极大不便。(2)政府责任明确。美国儿童福利立法的演进历程,也是联邦政府不断明确自身责任和角色的过程。20世纪之前,美国各州政府在儿童福利领域的参与度十分有限,联邦政府更是几乎置身事外。《社会保障法》的颁布,令联邦政府开始介入儿童福利,并承担主导责任。如今,尽管各州都拥有立法权,但联邦政府在儿童福利领域仍然居于主导地位，承担立法、经费、监督、评估等责任，推动和督促各州和地方政府履行各自职责。(3)配套制度完善。例如，在儿童虐待案的处理程序中，涉及儿童保护社工调查评估、心理咨询师介入、福利机构或寄养家庭安置等多个环节，美国在每一个环节上都有专门的儿童福利管理机构、专业的儿童福利人才和普及的儿童福利设施作为配套，这是其法律能够切实执行的前提和保障。

我国早在1990年就签署了《儿童权利公约》，现有的多项国家法律、行政法规、部门规章中也都表明了国家对儿童的高度重视。但这些法律法规或政策文件发展不均衡，表现为经济援助领域发展较快，制度较为完备，而儿童保护领域发展滞后，制度尚不健全。在涉及儿童的基本生存需求方面，如孤儿的基本生活救助、教育医疗需要、住房和替代性养护、成年以后的就业等，都已经有了具体的制度安排；2016年《国务院关于加强困境儿童保障工作的意见》要求从基本生活、基本医疗、教育、监护责任、残疾儿童福利五个方面加强对困境儿童的分类保障，其保障范围和内容也主要聚焦在经济援助领域。相形之下，儿童保护领域的相关制度较为薄弱。仅以儿童虐待为例，无论是强制报告制度，还是案发后的立案、调查、审理制度，以及必要情况下的国家监护制度，都尚待建立完善。这种发展不均衡的现象，既与我国社会经济发展程度有关，也与全社会的儿童福利观念有关。随着经济水平提升和人们对儿童福利认识及理解的不断深化，仅仅保障儿童生存权已经不能满足人们的需要，国家必须将为儿童提供幸福生活、提升儿童福利水平作为制度发展方向。

借鉴美国经验，我国的儿童福利立法应在以下三个方面重点探索：(1)厘清重要概念。例如，各类制度性文本中儿童帮扶、儿童救助、儿童权益保障、儿童保护、儿童关爱、儿童福利等概念混用；困难儿童、困境儿童、贫困儿童、贫困地区儿童、弱势儿童等概念既有交叉，又有重叠；儿童虐待、儿童忽视、儿童伤害、疏忽照顾、暴力体罚等一系列相关概念尚未得到清晰的界定。厘清这些基本概念必须结合我国历史文化传统和社会现实,无法照搬任何一个国家或地区的现成经验。(2)建立专门的儿童福利行政系统。打破教育、卫生、民政、工青妇等部门多头管理儿童事务的现状,在中央和地方各级政府设立主管儿童福利事务的职能部门,建立协调、整合和问责机制,形成整体推进儿童福利制度建设的行政力量。(3)加强儿童福利机构和人才队伍建设。在儿童福利机构建设方面,重点拓展现有儿童福利院、流浪儿童救助保护中心等儿童福利机构的功能,逐步转型为可提供短期安置、心理咨询、医疗转介等服务的儿童福利资源中心。同时,通过学历教育、岗位培训、资格考试等方式培养一大批儿童专业社工人才,设立相应的儿童社工岗位,提升儿童社工的收入水平,激励优秀人才进入儿童福利工作领域。

### (三) 儿童福利立法的难点在于妥善处理国家与家庭之间的关系

福克斯·哈丁(Fox Harding)曾经在理论层面区分出四种不同的儿童社会福利类型:自由放任主义模型、国家家长主义模型、父母权利中心模型与儿童权利中心模型。[8]一般认为,美国的儿童福利奉行自由放任主义,是一种"残补福利"(residual welfare)。它重视家庭隐私,强调家庭责任,国家不过度干涉家庭事务,只在家庭功能失灵时才发挥作用。但从美国儿童福利立法的历史来看,它并非单一的线性过程,很难将其归类于任何一个理论模型。在《社会保障法》时期,国家积极介入家庭,20 世纪 90 年代的福利改革却重新强调家庭责任;在《儿童虐待与防治法》中,国家更是强力干预家庭,但随后的《收养援助与儿童福利法》却退后一步,提出了"家庭维系";到 20 世纪末,"儿童优先"原则超越了"家庭维系"原则,重新确认"国家亲权"高于"父母亲权"。可见,美国的儿童福利立法始终在国家责任与家庭责任、儿童安全与家庭完整的二元对立中摇摆纠结。

美国的经验提示我们,儿童福利立法不能仅仅关注制度设计本身,还必须考虑制度所生长的社会文化环境。在我国,以儒家文化为主流的中华文化传统历来重视家庭,古代法律就具有明显的家族主义特征。[9]父母抚育未成年子女，未成年子女服从父母，是重要的代际义务关系。即使在儿童的原生家庭无法照顾他们时，替代照顾者通常是儿童的扩大家庭、家族中的其他成员甚至是邻里社区，国家极少施以援手。在这样的文化传统下，家庭是儿童福利的主要供给者、对儿童拥有绝对权威的观念根深蒂固。但当前我国面临着家庭结构形态多样化、家庭代际关系削弱、家庭矛盾增加、家庭育儿功能不足的社会现实，仅凭家庭的力量已经难以承担供给儿童福利的责任，亟需国家力量的介入。这就形成了文化观念与现实需求的冲突：父母既希望国家来提供儿童福利，尤其是经济援助，又不愿国家过多干预家庭养育方式。因此，如何既让儿童的幸福生活得到有效保障，又不削弱家庭的养育权利和责任，是我国儿童福利立法所必须面对的难题。

基于我国社会的文化传统和现实需要，国家在儿童福利的不同领域应该扮演不同的角色，在立法时采用分类分层的原则。在关系儿童生存发展、身心安全等基本需要的领域，如孤残儿童和困境儿童的基本生活保障、儿童虐待的防范等，国家是儿童最终和最高的监护人，由全国人民代表大会及其常务委员会制定法律；在儿童养育和照顾领域，如幼儿托育、重病儿童医疗救助、流动儿童和留守儿童的养育支持等，国家是家庭育儿的合作者，可由国务院制定相关行政法规；在发展性的儿童福利领域，如普惠式的家庭育儿津贴、提升儿童文化教育水平、扩大儿童社会参与等，可将国家责任分化到地方，由省、自治区、直辖市人大及其常委会依照当地的经济文化特点和儿童福利需求制定地方性法规。总之，国家在儿童福利立法时必须走一条循序渐进的路线，既要为家庭提供支持，又不能淡化了家庭的育儿责任；既要尊重父母的监护权，又要在儿童利益遭受不法侵害时及时干预，切实为儿童的幸福成长提供有力保障。

**参考文献：**

[1] Title IV, Title V, Part 3, Social Security Act. 1935. P. L. 74—271.

[2] Brenda G. McGowan. Historical evolution of child welfare[J]. In Gerald P. Mallon and Peg McCartt Hess(eds.), Child Welfare for the Twenty-first Century: A Handbook of Practices, Policies, and Programs. New York: Columbia University Press, 2005:27.

[3] 薛在兴.美国儿童福利政策的最新变革与评价[J].中国青年研究,2009(2):18.

[4] Mark E. Courtney. The Costs of Child Protection in the Context of Welfare Reform[J]. The Future of Children, 1998(1):101.

[5] Child Welfare Information Gateway. Major federal legislation concerned with child protection, child welfare, and adoption[EB/OL]. Children's Bureau: https://www.childwelfare.gov/pubs/otherpubs/majorfedlegis/, 2017-5-2.

[6] Theodore J. Stein. The Child Abuse Prevention and Treatment Act[J]. Social Service Review, 1984(2):302—314.

[7] Notkin, Weber, Golden, & Macomber. Intentions and Results: A Look Back at the Adoption and Safe Families Act[EB/OL]. Urban Institute: https://www.urban.org/research/publication/intentions-and-results-look-back-adoption-and-safe-families-act/view/full_report, 2017-8-20.

[8] Fox L. Harding. Family, State and Social Policy[M]. Basingstoke: Macmillan, 1996.

[9] 瞿同祖.中国法律与中国社会[M].上海:中华书局,2003.

**图书在版编目(CIP)数据**

法律孤儿的生活风险与社会救助 / 何芳著.— 上海 ：
上海社会科学院出版社，2021
ISBN 978 - 7 - 5520 - 3620 - 6

Ⅰ. ①法… Ⅱ. ①何… Ⅲ. ①孤儿—法律保护—研究
—中国 ②孤儿—社会救济—研究—中国 Ⅳ. ①D923.84
②D632.1

中国版本图书馆 CIP 数据核字(2021)第 154649 号

**法律孤儿的生活风险与社会救助**

著　　者：何　芳
出 品 人：佘　凌
责任编辑：董汉玲
封面设计：夏艺堂艺术设计
出版发行：上海社会科学院出版社
　　　　　上海顺昌路 622 号　邮编 200025
　　　　　电话总机 021 - 63315947　销售热线 021 - 53063735
　　　　　http://www.sassp.cn　E-mail:sassp@sassp.cn
照　　排：南京理工出版信息技术有限公司
印　　刷：上海天地海设计印刷有限公司
开　　本：720 毫米×1000 毫米　1/16
印　　张：16.25
插　　页：2
字　　数：215 千
版　　次：2021 年 8 月第 1 版　2021 年 8 月第 1 次印刷

ISBN 978 - 7 - 5520 - 3620 - 6/D · 627　　定价：75.00 元